# La guerra improvisada

**Violencia y Paz**

Responsable de la colección:
Sergio Aguayo,
El Colegio de México

GUADALUPE CORREA-CABRERA Y TONY PAYAN

# La guerra improvisada

## Los años de Calderón y sus consecuencias

*Prólogo de*
SERGIO AGUAYO

**OCEANO**

LA GUERRA IMPROVISADA
Los años de Calderón y sus consecuencias

© 2021, Guadalupe Correa Cabrera y Luis Antonio Payan Alvarado

Diseño de portada: Cristóbal Henestrosa
Fotografía de portada: Leovigildo González / CUARTOSCURO.COM

D. R. © 2021, Editorial Océano de México, S.A. de C.V.
Guillermo Barroso 17-5, Col. Industrial Las Armas
Tlalnepantla de Baz, 54080, Estado de México
info@oceano.com.mx

Primera edición: 2021

ISBN: 978-607-557-304-5

Impreso en México / Printed in Mexico

# ÍNDICE

# LOS ACADÉMICOS Y FELIPE CALDERÓN

Hace meses conversé con Rogelio Villarreal Cueva, director general de Océano. Como aún no empezaba la interminable travesía por el COVID, hablamos del mundo editorial, y derivamos en la creciente producción de títulos sobre violencia criminal en México. Fui muy enfático, recuerdo, sobre la urgencia de incorporar a la literatura sobre el tema el papel desempeñado por Estados Unidos. La inseguridad que azota a México en el siglo XXI es resultado de la relación bilateral impuesta por una frontera común. Se sigue entonces que el problema sólo podrá contenerse con un acuerdo entre los dos países.

Tiempo después recibí la invitación para ser el editor de una colección sobre libros de seguridad. En los próximos años (que espero sean muchos) recomendaré a Océano obras que aporten nuevos conocimientos sobre la interacción entre Estado, delincuencia organizada y sociedad, incorporando, siempre, el papel de Estados Unidos.

El primer libro de esta serie es de los profesores Guadalupe Correa-Cabrera y Tony Payan, y cubre a plenitud los criterios arriba mencionados. Los autores abordan un tema central: los orígenes de la guerra decretada por Felipe Calderón contra los cárteles del crimen organizado, y conceden a Estados Unidos el papel que se merece en los inicios de la guerra.

Un aspecto que me llamó la atención de esta obra es que armaron la explicación tomando como materia prima treinta y cuatro entrevistas hechas entre 2014 y 2018. Los libros de entrevistas generalmente comienzan con una introducción, luego incluyen las transcripciones de la conversación y cierran con conclusiones y recomendaciones. Son útiles, pero trasladan al lector la tarea de contrastar y relacionar las diferentes opiniones. Correa-Cabrera y Payan siguieron un camino más arduo, lento y difícil, pero más fructífero: desmenuzar, contrastar y ordenar las docenas de entrevistas que realizaron a académicos y funcionarios de los dos países.

El resultado es una obra depurada que explica lo que sucedía en la sala de mandos del gobierno de Calderón, en la embajada de Estados Unidos, en los cuarteles y en cubículos de diversas instituciones académicas. Se confirma la tesis central del trabajo expresada en el título del libro: Felipe Calderón desplegó una *guerra improvisada* y seguimos pagando los resultados.

Este análisis permite entender mejor lo acontecido durante aquellos años. Por ejemplo, en los medios se hablaba con insistencia sobre la falta de coordinación del gabinete de seguridad. El libro lo confirma. Arturo Sarukhán, embajador en Washington durante el sexenio de Calderón, reconoce "que sí había un desmadre"; algunos miembros del gabinete "se daban hasta con la cuchara". Sigrid Arzt, secretaria técnica del Consejo de Seguridad Nacional entre 2006 y 2009, lo reconoce, pero minimiza la importancia que tuvo: "Sí había falta de coordinación, pero esto no era tan grave". Correa-Cabrera y Payan ubican el "desmadre" en el contexto de aquellos años.

Los treinta y cuatro entrevistados difieren en mucho, pero confirman la profundidad del conocimiento acumulado y la disposición de funcionarios, militares y académicos a compartir sus experiencias, conocimientos y reflexiones.

En lo negativo estaría la renuencia de los cuatro presidentes mexicanos citados en el libro a utilizar el conocimiento para elaborar una mejor política pública. Vicente Fox se reunía con académicos durante su primer trienio, pero luego se esforzaba por evitarlos. Calderón tuvo su primer diálogo público con académicos hasta agosto de 2010, tres años y medio después de iniciadas las hostilidades. El profesor Carlos Flores definió muy bien a Enrique Peña Nieto: "Llegó con mucha enjundia a ignorar el problema". Y Andrés Manuel López Obrador rehúye a académicos, a los que desprecia (tal vez porque teme confrontarse con el conocimiento).

En lo positivo estaría que en el trabajo de Correa-Cabrera y Payan se confirma que existe diálogo entre académicos y funcionarios de México y Estados Unidos. Esto es importante por una razón mencionada en el inicio de este prólogo: si la violencia tiene raíces binacionales, la solución tiene que venir de los dos países bajo la tesis de la responsabilidad compartida.

Este libro aparece cuando se inicia la presidencia de Joe Biden. Pese al diferendo por el caso del general Salvador Cienfuegos Zepeda, existen las condiciones para una puesta al día de las relaciones de seguridad. Es urgente que México y Estados Unidos adopten una estrategia común, así que el libro de Correa-Cabrera y Payan llega en buen momento. Está bien investigado y utiliza una prosa clara para explicar un sexenio crucial en las guerras del narco. Una obra indispensable que tuvo la suerte de aparecer a tiempo.

Sergio Aguayo,
El Colegio de México

# Introducción

E l presente libro ofrece al lector historias personales de los principales actores que diseñaron, implementaron, evaluaron y recalibraron la estrategia de seguridad en México durante el periodo 2006-2012. Encapsuladas en estas historias de políticos, embajadores, agentes de seguridad e inteligencia, periodistas y académicos, entre otros personajes, se encuentran lecciones trascendentes y perspectivas de política pública clave para entender el problema de la seguridad en el país. Dicho periodo coincide con la administración del presidente Felipe de Jesús Calderón Hinojosa, quien involucró a las fuerzas armadas en labores de seguridad pública, lo cual generó un enfrentamiento no convencional y extremadamente violento entre las fuerzas del orden y miembros de la delincuencia organizada. Esto, en lugar de resolver el problema, lo exacerbó exponencialmente.

Esta serie de testimonios nos muestra los detalles de lo que fue, de varias maneras, una guerra improvisada que tuvo, a su vez, una enorme influencia en diversos ámbitos de la vida nacional. Dichos relatos abordan las restricciones con las que llegó una administración altamente cuestionada; la conceptualización de un problema por demás complejo; el uso del Ejército en la seguridad pública; las violaciones a derechos procesales y humanos; las personalidades de los tomadores de decisiones y su peso en el quehacer de la política pública; los problemas de comunicación entre los miembros del gabinete de seguridad y de éstos con el público en general; el papel de Estados Unidos; los procesos de aprendizaje e incluso esfuerzos genuinos (pero fallidos) de construir instituciones. En resumen, este libro recopila los testimonios de distintos personajes que protagonizaron el desarrollo inicial de la mal llamada "guerra contra las drogas" en México. En entrevista tras entrevista, los protagonistas revelaron los obstáculos y los desafíos de hacer política pública en un ambiente social, económico y político de alta complejidad.

Los testimonios de los protagonistas, partidarios y críticos de esta guerra improvisada forman parte de la historia contemporánea de nuestro país y revelan algunas de las causas fundamentales del estado actual de la seguridad en México. También dan cuenta de las consecuencias más atroces de las políticas implementadas en un sexenio caracterizado por la controversia y la pérdida de varias decenas de miles de vidas humanas. Los contenidos de este texto dejan entrever las grandes secuelas de una guerra no convencional y muy cuestionada, y señalan las lecciones aprendidas e ignoradas por la administración subsecuente de Enrique Peña Nieto (2012-2018), así como los grandes pendientes nacionales en materia de seguridad y combate a la corrupción, impunidad y crimen organizado que le competen a la administración de la llamada "Cuarta Transformación" (4T) de Andrés Manuel López Obrador.

El presente texto se construye a partir de treinta y cuatro entrevistas de elite que se realizaron en el periodo de 2014 a 2018. La selección de los entrevistados consideró tres criterios básicos: *a*) la cercanía de la fuente con el problema; *b*) el grado de participación o protagonismo del actor en el diseño, implementación o evaluación de la estrategia de seguridad en México en el sexenio calderonista; y *c*) su experiencia y grado de conocimiento sobre el tema que nos compete. Pensamos haber tenido éxito y entrevistado a los actores clave y a los mejores expertos en seguridad en México.

14

Además, revisamos los textos, comunicados y discursos del expresidente mexicano en los que explica sus objetivos, justifica sus acciones y estrategias, y evalúa los resultados de las mismas. Finalmente, nuestra narrativa se complementa con bibliografía básica del tema y una revisión detallada de la mayoría de la información en medios sobre este importante periodo en la historia de México. Este trabajo consta de seis capítulos y concluye con una reflexión que podría resultar útil para aquellos encargados de la estrategia de seguridad en el gobierno de la 4T.

De una lista inicial de setenta y cinco potenciales entrevistados, seleccionamos finalmente cuarenta y de éstos pudimos platicar con treinta y cuatro. La selección original incluía un grupo bien balanceado de funcionarios públicos, diplomáticos, comunicadores y miembros de la sociedad civil que apoyaban o criticaban la estrategia de seguridad mexicana en los años de Calderón. El balance se intentó mantener hasta el final, pero no pudimos controlar los deseos y reticencias para participar de algunas de nuestras potenciales fuentes. Por cuestiones de confidencialidad y por respeto a nuestros entrevistados, muchos de los comentarios que se hicieron y las historias que se compartieron no se encuentran plasmados en el presente texto. Algunos comentarios, por su parte, se mantienen como anónimos ya sea porque así lo pidieron sus autores, o bien por ser delicados y para no atribuirlos a sus respectivas fuentes. Algunos principios del periodismo y la academia, sobre todo en los temas de redes ilícitas y delincuencia organizada, permiten no invocar la fuente. Finalmente, vale la pena mencionar que algunas de las personas con las que conversamos enfrentan o enfrentaron procesos judiciales, mas no por ello sus comentarios pierden validez ni oportunidad.

El primer capítulo de este volumen pone en contexto la denominada "guerra contra las drogas" de Calderón y describe el complejo escenario político, económico y de seguridad que se vivía en el país. Dicho panorama determinó la decisión por parte del entonces presidente de la República de diseñar una estrategia de seguridad no convencional. La militarización de esta estrategia se decidió en un contexto de polarización y cambio institucional que había desarticulado las estructuras de poder tradicionales que durante varias décadas mantuvieron estabilidad en el país bajo un régimen distinto. Dichas estructuras sirvieron hasta gastarse. En esta primera parte, se describe también el panorama de la (in)seguridad en México, visto por quienes protagonizarían la puesta en marcha de una estrategia de seguridad no convencional y por quienes simplemente la analizan o la critican.

Las decisiones en materia de política pública se toman según las circunstancias que se viven en el país y en el ámbito internacional al mismo tiempo. No obstante lo anterior, dichas decisiones, así como la implementación de estrategias o políticas específicas, se dan en un contexto en el que las personalidades o el carácter de los servidores públicos, políticos, líderes sociales, miembros de la oposición y otros actores clave tienen un peso importante. El segundo capítulo nos da una idea de las personalidades que participaron en la guerra de Calderón. Esta sección es muy interesante, porque ilustra la parte humana de la política de seguridad en México en un periodo muy problemático y por demás complejo.

El tercer capítulo nos habla de la parte más controversial de la estrategia de seguridad de Felipe Calderón, es decir, del uso de las fuerzas armadas en tareas de seguridad pública y en el combate al crimen organizado como parte de lo que llamó "una guerra contra las drogas". Para esta sección, nuestros entrevistados nos explicaron cómo se justificó la implementación de esta estrategia de seguridad no convencional y describieron en detalle el papel de las fuerzas armadas durante este periodo, así como las tensiones que generó dicha participación, incluyendo aquellas que se dieron entre el Ejército y la Armada de México.

El principal argumento del capítulo cuarto es que la guerra de Calderón fue básicamente una guerra improvisada. Aquí, nuestros entrevistados nos explicaron cómo, ante el complejo escenario político y social del país, la denominada "guerra contra el crimen organizado" durante el sexenio de Calderón tuvo muchos momentos de improvisación. Se hace política pública con lo que se tiene, con lo que se puede y de manera espontánea. No todo se puede planear; no todo se puede prever; no todo se puede anticipar; se aprende sobre la marcha. En esta sección se ilustra cómo, quienes tomaron importantes decisiones de política pública en el periodo calderonista, transitaron por brechas improvisadas que se encuentran entre lo que se quería hacer y lo que finalmente se hizo. En esta cuarta parte del libro se demuestra que la improvisación es parte integral del quehacer de la política pública en México ante la debilidad de las instituciones y la tradición política de nuestro país.

La guerra de Calderón se desarrolló en el marco de la Iniciativa Mérida y la estrategia de cooperación antinarcóticos con Estados Unidos. El quinto capítulo habla del papel fundamental que desempeñó Estados Unidos en el diseño e implementación de la estrategia de seguridad en México durante la administración calderonista. Esta sección ilustra las desigualdades en la relación binacional, así como las tensiones que se generaron entre los dos países. Estas últimas se suscitaron fundamentalmente por el grado de cooperación en el tema de la seguridad y desembocaron en la salida del embajador de Estados Unidos en México, Carlos Pascual. En este capítulo, los entrevistados describen el papel de los estadunidenses en el desarrollo de la guerra contra las drogas de Calderón. Las versiones varían bastante, dependiendo de la nacionalidad de los entrevistados y de su rol en el desarrollo de la estrategia o como evaluadores

17

de la misma. En general, parece ser que, no obstante la aparente iniciativa de Calderón, la guerra contra las drogas en México se diseñó, en gran parte, por y para los intereses de Estados Unidos.

El sexenio de Felipe Calderón culmina con serios problemas y grandes cuestionamientos en el tema de la seguridad y, además, terminó con una serie de controversias que no fueron fácilmente resueltas y que continúan hasta hoy. Hay quienes dicen que hubo éxitos y hay quienes dicen que fueron sólo fracasos los que se registraron al finalizar 2012. Hay quienes dicen que Calderón tuvo razón en hacer lo que hizo; y hay quienes aseguran que exageró la amenaza y se sobrepasó en los medios para enfrentarla. Es difícil esbozar una conclusión definitiva pero las consecuencias materiales son visibles y bastante trágicas. Asimismo, es posible afirmar que los resultados en materia de seguridad no se dieron de acuerdo con el diseño de la política pública; las instituciones quedaron a medio construir o sin construir, y el pueblo mexicano mostró al final un fuerte hartazgo respecto de la violencia y el crimen ocasionados por la guerra contra las drogas. Una de las secuelas, y quizás el castigo político más importante, fue precisamente la derrota electoral del Partido Acción Nacional (PAN) en las elecciones de 2012, la cual fue atribuida, en gran medida, a los propios resultados de la estrategia de seguridad calderonista.

El último capítulo del libro examina el legado de Calderón visto desde la perspectiva de la administración que le sucedió. El presidente Enrique Peña Nieto llega al poder a finales de 2012 buscando activamente no caer víctima de la dinámica que abatió al sexenio calderonista. En las palabras de un entrevistado: "Llegó con mucha enjundia a ignorar el problema". Es posible, sin embargo, que en este sexenio se haya también llevado el péndulo al otro extremo. Peña Nieto desapareció la Secretaría de Seguridad Pública (SSP), incorporando sus funciones en la Secretaría de Gobernación

(Segob); intentó crear la llamada "ventanilla única", para centralizar el contacto con las burocracias gubernamentales de Estados Unidos; redujo los presupuestos para la Policía Federal sin avanzar en una verdadera reforma policial, entre otras acciones que parecían más bien insuficientes para resolver el enorme problema de la seguridad en México. En otras palabras, el entonces presidente de México tomó una serie de medidas dedicadas a disminuir la importancia de la guerra contra las drogas y decidió enfocar su capital político hacia el avance de las reformas estructurales a las que su grupo político había dado prioridad.

Al principio, la violencia disminuyó y los asesinatos cedieron, pero sólo por un periodo breve. Al final, la administración del presidente Peña Nieto optó por una estrategia de seguridad supuestamente alejada de la estrategia calderonista y terminó también pagando un precio muy alto, no sólo por una corrupción extraordinaria, sino también por ser ésta otra estrategia de seguridad mal diseñada y claramente fallida. En cierto sentido, aunque Peña Nieto no quiso asociarse de ninguna manera con la ruta calderonista en materia de seguridad, ésta terminó definiendo su propio acercamiento al tema. Finalmente, según algunos y de acuerdo con las estadísticas de homicidios, no sólo no se logró un resultado igual o mejor, sino que, por el contrario, se registró un panorama un poco más catastrófico que en el sexenio de Calderón. Esto es paradójico en el sentido de que los problemas de seguridad en México no parecen ser producto exclusivamente de las estrategias fallidas de un sexenio, sino más bien problemas estructurales que no pueden ser ignorados. La seguridad en el sexenio de Peña Nieto no es el tema central de este libro; sin embargo, la manera en que se enfrentó el problema de la seguridad en México en este periodo terminó costándole, de igual forma, muy caro a los mexicanos.

En la transición entre el sexenio de Calderón y el de Peña Nieto hay lecciones importantes para la administración de la 4T de Andrés Manuel López Obrador. La seguridad no es un tema priista ni panista, ni del joven partido Morena. Es un problema estructural que tiene muy posiblemente más que ver con la ausencia de instituciones y con la complejidad económica, política, social y cultural de la localidad. El papel de Estados Unidos también resulta crucial. La parte final del texto explora, a partir de un análisis comparativo de las palabras de los entrevistados para este libro, las grandes lecciones que nos enseña contemplar a Calderón y a Peña Nieto simultáneamente. Desde ahí es posible también entender los requerimientos necesarios para resolver el problema de la seguridad en México de una manera efectiva y permanente. Éstas son lecciones que bien podría aprender la actual administración de Andrés Manuel López Obrador para no repetir los grandes errores de una "guerra improvisada".

Después de sucesos tan desafortunados como el arresto y la liberación del hijo de Joaquín (el Chapo) Guzmán Loera en la ciudad de Culiacán, Sinaloa; la masacre de los niños y mujeres mormones en la frontera norte de México (entre los estados Sonora y Chihuahua), y la amenaza de Donald Trump de catalogar como terroristas a los denominados cárteles de la droga mexicanos, es preciso reflexionar profundamente sobre el pasado para resolver el presente. "No se puede improvisar de nuevo", como nos aconsejaba el exsecretario de Seguridad Pública —ahora acusado de vínculos con la delincuencia organizada— Genaro García Luna, en una cena en la ciudad de Houston, Texas. Cabe destacar que para este proyecto platicamos tres días enteros con quien fuera el hombre fuerte de Calderón y uno de los principales arquitectos de la guerra.

Sin restar importancia a las graves acusaciones en contra de nuestro entrevistado —y aún en espera de los resultados de un juicio complejo y que dará bastante de que hablar por largo tiempo— nos parece importante plasmar en este libro la experiencia del personaje y la opinión de otros que analizan su papel y su responsabilidad en los hechos que dieron origen a un sangriento conflicto armado y a una estrategia de seguridad extrema y no convencional que falló en sus objetivos más básicos. El propósito de este texto no es juzgar las acciones individuales —o los crímenes— de los protagonistas de una guerra improvisada en México, sino analizar el fenómeno en todas sus dimensiones dando voz a los arquitectos, a los operadores, a algunos críticos y a los "expertos". Las historias personales que aquí se cuentan nos permitirán analizar el lado humano de la estrategia, pero también vislumbrar las perspectivas políticas de la seguridad en México.

# 1
## El contexto: un escenario complejo

## Aprender de nuestra historia

El 3 de enero del año 2007, en Apatzingán, Michoacán, el entonces recién llegado presidente de México, Felipe Calderón Hinojosa, vistió uniforme militar para rendir tributo al Ejército mexicano, algo que los presidentes mexicanos no habían hecho desde la década de 1950. Con este acto, Calderón dejó voluntaria o involuntariamente claro que la impronta central de su administración sería el uso de las fuerzas armadas en una confrontación abierta con el crimen organizado. Ese momento quedó en la historia del país como un presagio de lo que se avecinaba y terminó marcando tanto a la administración de Calderón como a México.

Al final de la administración calderonista, el saldo de esta confrontación no fue nada halagador. La guerra contra el crimen organizado del sexenio terminó con más de 130,000 homicidios y más de 23,000 personas desaparecidas bajo un esquema de violencia no visto desde la Revolución mexicana. La tasa de asesinatos en el país pasó de 9.7 homicidios por cada 100,000 habitantes a 17.9 (Pérez Correa, 2015). Desafortunadamente, esta tendencia, con un breve respiro en los años 2013 y 2014, continuó bajo la administración de Enrique Peña Nieto (2012-2018), de tal forma que el *Wall Street Journal* ha etiquetado este periodo como una "crisis de civilización en

México" (De Córdoba y Montes, 2018). Y desafortunadamente esa tasa sigue en ascenso en el presente sexenio.

Ahora bien, aunque es difícil vincular estrechamente las tendencias de la violencia y la delincuencia en México a un solo sexenio, particularmente porque los niveles de ambas han fluctuado independientemente de las estrategias de las administraciones de Vicente Fox Quesada, Felipe Calderón Hinojosa y Enrique Peña Nieto y siguen al alza en el presente periodo presidencial, el sexenio de Calderón sí fue paradigmático por su estrategia abierta de confrontación directa con el crimen organizado y por la militarización de la lucha contra el mismo. Así pues, y muy reveladoramente, el debate sobre la violencia y el crimen en México y el uso de las fuerzas armadas para su contención continúa en la administración de Andrés Manuel López Obrador.

En el Plan Nacional de Paz y Seguridad, presentado por el presidente López Obrador el 14 de noviembre de 2018 en la Ciudad de México, éste hace un llamado en el punto 8, "Plan de seguridad pública, seguridad nacional y paz", a continuar con el uso de las fuerzas armadas en materia de seguridad pública. El mismo plan establece que "[…] resultaría desastroso relevar a las Fuerzas Armadas de su encomienda actual en materia de seguridad pública" y reitera que: "Ante la carencia de una institución policial profesional y capaz de afrontar el desafío de la inseguridad y la violencia, es necesario seguir disponiendo de las instituciones castrenses en la preservación y recuperación de la seguridad pública y el combate a la delincuencia" (López Obrador, 2018).

Convencidos de que "el pueblo que no conoce su historia está condenado a repetirla", y más aún de que pudiera responderse que no es la historia la que se repite, sino que son las lecciones de ésta las que no se aprovechan (Arribas, 2010), los autores de este libro se dieron a la tarea de entrevistar a treinta y cuatro de los personajes centrales de la administración del presidente Calderón encargados de la estrategia de seguridad, y a partidarios y detractores del presidente, así como a algunas figuras involucradas cercanamente en el drama histórico que se vivió en ese sexenio. Entender cómo el presidente Calderón llegó a su diagnóstico de los "retos que enfrentamos" (Calderón, 2015) como él los llama, a la selección de instrumentos para oponerse a esos desafíos y a los resultados obtenidos, es tarea indispensable para que el México de la tercera década del siglo XXI aprenda de su propia historia y no caiga en los mismos errores de las primeras dos.

Dicho esto, este libro no pretende poner frente al lector opiniones o juicios académicos, sino recoger los testimonios de quienes fueron personajes centrales y periféricos, todos importantes, de la estrategia de seguridad calderonista. Al concluir casi tres docenas de entrevistas, lo que es evidente es que hay muchos claroscuros históricos y que hay lugar para muchas hipótesis e interpretaciones de lo que realmente sucedió, y de su gratuidad o su perentoriedad. Los testimonios recogidos quedan en manos del lector para que sea éste quien juzgue la estrategia y las visiones de cada uno de los entrevistados. Esperamos que este libro sirva también como un elemento de aprendizaje para los agentes decisores en materia de seguridad pública en el futuro.

## La idea de la verdad histórica

Después de haber llevado a cabo estas entrevistas a lo largo de casi cuatro años y de haber atendido muchas perspectivas sobre lo que sucedió en el sexenio calderonista, con el afán de extraer las lecciones esenciales para el futuro de México, a los autores nos quedó una enseñanza central: la historia misma no contiene una verdad,

25

sino muchas. El cronograma de una historia puede contener hechos, datos, personajes con nombres y apellidos y eventos específicos, pero éstos no son equivalentes a la verdad. Ésta es mucho más subjetiva y maleable y se encuentra en la percepción de quienes dan y reciben el recuento de lo sucedido.

Este debate no es trivial, ya que nos encontramos en un mundo en donde la misma ciencia está en crisis, en pleno estado de desmantelamiento de la realidad a favor de muchas realidades paralelas, y en donde prevalece un ambiente de interpretación, aun entre quienes contemplan los mismos hechos, los mismos datos, los mismos personajes y eventos de manera sincrónica. Más aún, como muchos de los entrevistados fueron testigos de un periodo que empieza a quedar cada vez más en el pasado, sus propios juicios de lo que apreciaron en aquellos momentos comienzan a ser tamizados por el tiempo y la memoria. En consecuencia, el proyecto de recoger la versión íntima de lo que había sucedido, buscando una realidad única y persistente, se tornó un ejercicio de recopilar varias versiones íntimas y divergentes de lo que había sucedido, es decir, al final muchas narrativas no siempre coincidieron. Lo que se presenta ante los ojos del lector son entonces las distintas hipótesis (versiones) de lo que sucedió, de cómo sucedió y de por qué sucedió, para que sea éste quien juzgue la complejidad del periodo calderonista. Al final, sin embargo, aprendimos que hay riqueza y muchas lecciones en la diversidad de versiones de lo ocurrido. Así pues, lo que no queremos es que se pierda la importancia de recoger la complejidad que acompaña la hechura de políticas públicas porque sobre ello gira el México del futuro, especialmente en el tema de seguridad —un tema, por mucho, aún no resuelto.

## Punto de partida

En este tenor, bajo el entendido de que una opinión central sobre el debate de la crisis de seguridad pública entre quienes entrevistamos comienza con el actor más importante, queremos partir de lo que el propio presidente Calderón ha dicho de su paso por la presidencia y del tema de la seguridad.

Calderón ha reafirmado su diagnóstico de la situación del país en muchos foros, durante y después de su presidencia, argumentando que la situación en 2006 era ya insostenible y que la inseguridad que enfrentaba el país era grave. Calderón escribe: "El escenario de inseguridad que se registra en algunas regiones y ciudades del país tiene su origen en una multiplicidad de factores que se fueron acumulando y agravando a lo largo de los años, en algunos casos durante décadas" (Calderón, 2015). El propio Calderón cita a académicos y periodistas como Luis Astorga, David Shirk, Jorge Chabat, Ioan Grillo, y otros, para justificar su actuación ante el reto de la inseguridad en el país. Sus diagnósticos incluyen un historial de la evolución del crimen organizado y la violencia; el advenimiento de una delincuencia sin precedentes —la extracción de rentas o derecho de piso—; una visión de la delincuencia que trasciende el narcotráfico y se extiende también al narcomenudeo, la disputa por el territorio, la debilidad de las instituciones, la corrupción, el flujo de armas de Estados Unidos y la fragmentación política del país (Calderón, 2015).

El presidente Calderón justifica la necesidad del uso de las fuerzas armadas ante la delincuencia organizada precisamente porque las instituciones, desde su punto de vista, estaban secuestradas por el crimen organizado: "El problema de México no es un asunto de drogas nada más… las organizaciones criminales han adquirido tal grado de sofisticación que se están apoderando de las instituciones"

(Ruiz, 2013). Así pues, el presidente tuvo y sigue teniendo *su* verdad, y las verdades de los presidentes tienen un peso muy particular en la historia del país y no pueden ser ignoradas porque dan paso a acciones que llegan a marcar no sólo sus mandatos, sino la propia historia de la nación. Aun así, la verdad del expresidente sigue siendo *una* verdad entre otras; además, todos los argumentos detrás de su diagnóstico resultaron debatibles entre nuestros entrevistados y generaron hipótesis encontradas, incluso entre quienes estuvieron muy cerca del presidente y de quienes observaron la evolución de su estrategia de seguridad y la evaluaron, la recalibraron y la justificaron o la criticaron. Por eso, muchas de nuestras preguntas empezaron precisamente poniendo frente a los entrevistados este diagnóstico de la delincuencia que dio origen a la estrategia de Calderón en materia de seguridad.

Así pues, el resto de este capítulo se enfoca precisamente en algunos de los argumentos que el propio Calderón ha ventilado en público —entonces y ahora— a partir de las perspectivas de quienes participarón cercana o lejanamente en ese momento tan crucial de la vida contemporánea del país. Las siguientes secciones examinan, desde la perspectiva de los entrevistados, los números y los análisis alrededor de los mismos, el contexto político del propio Calderón y su potencial incidencia en la manera en que toma el tema de la inseguridad, las condiciones de las instituciones y otros instrumentos a su disposición para enfrentar el problema, el drama personal del presidente y sus colaboradores, y la conducción de la lucha contra el crimen organizado, de propia boca de sus colaboradores y detractores. El capítulo baraja, entonces, las percepciones de quienes pudieron o permitieron ser entrevistados para discernir el contexto tan complejo que llevó a Calderón a encarar el problema de la seguridad como lo hizo. Cabe advertir que en las palabras de nuestros interlocutores no todo era acuerdos y consensos. Al contrario, hay interpretaciones, apoyos, críticas y matices, sin perder de vista que el contexto mismo era complejo y por lo tanto da lugar para muchas interpretaciones del problema, de las opciones en materia de política pública, de las acciones y, finalmente, de los resultados.

## La delincuencia en cifras, la construcción de los datos y la geografía del crimen organizado

Comencemos con una exploración de los datos duros de la delincuencia y la violencia. Si de los datos y de las cifras se trata, el lector de este libro podría pensar que las estadísticas son en alguna forma representantes de la verdad y que por sí solas no dejan lugar a desacuerdos sobre el problema que representan. Pero no es así. A lo largo de nuestras conversaciones con los expertos quedó claro que las cifras delictivas mismas fueron objeto de acalorados debates entre nuestras fuentes. Las entrevistas comenzaron con preguntas relacionadas con el diagnóstico de la administración calderonista y la veracidad de éste —una pregunta central— porque finalmente, en un mundo ideal, es el diagnóstico lo que da lugar a una respuesta de seguridad, o a cualquier otro tema de política pública, especialmente una respuesta que terminó sellando el sexenio. Explorar estas discusiones alrededor de los números delictivos fue importante porque van directamente a la justificación de la administración calderonista acerca de la necesidad de enfrentar al crimen organizado y de hacerlo de la manera en que se hizo (Calderón, 2015).

La discusión de los entrevistados sobre la situación delictiva en México en 2006 —el diagnóstico— se centró en tres desacuerdos fundamentales referentes a las estadísticas de la delincuencia y la violencia en el país ese año. El primero tiene que ver con las tendencias numéricas de los delitos, notablemente homicidios dolosos, secuestros y extorsiones. El segundo, con la extensión territorial de la violencia y la cambiante naturaleza de la delincuencia organizada, y el tercero, con la problemática de resumir la violencia y la inseguridad en una sola tendencia: homicidios dolosos y la construcción de los datos mismos.

### Las tendencias delictivas

Con respecto a las tendencias delictivas y de violencia en el país, hay quienes argumentan que Calderón encuentra un país "ensangrentado". Rafael Fernández de Castro, su asesor principal en política exterior, manifestó que el propio presidente estaba convencido de que así era. Fernández de Castro sostiene que el presidente les dijo: "Miren, cuando yo llegué a la Presidencia de la República, me di cuenta de que los cárteles no estaban en el traspatio de la casa, sino en la sala, con los pies subidos sobre la mesa, y ya con la cocina saqueada, el refrigerador abierto y ya sin cervezas. Yo tomé la decisión de que eso no podía seguir pasando y decidí aplicar toda la fuerza del Estado para poner orden en la casa de México, porque nos habían tomado incluso la sala de la casa".

Hay quienes coinciden con ese diagnóstico. Eric Olson, del Woodrow Wilson Center, manifestó que "por lo que entiendo, Calderón percibió una crisis real, muy seria, hasta el punto de que antes de ser inaugurado, pidió ayuda a Washington para enfrentar este problema; no de manera específica, pero sí pidió ayuda. Yo estoy convencido de que pensó que había un reto enorme, una crisis, que requería pedir la ayuda de Estados Unidos… no todo era tragedia, pero estaba preocupado".

El periodista Carlos Marín coincide: el presidente estaba convencido de que "la situación era muy delicada. Ya desde los últimos

años de Fox, el problema de Michoacán se desbordaba. El gobernador de ese estado, Lázaro Cárdenas Batel, le había dicho a Calderón
que tenía un problema grave. Eso terminó de convencerlo". El mismo Marín dice que "los pleitos eran brutales, carniceros". Así pues,
una primera hipótesis es que el país estaba ya en una situación crítica y no había otra salida. Y quienes argumentan esto, citan números
y eventos que apuntalan su percepción.

Pero no todo mundo coincide con la visión de un país ensangrentado que tenía el presidente Calderón. Con respecto a las
tendencias de la delincuencia en México, Jorge G. Castañeda argumenta que "México llegó al 2006 con un nivel muy bajo de violencia. Durante Fox, los niveles de violencia bajaron. Los homicidios
suben o bajan, pero estaban en 9 por cada 100,000 personas en
2006. En 2007 bajamos a 8 por cada 100,000 personas. Pero era
baja la violencia". Los indicadores de homicidios y violencia parecen apoyar las aseveraciones de Castañeda. Si se analiza el número
de asesinatos en sí, éstos sí iban a la baja. Pero el argumento de Castañeda no es necesariamente incontrovertible.

Como quedó claro en los primeros dos años de la administración de Peña Nieto, la baja en los homicidios dolosos pudo haber sido un efecto de la renuencia del gobierno de enfrentar el
problema de la inseguridad, particularmente porque las cifras de
secuestros y extorsiones sí habían ido en aumento. Más aún, hay calderonistas que argumentan que la baja en los homicidios de 2013 y
2014 es algo que comenzó en 2012, precisamente porque la estrategia ya estaba surtiendo efecto, justo hacia el fin del sexenio. Pero
ver sólo las estadísticas y sus altibajos es en sí problemático. El exembajador de México en Estados Unidos Arturo Sarukhán, por ejemplo, argumentó que no se trataba de los números brutos. Hablar de
números solamente, dice Sarukhán, presenta un falso dilema. "Algunos de los indicadores de violencia venían a la baja, pero no en

31

cambio los indicadores de que el crimen estaba cooptando las instituciones. Esto es lo que detona las alarmas. No son los asesinatos o la violencia, pero el derecho de piso, las extorsiones de renta, lana del narco en las campañas políticas... El tema que dispara las alarmas no era el crimen bruto, sino lo que se veía era el incremento... de la extorsión política y el fondeo del crimen organizado que había llegado a financiar campañas muy relevantes a nivel local y en algunos estados... El debate se centra en los homicidios, pero la realidad era el cáncer institucional".

Hay todavía otra perspectiva entre los entrevistados. Algunos críticos del calderonismo argumentaron que la crisis fue manufacturada. Para el profesor investigador de El Colegio de México Fernando Escalante, no existía una crisis de seguridad: "se reproducen las notas de los periódicos y los dichos de los gobiernos... y la producción académica es mediocre y sesgada... Las cifras son fantasiosas y se combinan con prejuicios... se construyen imágenes". Además, "todas las decisiones se toman con base en información y análisis de consultoras como Stratford y números que salen de la DEA y el Departamento de Estado", los cuales tienen una agenda.

El profesor Escalante sugiere que no se puede entender un diagnóstico de la seguridad en México sin la agenda antidrogas de Estados Unidos. En el imaginario del gobierno mexicano, y ciertamente en el de Calderón, la crisis podría ser de México, pero es difícil entender su construcción sin considerar el impulso que se le da desde Washington, D.C. El argumento de Escalante sobre el diagnóstico de Calderón resulta interesante, ya que hay otros analistas que coinciden en que no se puede divorciar el diagnóstico de la teatralidad nacional. Alejandro Hope, analista en materia de seguridad, por ejemplo, dice que "ya para finales de la administración de Fox hay decapitaciones, videos en las redes... la delincuencia organizada cambió de naturaleza y estaba rebasando a los gobiernos estatales… La percepción se ve influida por el caso Michoacán y la interpretación que le da el propio [gobernador] Cárdenas Batel al problema". El tema de la seguridad entonces es de números, pero también de instituciones y de teatralidad política.

Otros observadores se enfocan en la construcción del diagnóstico a partir de los asesores. Jorge Carrillo Olea, director del Centro de Investigación y Seguridad Nacional (Cisen) de 1988 a 1990, manifiesta, por ejemplo, que: "Felipe Calderón no le preguntó a nadie. Se basó en dos o tres personas y ellos le hicieron el planteamiento. Seguramente [Juan Camilo] Mouriño y [Josefina] Vázquez Mota. Ellos dos hicieron todo: estrategia, decisiones, etcétera. Felipe Calderón llega sin un diagnóstico institucional… No hubo diagnóstico. Fue una decisión unilateral, en *petit comité*". El mismo Carillo Olea asevera que la guerra contra el crimen organizado "no era el último recurso. La situación no era tan grave como Felipe Calderón quería". Es de señalar que Carrillo Olea utilice el verbo *querer* y no los verbos *creer* o *pensar*. Esto implica que Carrillo Olea piensa que hubo un deseo deliberado de creer ciertas cosas o una intencionalidad en la elección de llevar a cabo una guerra contra el crimen organizado por parte del presidente Calderón, quizás atribuyéndolo a la necesidad de justificarse y legitimar su presidencia; algo que otros también argumentan y que se discute más adelante.

En apoyo a la tesis de Carrillo Olea, Carlos Flores Pérez, un académico entrevistado, argumenta que el equipo calderonista "no tenía expertos en seguridad… hubo personajes que se posicionaron mucho desde la campaña, como Genaro García Luna, Edgardo Flores Campbell y otros". Ellos, insinúa Flores Pérez, fueron los que decidieron la naturaleza del problema y la ruta. Esto, sin embargo, contradice algo que el propio García Luna manifestó en una conversación: que él no formó parte del equipo calderonista de seguridad hasta unos cuantos días antes de ser designado, y fue sólo cuando Jorge Tello Peón había rechazado ser el secretario de Seguridad Pública que lo llamaron para estar al mando de esa secretaría y de la Policía Federal. García Luna aseguró que su nombre salió al final, por recomendación del propio Jorge Tello Peón.

## La extensión territorial de la violencia y la cambiante naturaleza de la delincuencia organizada

Un segundo e importante debate entre los entrevistados se vincula directamente con la relación entre la delincuencia organizada y el territorio.

Existe consenso entre quienes estudian la delincuencia organizada respecto a que hay una estrecha relación entre la actividad delictiva y el control del territorio (Varese, 2011). Esta relación, en el caso de México, siempre fue más o menos aceptada (Cunjama y García, 2014). Los grandes cárteles de la droga controlaban municipios y corredores, a veces estados enteros, y a menudo las estructuras políticas de los mismos, con el fin de facilitar sus operaciones. Esto se convierte en un tema central en el debate de la inseguridad en México a partir de la agresividad de los Zetas y su capacidad de extenderse por varios estados de la República, desafiando exitosamente el control territorial de otros grupos. En gran parte, las luchas entre grupos de la delincuencia organizada tienen que ver con el control territorial. Y es el control territorial lo que causa a veces los enfrentamientos más encarnizados y muchas muertes. Cabe entonces preguntarse: ¿qué tan grave era el problema del control territorial por la delincuencia organizada? ¿Se justificaba un escenario apocalíptico de la pérdida del país o de sus instituciones a partir de los espacios físicos controlados por el crimen organizado?

En este punto también los entrevistados expresaron distintos puntos de vista.

Calderón estaba convencido de que la situación era muy delicada, particularmente porque como dijo Carlos Marín: "Ya desde los últimos años de Fox, la situación en Michoacán se desbordaba. Se creía que la situación era grave. [El gobernador de Michoacán Lázaro] Cárdenas Batel le había dicho a Calderón que tenía un problema grave. Eso terminó de convencerlo. Muy iniciado el gobierno de Calderón, un diagnóstico del Ejército que me tocó publicar aquí [*Milenio*], y por una conversación informal con el secretario de Defensa, vi unos documentos de los analistas del Ejército. Y una de las hojas del informe decía que lo que estaba en riesgo era la viabilidad del país. Un analista nos dijo que el convencimiento de la Secretaría de la Defensa Nacional (Sedena) era que, de no actuarse, era posible que el siguiente presidente, después de Calderón, lo iba a imponer el narcotráfico… Y al final de Fox habían aparecido cabezas, como en Uruapan".

Era una violencia desbordada. Y como señala Carlos Marín, "había una violencia que aumentaba en más puntos del país: Ciudad Juárez, Tijuana, Tamaulipas, Michoacán… Y los Zetas llegaron a distintos puntos del país: Quintana Roo, Veracruz, Michoacán… Y eran guerras bárbaras, brutales, ajustes de cuentas… Y después en enfrentamientos con las fuerzas federales. Era como estar en Afganistán. Había matanzas entre bandas y entre bandas y la Policía Federal (PF) y el Ejército. Y las corporaciones policiacas estaban atemorizadas. Yo pienso que no se equivocó. Yo pienso que tuvo que hacer lo que tuvo que hacer".

El propio Calderón, en una entrevista concedida al diario *El País* en Madrid, dice: "Cuando llegué a la presidencia, su alcance era ya insostenible. Llegué al quirófano sabiendo que el paciente tenía una dolencia muy grave; pero al abrirlo nos dimos cuenta de que estaba invadido por muchas partes y había que sanarlo a como diera lugar" (Moreno, 2008).

Eduardo Guerrero, consultor y experto en temas de seguridad, señala lo siguiente: "No sé cómo [definieron el problema] pero sí lo vieron como una cuestión de fuerza, de control territorial. Entonces la estrategia… fue expandir su presencia en las zonas controladas por el crimen… Y esa idea está presente en el principal asesor de seguridad de Calderón, que es este salvadoreño que trabajó con Medina Mora, Joaquín Villalobos*". Calderón, sin embargo, no hace distinciones territoriales. Habla tanto de problemas específicos como de la propia viabilidad del Estado mexicano, insinuando que el problema era realmente nacional y no de unas cuantas regiones. En esa misma entrevista al diario *El País*, por ejemplo, Calderón considera que el Estado mismo estaba ya en peligro: "Si el Estado se define, entre otras cosas, como quien tiene el monopolio de la fuerza, de la ley, incluso la capacidad de recaudación, el crimen organizado empezó a oponer su propia fuerza a la fuerza del Estado, a oponer su propia ley a la ley del Estado e incluso a recaudar contra la recaudación [oficial]" (Moreno, 2008).

Sin embargo, hay quienes argumentan que el diagnóstico debió haber sido más preciso. De acuerdo con el profesor investigador Raúl Benítez, "Es cierto que la situación era difícil, pero no en todos lados, no con todo el mundo, no en todos los lugares". De forma similar, Fernando Escalante argumenta que la realidad social también se construye: "Hay una construcción imaginaria del crimen organizado. Era una fantasía alimentada con información. Hay mala información por un lado y brotes de violencia por otro".

---

* Joaquín Villalobos, exlíder guerrillero y político salvadoreño, es actualmente un experto internacional en temas de seguridad y solución de conflictos.

Incluso hay quienes contradicen el diagnóstico del presidente Calderón: "Había partes que sí tenían problemas, pero no estaba el 'Estado' penetrado. A ver, ¿qué es el Estado? Sí, la policía estaba penetrada, pero ¿son ellos el Estado? En ciertos lugares sí se había perdido el monopolio de la fuerza. El crimen sí había crecido. Sí había una debilidad institucional para enfrentar el delito. Pero el gobierno no puede tomar los riesgos de enfrentar al crimen organizado de esa manera" (Carrillo Olea). Y Escalante, reitera que, aunque la violencia y la delincuencia eran un problema, "no era todo el país". Escalante, como otros entrevistados, hubieran preferido un diagnóstico más matizado, enfocado en aquellas zonas del país que realmente tenían un problema serio, una estrategia de "focos rojos" en vez de una guerra generalizada.

Así pues, compiten entre los entrevistados dos hipótesis: la del país ensangrentado y el Estado asediado por la delincuencia, con su viabilidad amenazada por el crimen organizado, lo cual implicaba que se requería que el Estado se impusiese ante la delincuencia y rescatase su monopolio sobre el uso de la fuerza de las garras del crimen; y la hipótesis de los focos rojos, la cual implica que la estrategia debió haber sido una de objetivos más precisos, mediciones más exactas y objetivos más claros. Aun cuando los números sean algo supuestamente evidente, ambas hipótesis son sostenidas por distintos entrevistados y es difícil descartar la legitimidad de una sobre la otra. De nuevo, se impone la percepción sobre los datos duros.

Esto es más evidente si se considera lo que dijo el general Tomás Ángeles Dauahare, quien se desempeñó como subsecretario de la Defensa Nacional de 2006 a 2008: que la naturaleza misma de la contienda fue definida no por los datos duros, sino por la decisión de confrontar al crimen con el Ejército: "Sí había un problema, pero si utilizas las fuerzas armadas para confrontarlo, le estás dando al grupo [de la delincuencia organizada] un carácter de grupo beligerante… cuando nunca lo fueron". En este sentido, la guerra no es necesariamente un producto de las cifras, sino de una decisión enfocada en el instrumento para lidiar con un problema emergente. Aplica entonces el viejo adagio que reza que el instrumento define al problema: para un martillo todo es un clavo.

La narrativa de la situación de la delincuencia en México es también importante a manera de contexto porque influyó mucho en la manera en que Calderón y su administración percibieron el problema y decidieron su gravedad. En la entrevista con el exgobernador de Michoacán Lázaro Cárdenas Batel, éste expuso de manera muy clara lo que él veía, lo que le preocupaba y lo que le explicó al presidente Calderón al pedir ayuda de las fuerzas federales. Un grupo en particular fue esencial en esta discusión: los Zetas. Este grupo, una vez que se desprende del Cártel del Golfo, tenía un *modus operandi* que influyó sin duda en la estrategia calderonista.

De acuerdo con Cárdenas Batel, los Zetas llegaban a una comunidad y buscaban exterminar al grupo criminal local —como lo hicieron con los Valencia en Michoacán—; una vez eliminado el grupo delictivo local, reclutaban a individuos o células que operaban en el territorio; luego cooptaban a la policía; y finalmente procuraban la cooptación de las autoridades locales para operar con total impunidad. Esto les permitía controlar no sólo los giros negros a los que se dedicaban, sino todo el territorio y, por supuesto, las estructuras políticas. Una vez logrado este tipo de control, comenzaban a cobrar derecho de piso a los giros negros —o negocios ilegales—, y luego, una vez afianzado su control territorial, buscaban cobrar derecho de piso a los negocios legítimos.

Esta secuencia se dio en muchos contextos: Michoacán, Guerrero, Coahuila, entre otros. Y ésta es la razón que llevó a Calderón a considerar que ya no era sencillamente una cuestión de delincuencia organizada, sino de la misma viabilidad del Estado. Los eventos como las cabezas rodando en la pista de baile en Uruapan "eran un signo de que el crimen organizado estaba transformándose", mucho más allá de algo meramente delictivo, según afirma Guillermo Valdés Castellanos, exdirector del Cisen. Este importante contexto alrededor de la transformación del crimen organizado lo confirman observadores como Eduardo Guerrero, quien dice que "comenzaron a suceder cosas inéditas... de alto impacto... De agosto a diciembre de 2005 pasaron cosas muy delicadas, como el asesinato del jefe de la policía de Morelia frente a su familia o el asesinato de otros jefes de policías municipales".

Es entonces cuando Cárdenas Batel pide el auxilio del gobierno federal y Calderón lanza el Operativo Michoacán, el cual resultó exitoso hasta el punto de que la administración decidió repetirlo en otras partes del país más adelante, con resultados desastrosos por lo que se refiere a violencia y violaciones de derechos humanos.

## La construcción de los datos

El debate no se detiene con las tendencias delictivas o el estado de las instituciones o de la viabilidad del país como origen de la decisión del presidente Calderón de enfrentar a la delincuencia organizada con las fuerzas armadas. En el debate sobre el diagnóstico de seguridad de Calderón tampoco puede ignorarse la discusión sobre la construcción de los datos mismos.

Repetimos: pareciera que los datos son sencillos de entender, pero continúan siendo sujetos de una serie de interpretaciones importantes. Esto sorprende porque es casi como decir que un dos no es un dos; que un dos es lo que es, de acuerdo con quien lo observe. Jorge G. Castañeda, como se indicó, argumenta que los asesinatos fueron a la baja durante los años de la administración Fox.

Otros sostienen que el problema era menos serio de lo que Calderón lo había hecho parecer. Otros más aseveraron que el problema era de definición. Alejandro Hope, por ejemplo, dice que, en un momento dado, cada agencia gubernamental tenía sus propios números: todos "empiezan a llevar sus datos. Cada uno lleva los suyos: la Sedena, la Marina, la Policía Federal, y se genera un grupo llamado 'Candado' para homogeneizar los datos. Participan el Cisen, la Procuraduría General de la República (PGR), el Centro Nacional de Planeación Análisis e Información para el Combate a la Delincuencia (Cenapi), la Policía Federal y la Secretaría de Marina (Semar)".

La base de datos llamada "Candado" era responsable de alimentar los datos que, como su propio título lo dice, se relacionaban con las muertes ocasionadas por enfrentamientos de la delincuencia organizada: Base de Datos de Fallecimientos Ocurridos por Presunta Rivalidad Delincuencial. Éste era un grupo de contacto de alto nivel que incluía a la Sedena, a la Semar, al Cisen, a la PGR, y se coordinaba a través del Cenapi. Parecía sencillo. Pero llega lo bizantino, dice Hope, en un enfrentamiento entre los Aztecas y los Mexicles, en Ciudad Juárez, un enfrentamiento con armas blancas, "algunos decían que no era delincuencia organizada, otros que sí".

Otro caso que apunta a la necesidad de clasificar correctamente es el de una persona que se encontró ejecutada y amarrada con cinta canela, y con un tiro de gracia en la cabeza. Al principio se consideraba que el *modus operandi* de ese caso era el de la delincuencia organizada y se le clasificó como tal. Pero la víctima resultó ser la esposa de un político de Sinaloa, que la había mandado matar, haciendo al asesinato parecer como del crimen organizado. Así, el caso tuvo que reclasificarse.

Sigrid Arzt, quien se desempeñó como secretaria técnica del Consejo Nacional de Seguridad de 2006 a 2009, confirma la confusión sobre este caso y lo utiliza para ilustrar lo que cuenta como una consecuencia de la estrategia y lo que no cuenta. El caso de la esposa del político sinaloense, según Arzt, había recibido atención particularmente porque la occisa era miembro de una familia amiga del presidente. Y, aunque inicialmente se pensó que era víctima de la delincuencia organizada, resultó que el motivo del asesinato había tenido que ver con una relación que la víctima había sostenido con un policía judicial. Hubo otros casos confusos también, pero el incidente de esta mujer es ilustrativo porque muestra que la construcción de los datos siempre fue un problema serio y que no es sencillo llegar a consensos claros y directos sobre los datos que son consecuencia directa de una política pública. En realidad, cada caso es único y merece ser estudiado cuidadosamente antes de ser clasificado. El problema de la construcción de los datos tampoco ha sido resuelto en México hasta el día de hoy.

Los datos fueron también objeto de otras dos controversias entre los entrevistados. Una tiene que ver con la obsesión con los homicidios dolosos: la eterna tentación de resumir un problema complejo a un punto sencillo, quizá no muy diferente de la manera en que el presidente Donald Trump enfoca todo el tema de la seguridad fronteriza sobre la construcción de un muro. Evidentemente, los números de homicidios dolosos fueron altos y poco a poco se extendieron por más municipios del país (Calderón, Rodríguez Ferreira y Shirk, 2018). La obsesión por los datos sobre homicidios dolosos se convirtió incluso en el pivote sobre el cual giraban muchas de las decisiones del equipo de seguridad y del propio presidente Calderón.

En este sentido, Óscar Aguilar, profesor universitario cercano a la administración calderonista, dijo que "muchas decisiones se tomaban con base en las mediciones de los muertos… Se compilaban en la mesa los datos [sobre los muertos]… que era un trabajo de todas las agencias… se tomaban decisiones". La obsesión llegó a los medios y al público. "Varios medios de comunicación comenzaron sus propias bases de datos: *Milenio, Reforma*" (Aguilar). Esto lo confirma Sarukhán, quien expresa en una frase ya citada que "el debate se centra en los homicidios, pero la realidad es que el cáncer era institucional". Lo cierto es que el gobierno estaba perdiendo el debate público precisamente porque la medición de la estrategia de seguridad se enfocó de manera singular en el número de homicidios.

Por parte del gobierno, el caos llevó a tomar la decisión de que Alejandro Poiré recogiera todos los datos de todas las agencias gubernamentales y consolidara una sola base de datos. La base "era buena, pero insostenible" porque no había una definición universal para clasificar los datos (Aguilar). Los ajustes a la base de datos "se daban sobre la marcha, pero eran improvisados… la estrategia parece haber sido improvisada, al igual que los operativos" (Aguilar). Claramente, la administración de Calderón llegó también sin los instrumentos de medición de la delincuencia organizada o formas consensuadas de medir los resultados de su asalto al crimen organizado.

Esto ocasionaría muchos dolores de cabeza a la administración, y no es algo de lo cual la administración del presidente Peña Nieto estuvo exenta. Evidentemente, si no hay consenso sobre los métodos de medición, no se pueden evaluar de manera certera y no se pueden hacer ajustes a una política pública. Esto no deja de ser importante hoy, porque tampoco hay señales de que la administración del presidente López Obrador haya llegado con una visión mucho más clara sobre cómo medir su estrategia de seguridad y sus resultados, lo cual necesariamente impedirá calibrar y corregir la política.

La otra controversia tiene que ver con los demás números resultantes de la estrategia calderonista. Para finales del sexenio se tenía ya una impresión de que hubo muchos otros datos a los cuales no se les prestó la misma atención, incluyendo el grave problema de los desaparecidos. William Booth, del *Washington Post*, escribió el 29 de noviembre de 2012 que la PGR tenía una lista de más de 25,000 desaparecidos, pero que el gobierno había fallado en mantener esta lista de manera transparente y confiable (Booth, 2012).

Finalmente, hubo también una controversia importante sobre la naturaleza de los muertos. Sin abundar mucho en este tema —fundamentalmente porque en este capítulo hablamos del contexto— el presidente Calderón afirmó en abril de 2010 que noventa por ciento de las muertes atribuidas al crimen organizado correspondía a sicarios, cinco por ciento a policías y cinco por ciento a la población civil. Esta aseveración levantó una importante serie de críticas en su contra por su conteo de los muertos, de tal manera que tuvo que recular. Quizás el presidente no se equivocaba en los números brutos o en las características de los fallecidos, pero su aseveración mostró un alto grado de insensibilidad que tuvo un gran costo político. Muchos lo criticaron por considerarlos prácticamente daños colaterales o, peor aún, gente cuya vida poseía un valor menor por ser delincuentes.

Todo esto indica que el diagnóstico mismo tuvo cortes de objetividad —el problema de seguridad con todas las controversias alrededor de las cifras delictivas—, pero también de percepción —el problema de qué tan extendida estaba la inseguridad en el territorio nacional y la naturaleza cambiante del crimen organizado—, y finalmente de política —la lealtad al presidente durante sus momentos más difíciles. Este último tema se aborda a profundidad más adelante.

A todas estas aproximaciones se enfrentó el presidente Calderón desde un principio y nunca pudo deshacerse de ninguna de ellas. Lo que es cierto, al final de esto, es que la construcción de los datos siempre fue polémica —de principio a fin— y Calderón nunca pudo resolver este problema. Además de que, como dijo Hope, no sabemos "qué llega primero, el problema o la solución", insinuando que a veces el problema se construye a partir de una solución preferida y a veces la solución se improvisa con base en un problema del cual apenas se cobra conciencia. Jorge G. Castañeda lo reitera: "Nunca se sabrá si la violencia fue causada por la guerra o la guerra por la violencia".

Esta lección es clave para el México de hoy y para su futuro porque aquí sigue habiendo una visión momentánea, llámese sexenal, en la política pública, con una profunda falta de entendimiento sobre la diferencia entre responder a un problema en el corto plazo y los propios intereses de Estado que trascienden o deben trascender un sexenio. Entre los entrevistados, por ejemplo, hay la sensación de que en Estados Unidos los intereses de Estado se sostienen a lo largo de los periodos presidenciales, independientemente del partido que ocupe la Casa Blanca. No así en México. Un presidente puede llegar y desechar instituciones simplemente por resentimiento, o dar virajes en la política pública cuyo ritmo de cambio sólo puede debilitar a las instituciones o crear mayor incertidumbre, todo mientras un problema público crece.

Al final de las entrevistas queda claro que hay distintas percepciones —incluso diferentes "verdades"— y no hay un consenso sobre la realidad de los datos duros y la severidad del problema de las estadísticas y lo poco que éstas nos pueden hablar sobre el estado de las instituciones, sobre la naturaleza del crimen organizado y su capacidad de cooptar a las instituciones, y el uso de fuentes de datos como política pública o como teatro político.

## El nuevo contexto "democrático"

Una de las consideraciones más importantes de la historia de México en los albores del siglo xxi es el desplome del sistema político de las siete décadas previas al año 2000.

En este sentido, el profesor investigador Luis Alejandro Astorga señala que "los sexenios de Fox y Calderón son como puentes en esta transición… Las modificaciones en el campo de la política… implican un resquebrajamiento del sistema de partido de Estado y una reconformación del campo de la política y al mismo tiempo se reconfigura el campo de las drogas a nivel internacional". La pluralidad de actores y la descentralización del poder que arrastró la transición política trajeron consigo un debilitamiento del Estado mexicano y de su capacidad de administrar la delincuencia. El Estado perdió su capacidad de interlocución desde una posición superior *vis-à-vis* con el crimen organizado. Según el analista en temas de seguridad Edgardo Buscaglia, mientras que antes la "delincuencia se operaba políticamente", ahora el gobierno no tenía la capacidad de contenerla por la misma "desarticulación política". En el contexto de un sistema de partido de Estado, "los traficantes tenían cuatro opciones: atenerse a las reglas del juego, salir del negocio, irse a la cárcel o morir. Pero el poder político todavía podía hacer eso" (Astorga).

En la época de Fox y Calderón ya no es posible. El profesor emérito del Departamento de Gobierno y director del Proyecto México de la Universidad de Georgetown, John Bailey, destaca que "la matriz política se había hecho extremadamente compleja y el liderazgo priista había dedicado muchos de sus esfuerzos a sabotear a Calderón. Al mismo tiempo, los gobernadores empezaban a entrar en una etapa de frustración y presionaban al presidente para que hiciera algo" con respecto a la inseguridad que enfrentaban en sus estados.

Ante este nuevo escenario de poder, el mismo crimen organizado se va fragmentando desde 2003. De acuerdo con Andrew Selee, exdirector del Instituto México del Centro Woodrow Wilson, "los grupos delictivos comenzaron a adquirir gran poder contra los gobiernos locales. Otros se dejaron cooptar. Los gobernadores comenzaron a asustarse". La fragmentación política abona a la fragmentación del crimen organizado. La competencia era ahora de muchos partidos y muchos individuos. En esta misma lógica, los "gobernadores del PRI no querían colaborar con un presidente del PAN. Pero poco a poco comenzaron a [hacerlo] porque empezaron a percibir que la delincuencia los había rebasado" (Selee).

Entre estos debates sobre la cooperación entre niveles de gobiernos, sobre todo con los gobernadores, es importante resaltar el papel de la Conferencia Nacional de Gobernadores, la Conago, que es un producto del fin del régimen priista. Ante la ausencia del liderazgo del presidente de la República, los gobernadores priistas impulsaron la creación de este organismo con el objeto de coordinar sus acciones hacia los presidentes emanados del PAN. Al final, la Conago resultó un instrumento importante para la reconstitución del priismo y para la crítica constante (y efectiva) de la administración de Calderón.

Desde ella se orquestó, por ejemplo, la presión para que el Ejecutivo desplegara cada vez más activos militares y policiacos a las entidades federativas, y en ella se articularon las estrategias para desplazar la responsabilidad por la guerra contra el crimen organizado hacia el gobierno federal y tomar crédito por los operativos exitosos. La Conago al final resultó un importante símbolo de la fragmentación del poder en México, algo que le dificultó a Calderón para hacer labor de convencimiento entre los gobernadores y crear consensos.

Como ya se dijo, Andrew Selee lo vio como algo muy complejo: "Los gobernadores no querían colaborar con el presidente del

PAN, pero poco a poco comenzaron a [hacerlo] porque... la delincuencia los había rebasado... La estrategia fue dificultada porque los estados no tenían una estrategia clara y consistente en todo el territorio. No siempre estaban claras las reglas de colaboración y de acción para todos los gobernadores y los alcaldes". Al final la relación federación-estados fue muy compleja y tortuosa durante el calderonismo, y quizás esto contribuyó al caos y hasta a la violencia a partir de una coordinación defectuosa entre niveles de gobierno.

Lo anterior claramente abona a la hipótesis central de este libro: la guerra fue altamente improvisada y no tenía detrás un consenso sobre el carácter y la naturaleza misma del problema, pero tampoco un consenso político entre todos los niveles del gobierno. Debido a esto, la guerra contra la delincuencia, que debió haber sido una meta del Estado mexicano, se politizó, o más bien se partidizó.

El PRI vio una enorme oportunidad en el desgaste de Calderón, tanto en su contienda para llegar al poder como en sus propias políticas de seguridad y sus consecuencias. Hay incluso quienes, como Jorge G. Castañeda, argumentaron que los "gobernadores sabotearon al presidente; otros se hicieron tontos". Y no se puede descartar que otros estaban abiertamente coludidos con el crimen organizado. Castañeda agrega: "Una vez que se empiezan a sentir los efectos de la guerra, sobre todo después de 2008, algunos tuvieron que alinearse con Calderón... Un caso interesante es el de Cárdenas Batel, en Michoacán. [Se dice] que él se lo pidió, pero nadie ha podido encontrar una declaración, documento o entrevista donde se demuestre". Astorga lo confirma, argumentando que "no es de extrañar que la Conago, cuando empieza todo esto, dice: 'Apóyame. El discurso de la petición de los gobernadores ahí está', pero no asumen la corresponsabilidad de las consecuencias... [los gobernadores] piden ayuda, y por tanto tienen responsabilidad por el uso del Ejército en estos temas".

Guillermo Valdés Castellanos comenta también que los gobernadores sí habían solicitado el apoyo del gobierno federal: "Varios gobernadores sentían que se estaba desbordando la violencia y hacen diagnósticos y una serie de propuestas para enfrentar el narcotráfico. Lo discuten con Felipe Calderón y sale una serie de acuerdos, pero la petición original fue de Lázaro Cárdenas". Nuestra entrevista con Cárdenas Batel apoya la versión de que fue él quien primero pidió ayuda a Calderón.

Pero la relación entre el gobierno federal y los estados era demasiado compleja, y sin duda esto tuvo impacto en lo que sucedió durante todo el sexenio. Algunos entrevistados acusaron de grave el esquema de no cooperación y culpabilidad mutua entre los dos niveles de gobierno. El profesor investigador de El Colegio de México Sergio Aguayo también argumentó que un grave problema fue la "no colaboración de los gobernadores". De hecho, ante el nuevo contexto democrático, los gobernadores habían adquirido enorme poder en sus estados y fueron importantes contrapesos de cara al gobierno federal. Así pues, aunque la descentralización del poder pudiera ser algo deseable, en general, sin un nuevo pacto federal, el ambiente político se había deteriorado, en parte por la fragmentación política y en parte por los resultados de una elección tan controvertida, de tal manera que la colaboración entre los niveles de gobierno se dificultó y se puede argumentar que el presidente Calderón se encontró con un federalismo disfuncional desde el principio. Esto no pudo más que complicar la articulación de una estrategia de Estado. Por esto hubo entrevistados que advirtieron que el problema de las relaciones federación-estados ya arrastraba muchos problemas que interfirieron con los propósitos de Calderón.

Ahora bien, Carrillo Olea, por su parte, dice que: "Si la disciplina se rompió, fue con Fox. Zedillo era todavía autoritario, centralizador y capaz de castigar. Con Fox viene el *boom* petrolero y sobraba dinero, y lo empezaron a jorobar con las participaciones del excedente petrolero… No es una visión de Estado distribuir el excedente petrolero entre todos los estados. Esto causó una corrupción enorme… pero a Fox nunca le interesó entender qué estaba pasando… el panorama entre el gobierno federal y los estados era caótico… Esto significa que la democratización sí constituyó un panorama de gobernabilidad y de control muy complicado".

De manera interesante, hay quienes argumentan que la situación con los gobernadores era la peor en la historia del país. Eric Olson indica, por ejemplo, que una vez que Calderón hizo una revisión muy fría de los gobernadores, "había probablemente cinco gobernadores cooperando con los cárteles y siendo pagados por ellos". Dijo también que otros estaban ya dispuestos a negociar con ellos. No sabían qué hacer. Y afirmó que había otro grupo que sí quería hacer algo, pero que no tenía los recursos y le pidió ayuda al gobierno federal.

Así pues, desde la perspectiva de los gobernadores, no había uno sino varios acercamientos. Olson agrega que "algunos gobernadores del PRI trabajaban contra el gobierno federal. García Luna decía que los delitos eran noventa y cinco por ciento del fuero común y los gobernadores decían que no, que eran del fuero federal. Al final, nadie quería la responsabilidad. El Sistema Nacional de Seguridad Pública (SNSP), que se suponía que debía coordinar todo esto… era disfuncional… no coordinaba nada". En parte Calderón llegó bajo estas condiciones políticas, que sólo se exacerbaron una vez que él asumió el poder.

De igual manera, no había consenso dentro del propio gobierno federal. Calderón nunca tuvo una mayoría en el Poder Legislativo. "El Legislativo estuvo paralizado. Cada partido tenía treinta y tres por ciento del Congreso… No había experiencia de cómo negociar. Había experiencia de cómo imponer, pero no de cómo negociar". Salinas fue el último que logró "retener muchas de las atribuciones metaconstitucionales del presidente" (Astorga).

Desde 2006, sin embargo, el PRI había apoyado el triunfo de Felipe Calderón para preparar su retorno al poder. "Hay trabajos de cómo estaban conformadas las principales comisiones del Congreso y en manos de quiénes estaban. Muchas comisiones estaban prácticamente todas en manos de gente del PRI y gente de Peña Nieto. Estaban preparando el terreno... En el PRI estaba de dirigente Beatriz Paredes. Lo primero que [ella] hace, antes de que les avienten la pelota, es enfocar la responsabilidad en el gobierno federal. El PRI fue muy eficaz en dominar el panorama mediático y enfocar la responsabilidad en Calderón" (Astorga). Otros dijeron abiertamente que "el PRI lo chamaqueó" (Aguilar).

Todo esto sugiere, entonces, que integrar una verdadera política de Estado en seguridad, que trascendiera partidos y grupos políticos y niveles de gobierno, fue realmente muy difícil y la propia seguridad se convirtió en un juego político, con la implicación perversa de que no resolver el problema era mucho más rentable políticamente que resolverlo. Sin duda, esto contribuyó a la improvisación, al caos, al desorden y a una pérdida de recursos y tiempo valiosos, pues la situación política estaba estructurada de tal manera que ciertas opciones en materia de seguridad eran imposibles de perseguir y otras eran prácticamente obligadas por las circunstancias. No estamos convencidos de que esta situación haya sido solucionada, y es muy posible que este ambiente político siga abonando a una falta de resolución del problema.

En otra línea de argumentos sobre el nuevo ambiente político del país, Samuel González, exdirector de la Unidad Especializada en Delincuencia Organizada (UEDO) de la PGR, argumentó que "no se puede explicar lo que pasó, lo que heredó Calderón, si no se analiza la lucha política de 2004-2005. Fox y López Obrador dividen al país en dos. Hubo una división extrema [en] un momento político importante del país. Es el momento en que se fragmenta el país y se abre el hueco para la delincuencia organizada. El proceso de resquebrajamiento político iba a conducir a una lucha política, descuidando el elemento más importante, que era la lucha contra la delincuencia. Estaban distraídos. La lucha política distraía de la realidad".

Hubo intentos de negociar acuerdos políticos. El Acuerdo Nacional para la Seguridad y la Justicia en Democracia, de Calderón, fue el primer esfuerzo para crear este gran pacto. "Fueron más de setenta acuerdos los que se firmaron, sin un artículo que dictara la sanción para quien no cumpliera. Hubo una reunión convocada por la UNAM, en el Palacio de Minería, con [Jorge] Carpizo. Ahí hubo un momento en que se prende una luz de esperanza para crear una política de seguridad de Estado" (Astorga).* Este esfuerzo falló. Así pues, nunca hubo un nivel de coordinación política entre los tres niveles de gobierno ni a "nivel de política pública ni a nivel táctico… No siempre estaban claras las reglas de colaboración y de acción para los gobernadores y los alcaldes" (Selee) o del propio gobierno federal. "Había muchos cortos circuitos en todos lados" (Astorga). La misma sociedad civil no estaba preparada para coadyuvar a resolver el problema de la seguridad. Si "los estados siguen débiles, no se puede apostar a la sociedad civil" (Astorga).

Entre los entrevistados existe entonces un consenso relativamente importante de que las estructuras de seguridad heredadas

* Jorge Carpizo McGregor, "Palabras del doctor Jorge Carpizo en la presentación del documento 'Elementos para la construcción de una política de Estado para la seguridad y la justicia en democracia", *Boletín Mexicano de Derecho Comparado*, vol. XLV, núm. 133, enero-abril de 2012, pp. 419-427. Ver http://www.scielo.org.mx/pdf/bmdc/v45n133/v45n133a17.pdf

por Calderón estaban "profundamente penetradas… [y] no había capacidad para detener ese proceso" (Bailey), y de que los estados estaban rebasados, pero que las condiciones políticas no permitían el nivel de coordinación necesario para hacerle frente al problema. Se concuerda en que los estados cobraron centralidad en el tema a partir del año 2000, convirtiéndose en una línea de acción, pero también se convirtieron en una ruta llena de riesgos políticos. Fue así como Michoacán llegó a ser el primer experimento; pero hasta su éxito se convirtió en un problema: ante este primer laurel en Michoacán, el presidente replicó la estrategia en otros lados con resultados muy cuestionables.

## Vicente Fox, la transición política y el crimen organizado

El contexto políticamente complejo no fue hechura de Calderón, por supuesto. Fue un elemento estructural bajo el que el calderonismo tuvo que operar, sin muchas opciones.

La mayoría de los treinta y cuatro entrevistados para este libro, por ejemplo, coincidieron en que las agencias gubernamentales no estaban preparadas para atajar el problema de inseguridad. La transición política había mermado la capacidad institucional del Estado *vis-à-vis* con la delincuencia organizada. Una de las agencias más afectadas por la transición política, por ejemplo, fue el Cisen, la agencia mexicana de inteligencia. Entre los entrevistados, se argumentó que el Cisen fue una agencia gubernamental lastimada por la administración de Fox debido a que éste creía que el Cisen había sido utilizado como un instrumento para investigar a los enemigos y a los críticos del régimen y no necesariamente para recopilar y analizar información y datos sobre los enemigos del Estado mexicano o la delincuencia organizada. El presidente Vicente Fox Quesada había encontrado un expediente sobre su persona, lo cual alentó su animadversión hacia el Cisen, y buscó debilitarlo. "Fox fue al Cisen. Lo reciben en una sala. Vengo a ver aquí la cueva de delincuentes… Todo mundo entró en pánico. El director le entregó un legajo, con un sexenio de proyección" (Carrillo Olea).

Lo que es claro es que el presidente Fox no confiaba en el Cisen ni en la Segob. "Le quita la policía [federal] a Gobernación para retomar el control" (Aguilar). Quizá Fox hace del Cisen un blanco de su antipatía justificadamente, ya que "¿cómo rearmar mecanismos institucionales que le sirvieron al PRI en su hegemonía?" (Astorga). En la entrevista con Guillermo Valdés Castellanos, éste coincidió en que el estado de las agencias de inteligencia de México al llegar Calderón a la presidencia no eran lo que deberían haber sido: "Fox creía que el Cisen era una cueva de espías… cuando llegué, las computadoras eran del año de la canica, los coches parados… sobre inteligencia estratégica no había casi nada… Llego a empezar de casi cero". Alternativamente, Jaime Domingo López Buitrón, que fue titular del Cisen durante la administración de Fox, argumentó que el Cisen sale fortalecido porque cuando él entró a ese organismo, "había proyectos ya con un gran avance… que [lo pusieron] a la altura de los órganos de inteligencia civil más importantes del mundo".

López Buitrón asevera que el Cisen tenía solidez institucional "basada en el ciclo de inteligencia, en las mejores experiencias internacionales en la materia, en su doctrina y sobre todo en el paso de muy valiosas generaciones de funcionarios que han construido al Centro a lo largo de los años, han forjado una gran institución" (López Buitrón, 2014). Es asombroso que dos directores del Cisen, uno sucediendo al otro inmediatamente, recuerden las cosas de manera tan diferente. Se afirma nuestra tesis inicial de que la *verdad* no existe; sólo las interpretaciones y las percepciones, y éstas dan paso

53

a la verdad de cada uno. Pero independientemente del estado del Cisen, lo que queda claro es que el gobierno mexicano no estaba preparado para entender los parámetros del problema y gran parte de la inteligencia necesaria fue construyéndose conforme avanzó la estrategia.

Pero hay quienes argumentaron, sin embargo, que "no fue Fox el que le dio en la torre al Cisen. Fue Zedillo. Hizo manejos indebidos del Cisen. El que echó a perder las cosas fue Zedillo... Zedillo destruye el Centro de Planeación para el Control de Drogas (Cendro) de Tello Peón. Zedillo destruye al Cisen [porque] acaba convirtiéndose en inteligencia criminal... y no hay distinción entre tipos de inteligencia" (Carrillo Olea).

Es difícil verificar cuál de los dos presidentes (Zedillo o Fox) o si los dos debilitaron al Cisen, y si su uso para el combate del crimen organizado fue la mejor ruta, pero, independientemente de eso, el debilitamiento del aparato de inteligencia constituyó un problema serio para la administración de Calderón. En 2006, el Cisen no tenía la capacidad necesaria para ser un instrumento efectivo de la estrategia de seguridad (Bagley). Así pues, se cierne todo un debate sobre el estado de las instituciones necesarias para combatir el crimen organizado de una manera más quirúrgica, apuntalando los señalamientos de aquellos que argumentan que el crimen organizado se debió haber combatido necesariamente con las fuerzas armadas, por lo menos mientras se reconstruían las instituciones.

Este debate no es trivial para el México del sexenio de la 4T. Claramente, al inicio de la administración del presidente López Obrador, el Cisen se percibió como un nodo problemático para enfrentar a la delincuencia y se decide transformarlo nuevamente, ahora en Centro Nacional de Inteligencia (CNI), adscrito a la Secretaría de Seguridad Pública y Protección Ciudadana (SSPPC). Su misión es generar inteligencia estratégica, táctica y operativa para el Estado mexicano. No queda clara, sin embargo, su orientación hacia la inteligencia que busca la viabilidad y protección del Estado mexicano y su orientación hacia la inteligencia de la delincuencia organizada. El CNI nace con esta confusión, la cual le costó enormemente al propio Cisen. Y el cambio de Cisen a CNI sólo demuestra, una vez más, la dificultad de construir instituciones de Estado en México, una debilidad que, sin duda, alienta el crecimiento y fortalecimiento de la delincuencia organizada.

Además, hay confusión hasta en el propio concepto de *inteligencia* y lo que se supone que el Cisen, hoy CNI, debe hacer. Como lo expresó Arzt: "Conceptualizar el tema de seguridad nacional y separarlo del tema de seguridad pública es complicado… [el presidente Calderón] lo tenía clarísimo… que en este país no había policías y no había aplicación de la ley… y que las autoridades locales y estatales claudican, entregan y no hacen nada". Y claro, esto alcanza el tema de la generación y uso de inteligencia.

Durante la administración de Calderón se intentó hacer esta importante distinción y se quiso plasmar en el Plan Nacional de Desarrollo, a cargo de Sofía Frech López Barrio, pero al final, con todo lo clara que el presidente Calderón tenía esta distinción, los temas de seguridad nacional (de Estado) y de seguridad pública terminaron siendo sinónimos, algo que seguramente le costó mucho.

## La lucha por la legitimidad y la confrontación del crimen organizado

Una de las preguntas centrales a los entrevistados consistió en entender lo que motivó a Felipe Calderón a perseguir una estrategia de confrontación con el crimen organizado. Aquí también se generaron varias hipótesis. La hipótesis central reside en el debate sobre la condición del Estado mexicano frente al crimen organizado. El propio Calderón argumentó que la viabilidad del Estado mexicano se encontraba en jaque.

Entre algunos de los entrevistados, particularmente los más críticos de la administración calderonista, prevalece otra hipótesis. El presidente Calderón, argumentan algunos, llegó al poder en un ambiente político extremadamente polarizado (González). Los resultados de la contienda —un triunfo electoral con apenas 35.91 por ciento de los votos— y una lucha sostenida por parte del contendiente más cercano, Andrés Manuel López Obrador del PRD, dejaron a Calderón debilitado políticamente. "El presidente llega cuestionado, raspado, etcétera. Había una intencionalidad de la izquierda de no dejarlo gobernar" (Carrillo Olea).

El país mismo se encontraba dividido. "La elección de 2006 fue una elección que partió al país en dos. Aun personas no tan radicales estaban muy enojadas por la manera en que se manejaron las elecciones. Si manejas las elecciones como las de 2006, yo me dedico a tirotear al presidente de la República. Yo trabajaba ocho horas diariamente a tirotear al presidente Calderón. Todos los días, todos los días, todos los días, pegándole, pegándole, pegándole. Y él con su 'haiga sido como haiga sido' no pensaba en el proceso político que él mismo creó… a AMLO se le podía ganar, pero no de esa manera… Muchos, como yo, nos dedicamos a minarlo, al grado de que uno de los líderes políticos me dijo que Calderón tiene mala suerte y yo le dije que no, no tiene mala suerte; se la busca" (González).

La implicación de este tipo de observaciones es que Calderón percibía una necesidad de legitimarse en el poder y la encontró en la confrontación con el crimen organizado. Ésta no es una hipótesis de unos cuantos. Hay otros que argumentan que sí buscó legitimidad en la crisis de seguridad y una respuesta firme con el afán de demostrar quién mandaba. "Pudo haber otros caminos para obtener legitimidad. El haber posado como militar no lo legitimó, lo ridiculizó" (Carrillo Olea).

Hay otros, sin embargo, que ven este argumento como falso. El presidente Calderón no vinculó su legitimidad a una confrontación con el crimen organizado porque "fue reconocido por la mayoría de la sociedad... de la comunidad internacional... la mayor parte de los partidos políticos. El presidente no necesitaba a esa parte que no lo reconoció. Ya venía con su propia legitimidad. En casi todas las encuestas de opinión, el presidente tuvo aprobación. Calderón tenía además a los principales inversionistas detrás de él. Entonces, la legitimidad ya estaba ahí. Un cierto grupo machacaba el tema de la legitimidad, pero la mayor parte no lo hacía. No existe, después de todo, el cien por ciento de la legitimidad" (Astorga).

**El estado de las instituciones como ruta hacia los instrumentos**

Es importante también abordar el tema de las instituciones como instrumentos para hacerle frente al problema. En el caso de la administración de Calderón, los entrevistados también difieren sobre el estado de las instituciones.

Según el presidente Calderón había una descomposición seria y una pérdida del dominio territorial similar a lo que llegó a sufrir Colombia en la década de 1990, pero, reitera, "es algo que evitamos en México con los operativos conjuntos: el Ejército, las fuerzas armadas, la Marina y la policía para tomar pleno control territorial donde estaba resquebrajado" (Moreno, 2008). Claramente, el presidente Calderón dejó entrever que el instrumento central fueron las fuerzas armadas y secundariamente la policía.

La discusión sobre el Cisen (ver arriba), un instrumento importante en el combate de la delincuencia en cualquier país, y en general sobre el estado de la inteligencia mexicana, es relevante para entender por qué las fuerzas armadas resultaron ser, de todo el entorno del presidente, la herramienta más conveniente en la guerra contra el crimen organizado. Al final, según la mayoría de nuestros entrevistados, las instituciones mexicanas no se encontraban listas —ni en entrenamiento, ni en equipo— para enfrentar el crimen organizado.

La PF fue objeto de discusión particularmente entre los entrevistados. En esto se basa, en gran parte, la justificación de la militarización de la guerra contra el crimen organizado. Jorge G. Castañeda, por ejemplo, dice: "Las fuerzas armadas eran el único instrumento. Las policías eran corruptas, o estaban con el PRI o el PRD. [Calderón] no tenía instrumentos". De forma interesante, el propio Castañeda dice que el "sexenio fue mediocre, irresponsable, e insensible a la tragedia humana, pero éstos son juicios que no necesariamente se pueden hacer de manera tan sencilla… ¿había condiciones reales [para enfrentar al crimen organizado]? No".

Ante la incapacidad institucional de la PF, debilitada al extremo bajo el sexenio de Vicente Fox, "los militares fueron vistos como la última esperanza. Ya había un cierto sentido de que se trataba de una guerra… y los militares fueron bien recibidos", según el periodista Alfredo Corchado. Esta bienvenida de las fuerzas armadas entre el público al inicio del sexenio fue precisamente porque "había un caos en 2005. Los niños no iban a la escuela. Había muchas armas en las calles y había muchos cuestionamientos sobre lo que el gobierno estaba haciendo. Los militares fueron vistos como la solución… Obviamente, en retrospectiva, no eran la solución, pero al principio se les vio así" (Corchado). Pero hay quienes están en desacuerdo con el uso de las fuerzas armadas para la seguridad pública, incluso para el combate al crimen organizado. Astorga, por ejemplo, afirma que "poner a los militares a la cabeza no es bueno".

Ahora bien, esto no significa que la administración calderonista no haya intentado crear una policía y, con el tiempo, sustituir a las fuerzas armadas. Eduardo Guerrero lo dice claro: "Una manera de descifrar la estrategia de Calderón tiene que ver con cómo gasta. Si analizas su gasto… su prioridad máxima es aumentar el gasto en la PF. Se triplica el gasto en la SSP y también se triplica el número de efectivos en un periodo muy corto, de 14,000 a 35,000". Pero esto no fue suficiente ni dio tiempo a constituir una PF lista para realmente combatir la delincuencia organizada en todas sus modalidades. Por tanto, Calderón gasta abiertamente en las fuerzas armadas. "Luego se duplica el presupuesto de la Sedena. Más soldados, más equipamiento, más armas… Algo curioso es que no se gastó más en la procuración de justicia, en las labores de fiscalía en la PGR. Esto te da una idea clara de dónde Calderón ve la solución. Él ve que es una cuestión de fuerza, de policías, de soldados. Sí lo ve como una cuestión de seguridad nacional y la idea es recuperar esos territorios" (Guerrero).

Este debate sugiere, otra vez, que no queda enteramente claro si el problema se concibe como un problema de seguridad pública o un problema de seguridad nacional. El gasto en sí sugiere, consistentemente, que Calderón concibe la delincuencia organizada como un problema de seguridad nacional, de la supervivencia y la viabilidad del Estado mexicano. Y si el problema es así, las fuerzas armadas son la solución. El problema es que el involucramiento de las fuerzas armadas en materia de seguridad pública termina poniendo en riesgo los derechos humanos y procesales de la propia población. Esta tentación continúa hasta el día de hoy, y no consideramos que la Guardia Nacional del presidente López Obrador la resuelva en lo más mínimo.

Ahora bien, vale la pena pensar en la idea de los partidos políticos y sus orientaciones ideológicas preferidas. Aunque haya un

59

debate en México y muchos críticos del PAN identifiquen a esa institución política con el uso de los militares, y quieran hablar de la existencia de un PRIAN —una fusión institucional del PAN y del PRI—, la realidad es que estos dos partidos sí son diferentes. Al PAN se le considera un partido de centro-derecha, mientras que el PRI nació como un partido de "centro" que aglutinaba todos los sectores, intereses e ideologías. Actualmente al PRI se le identifica con las políticas denominadas neoliberales y el pragmatismo caracteriza su plataforma.

Una pregunta central a nuestros entrevistados fue entonces si el PAN por naturaleza se inclina por el uso de las fuerzas armadas como instrumento predilecto. El debate sigue cerniéndose sin consenso. Hubo quienes dicen que el PAN, casi por definición, no tiene problema en utilizar las fuerzas armadas en seguridad. Pero hubo quienes dijeron que quizás el problema es que Calderón no tuvo opción o no la vio, pero: "El PAN no se siente más cómodo con el despliegue de las fuerzas armadas" (Olson). Es muy posible que el PAN haya apoyado a Calderón por ser un presidente emanado de ese partido, pero había un debate interno. "Tuvieron un gran debate… los ideólogos del PAN siempre fueron renuentes [al uso de los militares], pero lo hicieron de todas maneras". Esto es pertinente porque aun así muchos siguen oponiéndose al uso de las fuerzas armadas en actividades policiacas: "Esto politiza a los militares y militariza a la policía y ninguna es una buena combinación" (Bailey).

He aquí una de las más importantes lecciones para el sexenio 2018-2024. La administración de López Obrador comienza precisamente con este debate y la solución parece ser precisamente la que se criticó durante la administración de Calderón: involucrar a las fuerzas armadas en temas de seguridad pública. Sólo el tiempo dirá el resultado.

## La estrategia de la administración Calderón en retrospectiva

A menudo se ha cuestionado de manera muy severa la ausencia de estrategia de seguridad del presidente Calderón. Aunque esto se discute mucho más adelante en este libro (capítulo 4), es importante adelantar aquí que existe un debate sobre la improvisación de este enfrentamiento con el crimen organizado.

Hay quienes argumentan que al principio Calderón improvisó. "Al momento, había que hacer algo dramático… responder a la urgencia" (Bailey). Se arguye también que Calderón no se preparó para la guerra. "Declaró la guerra sin entender cuáles eran las implicaciones" (Aguayo). "Calderón no le preguntó a nadie. Se basó en dos o tres personas y ellos hicieron el planteamiento" (Carrillo Olea). Michoacán fue clave. La respuesta a la situación en ese estado parece haber sido el elemento alentador de la expansión de la estrategia a todo el territorio nacional. "La Operación Michoacán le fue bien; le parece acertada. Le embelesa la operación y se lanza en Tamaulipas. Empieza a dar bandazos por todos lados" (Carrillo Olea).

Lo que esto implica es que Calderón comienza a abordar el tema de la seguridad pública y la delincuencia organizada al principio de su sexenio, pero sin tener todavía el equipo capaz de articular lo que finalmente sería la estrategia. A esta ausencia de equipo al principio se le puede atribuir gran parte de lo que terminó siendo la parte improvisada de esta guerra. Ahora bien, con el tiempo, el presidente sí comenzó a formar cuadros de consejería en materia de seguridad e incluso a organizar consultas ciudadanas, pero al principio no fue así.

## La presión de Estados Unidos

Aunque hay un capítulo significativo sobre Estados Unidos más adelante, es importante hacer énfasis en que este país no estuvo ausente en el contexto en el cual llegó Calderón a la presidencia. Ahora bien, Calderón no asumió el poder en el vacío en términos del contexto de la guerra contra las drogas en Estados Unidos e internacionalmente. Dos aspectos estuvieron presentes en lo que finalmente llegó a formar un componente importante de la llamada guerra de Calderón.

La primera era la estrategia de descabezamiento de los cárteles, una parte central de la aproximación de Estados Unidos al combate al narcotráfico. La segunda fue el cambio en las leyes de armamentos en ese país en 2004. México, junto con Colombia, había sido ya durante décadas una pieza central en la llamada "guerra contra las drogas" de Estados Unidos. Calderón llegó al poder cuando México estaba en ebullición dentro de sus fronteras, debido a la transformación misma de la delincuencia organizada. Asimismo, el país se encontraba situado en una dinámica de enorme presión por parte de Washington para forzar la cooperación con la estrategia de las agencias de gobierno de ese país y permitirles mayor injerencia en la toma de decisiones en el combate del crimen organizado. Esta presión desde afuera se había ido construyendo a partir de las prioridades políticas de Richard Nixon y de Ronald Reagan en las décadas de 1970 y 1980.

Para los años noventa, la estrategia antidrogas de Estados Unidos, llamada *drug kingpin strategy* o *kingpin approach*, se había resumido, en gran medida, en el descabezamiento de los cárteles de la droga. La presunción fundamental en Estados Unidos, ingenuamente, es que "muerto el perro se acabó la rabia". Si los capos eran aprehendidos y encarcelados o muertos sería suficiente para detener el flujo de las drogas. El descabezamiento se convirtió entonces en un eje rector de la estrategia estadunidense contra las drogas. La administración calderonista asumió la estrategia fundamentalmente bajo la presión de Estados Unidos, porque ésa es la táctica favorita de su cultura. Los gringos siempre proyectan los costos de sus guerras hacia fuera: guerra fría y comunismo, guerra contra las drogas, guerra contra el terrorismo, entre otras.

Al respecto, el exembajador Sarukhán dijo claramente: "Lo que Estados Unidos hace hábilmente es blindar un paradigma con el cual yo siempre he estado reñido y que con el paso de los años yo he tenido razón. En noviembre [de 2006], el embajador de Estados Unidos en México, Tony Garza]… le vende al gobierno mexicano el juguetito paradigmático de las agencias de procuración [de EU]… que es el *kingpin approach*… que consiste en que en el momento en que tú descabezas a los capos, desarticulas las organizaciones y resuelves el problema de la seguridad. Pero no funciona así. Lo que hacen Garza y la administración Bush es [argumentar] que descabezar a los capos era la manera correcta. Yo siempre dije que no, que la estrategia era el *gatekeeper approach*. Y el tiempo me dio la razón. Si uno controla a los que controlan la operación del territorio, de las armas, etcétera, hace que la curva de reemplazamiento de esos cuadros sea mucho más elevada que reemplazar al capo. Le doran la píldora y le venden esa estrategia. Si tu descabezas [al cártel], ese vacío se va a llenar. Era mejor el *gatekeeper approach*".

David Shirk coincide: "Todo esto [que sucedió con Calderón] mostró las limitaciones de la *kingpin strategy*". Y Tracy Wilkinson, corresponsal de *Los Angeles Times*, reitera que la estrategia de descabezamiento fue un problema: "había una atomización de grupos, pero esos pequeños grupos eran muy violentos… y eliminabas a uno… y se diversificaban, salían mil cucarachas. Pero satisfacía la estrategia estadunidense". Sin embargo, para ser justos, Wilkinson dice que la administración calderonista "estaba interesada en perseguir *kingpins*, pero también en construir instituciones".

El problema es que se puede cuestionar qué tan efectivos fueron en esto, fundamentalmente cuando la guerra ya los rebasaba. Era muy difícil pelear una guerra con una mano y construir instituciones con la otra. Y esto lleva a un importante cuestionamiento: ¿qué tanto fue diseñada la estrategia de Calderón con base en los intereses propios de México y qué tanto fue diseñada con base en los instrumentos preferidos de las agencias gubernamentales de Estados Unidos, independientemente de los costos que iba a pagar el país en aumento de la violencia y violaciones a los derechos humanos? Pero si Calderón ya estaba convencido de que el descabezamiento era lo correcto, la estrategia estaba ya comprometida con esa ruta.

El segundo punto importante, y que sí influyó de manera sustancial en la guerra contra el crimen organizado, y Calderón bien lo hizo notar muchas veces, fue que el suministro de armas de Estados Unidos cambió radicalmente a partir de 2004. Ese año la prohibición sobre las armas de asalto en Estados Unidos —una ley aprobada en 1994— expiró y comenzaron a fluir armas muy potentes hacia México. El exembajador Sarukhán lo dice: "El argumento de Calderón no es que hay más armas, no es que hay un brinco en los homicidios por el tema de las armas. El argumento es que hay una coincidencia en que hay un fin a las armas de asalto en Estados Unidos en 2004 y que aquellas armas comienzan a cruzar la frontera. La correlación que hacemos es la expiración de esa ley en Estados Unidos y el tipo de armas que comienzan a cruzar y se empiezan a decomisar en México. Ése es el tema, más que ningún otro, que dispara las alarmas en el equipo de transición". Esto le da poder a las organizaciones criminales y exacerba la percepción de una crisis nacional.

Es claro que la política migratoria en Estados Unidos cambió radicalmente desde los ataques del 11 de septiembre de 2001. A partir de la constitución del Departamento de Seguridad Nacional (DHS, por sus siglas en inglés), hubo una agencia dedicada completamente a la deportación masiva de migrantes, llamada ICE (Immigration and Customs Enforcement). Esta agencia de gobierno deporta muchos más inmigrantes indocumentados, varios de ellos con antecedentes penales. "Muchos de estos migrantes comienzan a asentarse a lo largo de la frontera, en Tijuana, en Ciudad Juárez, en Reynosa y en Matamoros" (Hope). Es muy obvia su presencia, y el crimen organizado comienza a ver en ellos una fuente de elementos para sus células. Así pues, la delincuencia organizada se alimenta no sólo de una presión ideológica y programática originada en Estados Unidos, sino también de las armas y los migrantes deportados. Esto constituye una olla de presión, a fuego lento, que termina preocupando a la administración de Calderón, según Hope.

En un mundo ideal, de libro de texto, la política pública goza de una neutralidad impresionante: se detecta un problema, se define, se consideran las distintas opciones y sus ventajas y desventajas, y se escoge una solución que optimiza los beneficios y minimiza los daños. En la implementación se evalúa la política y se hacen ajustes pertinentes. Al final del túnel, el problema queda de alguna manera resuelto. A lo largo de decenas de entrevistas, los autores de este libro nos dimos cuenta de que el mundo real es mucho más turbio, más confuso, más lioso. Dentro de una administración pública hay percepciones encontradas de un mismo problema; hay ideologías que tiran para uno y otro lado; hay intereses que favorecen ciertas soluciones sobre otras; hay preferencias de respuestas que encierran el uso de uno u otro instrumento, lo cual a su vez redefine el problema, y hay eventos que rebasan a los personajes y los obligan a responder sobre la marcha. En este sentido, el modelo que más

65

representa lo que sucedió durante la época calderonista en México no es el modelo racional de política pública (Allison y Zelikow, 1999), sino el modelo propuesto por Charles Lindblom: la ciencia de salir del paso (Lindblom, 1959). Al final de este ejercicio, y esto quedará claro en los siguientes capítulos, la administración de Calderón se empantanó entre todos estos elementos y entre tumbos sobre la política de seguridad se perdió una excelente oportunidad de construir las instituciones que el país aún requiere.

## 2
## PERSONAS Y PERSONALIDADES

### La importancia del factor humano

El éxito o fracaso de una estrategia política o de política pública no depende únicamente de la estrategia misma ni de su implementación. Tanto en la guerra como en cualquier proyecto importante de gobierno, el elemento humano resulta fundamental. Estamos hablando de personas, personalidades, dramas, intrigas, filias y fobias. Estamos hablando de la participación de seres humanos y de la interacción espontánea entre ellos. Las capacidades de liderazgo de quienes deciden el futuro de las naciones son también claves.

El presente capítulo describe el proceso de toma de decisiones durante la administración calderonista y el desarrollo de la estrategia de seguridad en México visto desde una perspectiva humana, es decir, a través de un análisis de las características personales o personalidades de los protagonistas, así como de sus interacciones dentro y fuera de los espacios de gobierno.

En primer lugar, hablamos de la personalidad de Felipe Calderón y de su capacidad de liderazgo para resolver luchas interburocráticas, así como las pugnas y diferencias entre los miembros de su círculo más cercano. Analizamos también las personalidades de los actores que tomaron decisiones clave en este periodo y operaron la estrategia de seguridad. Nos enfocamos en su temperamento y en su interacción a lo largo del sexenio, así como en la interacción del presidente con estos personajes. A lo largo de este capítulo evaluamos el impacto de las personalidades de los protagonistas en la guerra de Calderón y sus relaciones (encuentros y desencuentros) en el desempeño final de la estrategia.

## Calderón: un mariscal de campo

Óscar Aguilar, experto en temas de seguridad y cercano a la administración calderonista, describe a Calderón como un "personaje político" y explica: "En 2005 nadie creía en él. No era el candidato de Fox; parecía completamente marginado. Sin embargo, con un pequeño grupo y con muchas agallas emprende la lucha, derrota al candidato de Fox y llega a la presidencia… Eso le genera un enorme daño, pues se siente invencible". Según Aguilar, lo que pudo haber pensado Calderón cuando se convirtió en presidente es: "Si gané esa batalla, también puedo ganar una guerra. No lo entendió bien. Se creyó invencible". Y afirma que "la crítica subsecuente no la pudo procesar". El hecho de haber ganado la presidencia como lo hizo, "haiga sido como haiga sido", lo hizo cometer grandes errores.[*]

Pero ¿qué motiva a Calderón para pasar de ser el "presidente del empleo" al "presidente de la seguridad"? Según explica Tony Garza, embajador de Estados Unidos en México de 2002 a 2009, "para entender esto y la personalidad de Calderón debemos remontarnos a sus días en el Banco Nacional de Obras y Servicios Públicos (Banobras). Ahí Calderón demuestra que es un pensador muy metódico que se siente bien escuchando a los demás, pero que al final sólo confía en su propio juicio". Sobre su enfoque esencial en el tema de

[*] Algunos de los grandes errores de Calderón se describen en el Apéndice 11 de este libro.

la seguridad, existen algunas hipótesis, pero en realidad, según Garza, "Calderón reconoce negligencia por parte de la administración de Fox al permitir que el problema se expandiera como lo hizo". Y sobre esto Garza dice que "había ya mucha frustración". Se había fallado por omisión, dejando sin resolver problemas clave en materia de seguridad. "Nosotros nos empezamos a dar cuenta porque había muchas personas que esperaban afuera por visas; deseaban irse. Quizás el 'círculo rojo' no lo sintió, pero la gente en general lo estaba sintiendo y muchos serían desplazados. La gente de Michoacán, por ejemplo, lo estaba sintiendo, lo estaba viviendo" (Garza).

El profesor Fernando Escalante provee una explicación del comportamiento del presidente Calderón apelando a la cultura política. Habla de una "cultura política panista", pero "una cultura política no de derecha, más bien una cultura urbana de clase media del altiplano", la cual favorece supuestamente la mano dura y el Estado de derecho. "Esta cultura política se diferencia de la de los políticos del viejo sistema, del sistema priista." Los nuevos políticos panistas tratan de marcar su distancia respecto del anterior régimen "alegando corrupción y autodenominándose guardianes del Estado de derecho" (Escalante). Esto, para Escalante, parece haber influido en la personalidad del presidente. En este sentido, por ejemplo, recuerda un desayuno de fin de año con la Armada de México cuando Calderón justifica su estrategia de seguridad no convencional y se refiere a miembros del crimen organizado como "cucarachas" y "animales" que infectaron el país, y a quienes sólo se les podía combatir mediante una "limpieza social". Para Calderón el problema era tan grande que no se podía quedar sin hacer nada. "O mando al Ejército o nos tomamos un cafecito; o aplico la ley o dejo a los delincuentes actuar (como priista corrupto)" (Escalante).

Algunos describen al expresidente como un *policy wonk* e incluso un *policy junkie* (fanático o adicto a la política) que se metía en los detalles, incluso hasta alcanzar un nivel enfermizo. Según diversas versiones, en el tema de la seguridad quería saberlo todo, todas las estrategias, nombres de organizaciones y sus localizaciones, nombres de capos, número de muertos, entre otros elementos. Tenía una fascinación por el tema y "monopolizó la información sobre muertos" (Anónimo). De acuerdo con testimonios de un colaborador cercano, "Calderón desgastó a todos los que estábamos recopilando información por su obstinación y su obsesión por el asunto". Además, "era un hombre que se fijaba en los detalles, pero al enfocarse en tantos detalles, perdía la dimensión de las cosas" (Anónimo). El profesor de la Universidad de Georgetown John Bailey coincide al expresar que por "estar tan atento a los detalles perdía la perspectiva y una visión de más largo alcance" (lo que llamó el *big picture*).

En lo que respecta al estilo gerencial o administrativo de Calderón, nos comentan que las decisiones claramente las tomaba él; que él era el centro de la decisión. Rafael Fernández de Castro, su principal asesor en materia de política exterior, nos dice que "fue un presidente *'hands on'* propiamente; no era de repasar con sus secretarios, era muy independiente". Además, para Fernández de Castro, Calderón era "muy disciplinado y muy estudioso; era de un perfeccionismo increíble". Nos cuenta cómo el expresidente "tenía mucha presión, pero no había ningún documento importante que yo le diera y que no leyera. Yo sabía que me iba a leer. Ésa era la parte buena, la mala es que sí era enojón, sí te podía echar un grito, un buen grito; cada quien se lo tomaba como quería, pero era el presidente de la República… Calderón era un hombre estadista en el sentido de 'Estado' y consideraba que el Estado iba a prevalecer".

A Calderón también lo caracterizan como "un hombre muy curioso, interesado en aprender… particularmente sobre el tema de la seguridad". Según un colaborador cercano a los dos expresidentes panistas, "Vicente Fox no era así. No era curioso. No le interesaba. El tema de la seguridad le molestaba. Fox nunca le entró al tema de la seguridad; no quería saber de nada. Y era fácil trabajar con él porque tú eras tu propio jefe. Pero con Calderón era otra cosa" (Anónimo).

Para otra funcionaria muy cercana al expresidente, Sigrid Arzt, quien trabajó con él de manera directa como secretaria técnica del Consejo de Seguridad Nacional, Calderón era más bien un *micromanager*, pues se metía hasta en los detalles más mínimos. Por ejemplo: recibía los informes por escrito de los secretarios y regresaba el fin de semana a dar instrucciones "con sus anotaciones de puño y letra". Para Alejandro Hope, "Calderón es un *control freak*" y también se refiere a él como muchos otros, "como un *policy wonk*". Algunos incluso llegaron a decir que era un "hombre de huevos". Y en efecto, "él era muy determinado, muy enfocado. Quizá no tenía la estrategia correcta, pero sí la determinación y el arrojo. En el tiempo quizá se le haga justicia y se le vea con mejores ojos" (Corchado).

Arturo Sarukhán, quien fuera relativamente cercano a Calderón en un momento, le reconoció igualmente algunas virtudes, pero lo tildó también de *micromanager* y "no porque quería ser *micromanager*; era su personalidad, y no creía que en la burocracia lo iban a hacer bien. Además, era un *policy wonk*. Pocos presidentes llegan tan bien preparados en temas de política pública como Felipe Calderón. Seguridad y cambio climático eran sus dos grandes temas y conocía bastante bien de ellos". Según Sarukhán y otros, era esta parte de su personalidad, aunada a lo que el expresidente creía saber, lo que reforzó su necedad y lo que generó respuestas abruptas por su parte y sin reflexión previa suficiente.

Para Eduardo Guerrero, experto en temas de seguridad, el principal problema de Calderón es que "es un hombre muy obstinado y de mucho ímpetu, poco cerebral, poco frío y no hizo un trabajo bien pensado. No se guardó las ganas, no se contuvo ni hizo un diagnóstico como tú pensarías que debió haberse hecho: [viendo

71

cómo estaban] sus fuerzas o [analizando] con qué o quién realmente contaba". Para Guerrero, el expresidente era más bien impulsivo, lo cual le trajo problemas. En este sentido nos cuenta:

> Ni siquiera Calderón en la campaña piensa que el tema de la seguridad va a ser el central. Pero el campanazo inicial en Michoacán es tan grande que fue determinante. Se percibe un éxito rotundo. El presidente entonces se entusiasma demasiado, al igual que su equipo. Es ahí cuando el tema de la seguridad se vuelve central y Calderón ve la oportunidad de convertirse en el gran "Ronald Reagan mexicano", es decir, un presidente que hace de la seguridad un tema fundamental. Pero a diferencia de Ronald Reagan, que se enfoca en la seguridad exterior, Calderón se enfoca en el tema de la seguridad interior y parece decir: "si resuelvo este problema pues nadie va a detener a mi grupo político, voy a ser el presidente más popular [¡no, olvídate!]. Yo puedo y no le tengo miedo a nadie". Y entonces el presidente de México actúa con una gran obstinación, con una gran necedad que es una de sus principales características. Y cambia de parecer sólo hasta el final, pues se enfrenta con una masa crítica, incluyendo aquellos que lo habían acompañado. Los resultados no son los esperados. Su equipo duda, lo critica. Los homicidios siguen subiendo, no paran. Y sólo así, el presidente empieza a dudar también.

Pero para muchos, el gran problema de los desencuentros en el gabinete y una parte del fracaso de la estrategia de seguridad en el periodo 2006-2012 radicó en la personalidad de Felipe Calderón. Para los críticos, Calderón era un hombre disfuncional, sumamente iracundo y posiblemente dipsómano.[*] Jorge G. Castañeda lo describe

---

[*] Ésta fue una atribución que constantemente hicieron los enemigos del presidente Calderón.

como un "tipo de 'mecha muy corta', corajudo; también acomplejado por provinciano y por chaparro". Según el excanciller mexicano, Calderón "es antiamericano y muy católico; algo muy típico del Bajío. Es un tipo muy incapaz de escuchar; él tenía sus ideas y punto. Prefería, por inseguro, protegerse en un círculo pequeño".

Eduardo Guerrero también destaca el hecho de que a Calderón no le gustaba que se le contradijera y nos da un ejemplo cuando en los Diálogos por la Seguridad en 2010, el presidente "empezó a enojarse" cuando él lo cuestionó y le "contestó de manera muy agresiva".[*] Al reproducir el diálogo entre ambos, Guerrero notó "que era un presidente muy emocional. No era nada autocrítico, no era receptivo, te oía, pero no te escuchaba".

Según el profesor investigador de la Universidad Nacional Autónoma de México (UNAM) y presidente del Colectivo de Análisis de la Seguridad con Democracia (Casede), Raúl Benítez, "la política de seguridad nacional durante la administración de Felipe Calderón era una política presidencial, pues era Calderón mismo quien la conducía. Era de él. Todo salía directamente de Los Pinos. Él estaba dentro de este tema. Él dirigía la estrategia completamente. Él discutía personalmente". El presidente, en efecto, se reunía con mucha gente —incluso con los extranjeros—[**] "pero él lo sabía todo. Escuchaba, pero no cambiaba de parecer. Escuchaba, pero a veces parecía que hablaba con un espejo" (Benítez). Según el

---

[*] Este hecho se confirma en la prensa mexicana. Véase, por ejemplo, Herrera Beltrán (2010).

[**] Benítez también refiere su experiencia personal en juntas en las que él y otros expertos se reunieron con el presidente y con su gabinete. Calderón "lo apuntaba todo, se presentaban todo tipo de escenarios, temas, datos y él los discutía personalmente". En un diálogo abierto en 2010 con empresarios, líderes religiosos, periodistas y gobernadores, se intentaron supuestamente tomar en consideración todas las visiones del problema.

analista Edgardo Buscaglia, el expresidente mexicano era "un hombre intelectualmente hábil, pero con una inteligencia emocional muy pobre pues agrede, se enoja y es sumamente irascible". Da un ejemplo de cuando las cosas no funcionaban bien y miembros del Senado lo fueron a ver para discutir el tema de la policía única:

> Debido a que las cosas no avanzaban como él quería y algunos senadores plantearon el tema de los controles sociales al aparato del Estado, Calderón se empieza a irritar. Luego mira a un senador que se encontraba enviando mensajes a través de su teléfono celular y sin mirarlo le pregunta: "¿Quiere que espere a que termine de escribir?". [Calderón se aprecia visiblemente enojado y continúa diciendo:] "¿Usted es amigo del procurador, no?" Así, parece sugerir el presidente que la idea de los controles sociales surge en el contexto de una amistad entre el senador y el procurador. Ésta es una señal de inteligencia emocional pobre.

Incluso, representantes de la prensa extranjera son bastante críticos de la personalidad de Felipe Calderón. Para Alfredo Corchado, corresponsal en temas de frontera y jefe de la oficina de México del diario tejano *Dallas Morning News*, el expresidente mexicano no tenía un buen acercamiento con los medios y era muy limitado en su relación con ellos. "Yo siempre pensé que ése era un problema para Calderón. Los medios querían que les hablara más, pero a él realmente parecía que no le gustaba interactuar con los medios.* Él no

---

* Sin embargo, de acuerdo con Tracy Wilkinson, jefa de la Oficina para México y Centroamérica de *Los Angeles Times* (2008-2015), en ese tiempo "la prensa extranjera tenía una relación especial con el presidente. Se decía que los medios eran críticos, pero la situación lo ameritaba. Los medios mexicanos recibieron muchísimas filtraciones para apoyar la narrativa, no así la prensa extranjera. Por su

era muy abierto con nosotros.* Enviamos alrededor de treinta, cuarenta solicitudes para entrevista y quisimos darle la oportunidad de hablar de diversos temas, pero no quiso hacerlo". Corchado recuerda cuando se reunió con él por primera vez, en 1986, y nos dice: "Era un niño, pero desde entonces era un hombre muy desconfiado, tenía esa actitud como de que 'nadie me quiere'. Calderón no pudo al final hablarle al país y tampoco pudo reunir el apoyo social suficiente para su estrategia y sus acciones de gobierno. Por lo anterior, el conflicto armado en México continuó considerándose: 'La Guerra de Calderón'. No era un esfuerzo o batalla de México, de todo el país completo; comenzó como la guerra del presidente y se mantuvo como la guerra de un hombre. Este aspecto definió a su gobierno y lo marcó a él".

Muchos coinciden en que el expresidente parecía ser su propio asesor en temas de seguridad. A veces aparentaba que nadie lo asesoraba, que no se fiaba de nadie para armar y dirigir la estrategia nacional de seguridad. Nadie parecía tener la estrategia más que él. Incluso nos cuentan que Genaro García Luna, en quien parecía confiar bastante, no fue un protagonista en términos de estrategia. Para Andrew Selee, en ese tiempo director del Instituto México del Centro Woodrow Wilson: "Genaro no era un estratega, y para muchos era simplemente un policía. Además, el papel protagónico fue de los militares, no necesariamente de la policía. García Luna fue un actor ciertamente dominante, pero Calderón decidía todo y

parte, varios medios nacionales locales se autocensuran dada su vulnerabilidad en espacios de extrema violencia y con la 'ley de la plata o plomo'".

* Esta visión contrasta con otras. Según Tracy Wilkinson, "Calderón tenía mucho interés en establecer una buena relación con la prensa internacional y nombró a John Moody como su enlace con los medios extranjeros en su afán por centralizar la información dentro y fuera del país".

era el estratega en jefe y el director técnico". Selee reconoce a Calderón por su valentía: "En este tema lo calificaríamos con notas altas, pero tendría pocos puntos por su capacidad para escuchar a los demás". Asimismo, la estrategia de seguridad tomó la mayor parte de su sexenio. "Esto le tomó mucho tiempo y lo distrajo mucho de otros problemas" (Selee).

Entre los más críticos —tanto de la estrategia de seguridad, como de la personalidad del expresidente mexicano— se encuentra Jorge G. Castañeda, quien escribió en 2009 (junto con Rubén Aguilar) el libro titulado *El narco: la guerra fallida,* en el que hace una crítica feroz a la decisión de Calderón de militarizar la seguridad pública. Según Castañeda: "Calderón quería jugar al soldadito". Y entonces las consecuencias fueron terribles. Por su parte, el profesor Sergio Aguayo comenta que "la decisión que se tomó en el momento fue valiente pero compleja porque Felipe Calderón no mostró las actitudes que tiene o debe tener un comandante en jefe", lo que resultó bastante negativo. Calderón no se preparó para la guerra; fue impulsivo: "Declaró la guerra sin entender cuáles eran las implicaciones ni lo que iba a enfrentar" (Aguayo).

Para Jorge G. Castañeda, "la decisión de Calderón fue sobre todo política, no obstante que sí había un problema que se reflejaba en las encuestas de opinión, las cuales mostraban preocupación por parte de la población sobre el tema de la seguridad". Al mismo tiempo, "había brotes de violencia espectacular, como las cabezas de Michoacán, que preocupaban a la gente en algunas partes de México". No obstante, de acuerdo con Castañeda, la violencia en México no era estructural y no estaba generalizada antes de la "Guerra de Calderón"; él le da un peso mucho mayor a la hipótesis política.

De acuerdo con esta versión, Calderón habría tomado esta decisión fundamental con el objeto de legitimarse después de una cerrada contienda electoral y de un triunfo cuestionado. Así, "la legitimación vendría no por las urnas, sino por un golpe de mano dura que consistió en utilizar al Ejército y mostrar que él [Calderón] era el comandante en jefe de las fuerzas armadas. El Peje podía decir lo que quisiera, pero si el nuevo presidente aparecía junto al Ejército, esto le daba legitimidad" (Castañeda). Lo anterior refleja bien "el temperamento y la personalidad necia del presidente".

Castañeda también cuenta que el expresidente no habló con ninguno de los expertos (militares, marinos, policías, funcionarios) de las administraciones previas; lo considera un grave error. En su periodo, el panista formó "un gabinete y un equipo monocolor de gente cuyo único criterio era la lealtad. No importaban la inteligencia ni la competencia; importaba la lealtad" (Castañeda). El analista pone de ejemplo a Eduardo Medina Mora Icaza a quien cataloga como "el proverbial 'yes-man'. Él no iba a decir nada, nunca le iba a dar una mala noticia al presidente".* Y no sólo Medina Mora: "la mayoría eran 'yes-men'".

"Sin lugar a dudas, como aseguran muchos, Calderón era un *micromanager*", dice el profesor de origen estadunidense Bruce Bagley. "Le importaba más la lealtad que la eficacia y esto ciertamente causó muchos problemas a la hora de implementar la estrategia. Al final parece que le fue mal en todo, lo que le causa al expresidente una gran depresión. Algunos dicen que bebía demasiado". Para Bagley, "su carácter colérico y sus limitaciones de personalidad contribuyeron al fracaso de su proyecto". Pareciera que "su inseguridad y desconfianza en personas e instituciones le generó muchos problemas y la comisión de graves errores". Por otro lado, parecía no contar con un mecanismo efectivo para manejar las rivalidades y

---

* "Salvo que cuando se dio cuenta Medina Mora de que iba a ser un priista el próximo presidente, ya decidió no meter a nadie en la cárcel, a ningún gobernador" (Castañeda).

ambiciones de los individuos que formaban parte de su círculo cercano (Bagley).

## Problemas en el gabinete

En opinión de Arturo Sarukhán, la estrategia de seguridad concebida durante la administración calderonista "como una estrategia de emergencia" era la adecuada: "había que rápidamente confrontar y evitar el avance del crimen organizado de la manera que fuera. Desafortunadamente, esto no se hizo con la velocidad requerida; se podía haber hecho más". Pero ¿por qué no se dio? "En parte por las pugnas al interior del gabinete", consideró Sarukhán. De acuerdo con el exembajador de México en Estados Unidos, "Calderón tenía a sus favoritos o recetas favoritas", y esto no le permitió ser el fiel de la balanza". Y dice: "De que había un desmadre, había un desmadre, algunos miembros del gabinete se daban hasta con la cuchara".

En efecto, los favoritismos provocaron rivalidades fuertes, pues al final las preferencias del presidente parecían, para algunos, traducirse en mayores presupuestos. De acuerdo con casi todos, el favorito de Calderón era Genaro García Luna. Eduardo Guerrero nos explica que "fue su soldado leal, su hombre fuerte, los primeros cinco años, pero termina decepcionándose de él; terminan con una relación muy tirante". Con los secretarios de Marina y Defensa, el expresidente también tenía una buena relación. Esta relación, según Guerrero, "era muy institucional. El presidente era muy respetuoso de las opiniones de ellos. También estos secretarios fueron muy obedientes con el presidente en términos de lo que tenían que hacer". Sin embargo, parece que "la relación resultó ser mejor con la Marina porque la agencia en general era más audaz y más sofisticada en términos operativos y de despliegue. Los marinos lograron colgarse varias medallas y eran los consentidos". Por su parte, el Cisen era también un instrumento importante: "eran los ojos del presidente y la relación de Calderón con su director fue también bastante buena" (Guerrero).

Pero no con todos la relación fue buena y lo que es peor, entre algunos miembros del círculo cercano de Calderón* era bastante mala. Lo anterior causó muchos problemas que parecen haberse reflejado en los pobres resultados de esa administración. Jorge G. Castañeda resalta las "múltiples tensiones al interior del gabinete, y los problemas acrecentados por las limitaciones de la personalidad de Felipe Calderón". Las dificultades y disputas en el gabinete se debían que el presidente no decidía y no arbitraba adecuadamente las disputas. Muchos señalan, por ejemplo, las tensiones entre Genaro García Luna al frente de la ssp y los titulares del Ejército, la Marina Armada de México, la pgr y la Segob.

Eric Olson, que entonces se encontraba afiliado al Instituto México del Centro Woodrow Wilson, se pregunta: "¿Por qué un presidente con una personalidad tan fuerte no pudo ejercer su autoridad y lograr que sus colaboradores cercanos trabajaran adecuadamente de forma conjunta?". Lo que sí es claro es que Calderón no llegó a armonizar la relación entre agencias como nos cuentan los analistas, críticos y exmiembros del gabinete. En particular, "se da un debate muy fuerte sobre la frontera de funciones entre la Policía Federal y la Policía Ministerial. El tema tiene que ver con quién debe desempeñar las labores de investigación". De acuerdo con el exdirector del Cisen, Guillermo Valdés: "Fue éste un gran punto de tensión entre dos dependencias clave, una lucha burocrática más bien, pero no estrictamente personal. Y Calderón no supo manejar este problema ni muchos otros de este tipo o de distinta naturaleza".

---

* Sobre la estructura del círculo cercano al presidente, véase el Apéndice 5.

Valdés señala que "en Los Pinos había una serie de funcionarios estúpidamente panistas". Para él, el conflicto no era personal, "pero sí tenía que ver con un cierto nivel de ideologización y partidización. Todos querían culpar y descalificar a Calderón, pero era un problema de competencias y quizá de ideologías de partido. Había un círculo de funcionarios panistas en Los Pinos que les hacían la vida imposible a quienes no eran de su partido originalmente, como Eduardo Medina Mora y Jesús Reyes Heroles".* Estamos hablando de la existencia en ese momento de "una especie de miopía partidista" (Valdés).

Los problemas y disputas en el gabinete parecen comenzar a gestarse desde el periodo de transición, según nos explica Sigrid Arzt. "Calderón tenía una gran fascinación y preferencia por Juan Camilo Mouriño", quien había sido su compañero y aliado en las más recientes batallas políticas. "A la luz del triunfo electoral, Juan Camilo ya estaba a cargo de las negociaciones para ver quién ocupaba las distintas secretarías. En realidad, Juan Camilo y Gerardo Ruiz Mateos [quien fungió como jefe de la Oficina de la Presidencia y secretario de Economía en ese sexenio] tuvieron mucho que ver con las decisiones de quién iba a formar parte del gabinete" (Arzt). Y fue en este periodo de transición que surge lo que Sigrid llamó "el dúo dinámico", formado por Eduardo Medina Mora, quien se convertiría en procurador general de la República, y Genaro García Luna, que ocuparía el puesto de secretario de Seguridad Pública.

"Este dúo se fue retroalimentando y recogiendo impresiones sobre el tema de seguridad durante la campaña" (Arzt). Además, establecen un diálogo con distintos actores en la administración de

---

* Se refiere a personajes como Alejandra Sota, Max Cortázar y Juan Camilo Mouriño, entre otros.

Fox. "En efecto, la conceptualización de la estrategia de seguridad se hizo en el periodo de transición y los que incidieron inicialmente fueron Genaro y Eduardo", quienes trabajaban muy bien juntos; el primero bajo el mando del segundo, originalmente. "En la transición se venden así: como un 'dúo dinámico'" (Arzt). Ya en funciones, comienza un distanciamiento que desemboca en una ruptura y en fuertes desencuentros.

Arzt explica que "lo peor que le pudo haber pasado a Medina Mora es que a Genaro lo hicieran secretario, porque ahí fue el rompimiento. La lógica del dúo dinámico se pierde". Antes, Medina Mora podía decir: "Yo tengo a este súper chico estrella, pero él va a trabajar conmigo" (Arzt). Según nos cuenta Sigrid, una persona que tuvo mucho que ver en esto fue Jorge Tello Peón, quien en la década de 1990 había empezado a profesionalizar los servicios de inteligencia y fue finalmente asesor en materia de seguridad pública de Felipe Calderón. "A quien recluta Tello es a Genaro. Y a quien le ofrece Calderón en primer lugar dirigir la Secretaría de Seguridad Pública es a Tello, pero al declinar la oferta, se la ofrece a García Luna, quien acepta sin condiciones" (Arzt).

"A los dos que más les costaba disciplinarse", según Sigrid Arzt, "eran Genaro y Eduardo. Si yo tenía que acusar a alguien era a estos dos". Explica que "ellos ya tenían una relación construida con las agencias americanas desde hacía algunos años" y por eso hacían básicamente lo que querían. Los que más se disciplinaban eran los titulares de Sedena y Semar pues tradicionalmente sus agencias acatan fielmente las órdenes del Poder Ejecutivo, "pero esta vez estaban poco más reacios a obedecer; particularmente la Sedena". En efecto, según la entonces secretaria técnica del Consejo de Seguridad Nacional, "había mucha resistencia, particularmente por parte de dos actores a quienes les gustaban mucho los medios, los reflectores: García Luna y Medina Mora. Genaro tenía una chica que a

81

eso se dedicaba: le generaba pleitos al señor Medina Mora. Ciertamente había resistencia y esas resistencias se extendían a quienes estaban encargados de la estrategia de comunicación" (Arzt).

La corresponsal estadunidense Tracy Wilkinson reconoce también las múltiples rivalidades del momento entre las agencias de seguridad mexicanas y sus representantes. Dicha problemática tenía que ver con "dinero, reconocimiento y acceso a equipo [juguetes/*toys*]". Agrega que al final, "la pelea entre Genaro y Eduardo se termina porque el segundo se va de la PGR; y se va porque ya no tenía influencia sobre el presidente". Genaro ya tenía en ese entonces una relación con Calderón muy bien cimentada y consolidada. Pero los pleitos fueron más allá.

Por ejemplo, nos comenta Wilkinson, Eduardo Medina Mora siempre quiso tumbar a Arturo Sarukhán: "Cada vez que podía le metía zancadillas".[*] También nos cuenta cómo "generó una fuerte tensión la decisión de meter a Jorge Tello Peón como asesor del presidente". De acuerdo con la periodista, dicha decisión nace de una presión de los empresarios de Nuevo León. Existe entre ellos la percepción de "que estos muchachos se están cayendo bastante mal y a mí se me está cayendo el Estado, por lo que es importante contar con una persona que conozca bien del tema en el gabinete" (Wilkinson).

La llegada de Tello al círculo cercano de Calderón generó muchos problemas. Tello parecía no tener ni el mandato ni el arropamiento legal para decidir sobre el despliegue de tropas. Y Arzt afirma que "él empezó a convenir con gobernadores el despliegue de Ejército, Policía y Armada. Revivió la idea de los grupos de

---

[*] Cabe destacar que Arturo Sarukhán era bien visto y bien evaluado por varios en Estados Unidos. El profesor de la Universidad de Miami, Bruce Bagley, por ejemplo, lo encontraba "encantador [*charming*], hábil en las negociaciones y eficiente".

coordinación operativa, un modelito que usó desde el Cisen en sus tiempos. Pero era otra época". Así, el secretario de la Defensa lo empieza a cuestionar y le dice finalmente: "¿Usted dónde tiene el arropamiento para desplegar tropa? ¿De dónde saca las facultades?".

Algunos cuentan que el expresidente mexicano sí se metía en las luchas interburocráticas, pero que frecuentemente fracasaba en la resolución de conflictos clave. Uno de los principales problemas para muchos, dentro y fuera del país, era el de la coordinación. Sigrid Arzt no opina como ellos y explica: "El presidente instruye directamente a Guillermo Valdés para coordinar operaciones, y esta coordinación se hacía para *targets* concretos". Para Sigrid, "sí había falta de coordinación, pero esto no era tan grave".

Rafael Fernández de Castro, quien fuera colaborador cercano de Calderón, también ve la coordinación de una manera más positiva y explica: "Yo creo que es muy fácil decir que el expresidente le dio cancha abierta a Estados Unidos y que no promovió la coordinación. Yo no lo veo así. Había un coordinador con Estados Unidos que era Guillermo Valdés; su contraparte era John Brennan, el número dos del Consejo de Seguridad Nacional [zar del terrorismo y posteriormente jefe de la CIA]. Mucha gente decía que Guillermo no tenía fuerza, pero era el hombre de Calderón y hacía bien su trabajo. Adentro decían que competían ferozmente entre las agencias mexicanas por acceder a los recursos de Mérida; yo no sé, pero se hacía un esfuerzo por mejorar la coordinación. El acceso irrestricto de Estados Unidos a nuestras operaciones yo no lo vi".

Para el periodista Carlos Marín, en ese momento director general editorial de Grupo Editorial Milenio, "las instancias de seguridad durante el periodo de Calderón eran como un Montessori: cada uno por su lado". Pero el comunicador le reconoce al expresidente y a sus colaboradores más cercanos algunos aciertos y explica las dificultades que padecieron. Calderón, según nos cuenta, "cometió muchos errores y enfrentó muchos obstáculos que jugaron en su contra". Dice también que vivió un periodo extremadamente complicado "y el azar definió muchas cosas".

Dos secretarios de Gobernación murieron en pleno ejercicio de sus funciones. Su mano derecha muere antes de cumplirse su primer año de gobierno en un avionazo y el segundo hombre de mayor confianza fallece al caerse el helicóptero en el que viajaba. Y al respecto, Marín nos comenta: "Yo le saco a las teorías de la conspiración, pero sí es raro. Se dieron muchos escándalos y los desatinos estuvieron a la orden del día". Sin embargo, las cosas, según él, no fueron del todo malas: "Recuerdo el caso de los videomontajes de García Luna, algo que conozco como no tienes idea, porque yo me meto en los detalles. Y les digo que no todo es blanco y negro. Han sido muy injustos con ellos. Por ejemplo, de los objetivos [delincuentes/narcos] que se pusieron en mente, atraparon como a la mitad".

La dinámica mediática del combate a la delincuencia organizada en México durante el periodo de Calderón generó ciertamente incentivos perversos de lucha entre las agencias por recursos y reflectores. Sigrid Arzt nos describe este proceso y señala: "la competencia insana que se dio en esos tiempos entre las cabezas de las agencias para demostrar que ellos [eran] 'los buenos': te tomas la foto con 'los malos', sus novias, sus secuaces y sus armas y peleas por tener más preponderancia en medios. Esto se podría trasladar directamente en un aumento de los presupuestos. Compiten así entre ellos. Genaro llega a competir incluso con Sedena y Semar". Ante una falta de narrativa común, ellos se peleaban y "competían en su afán de protagonismo y por ver quién se colgaba las medallas" y se sacaba la foto. "Medina Mora sale perdiendo pues él no tenía capacidad de despliegue de tropas y resultó ser 'el malo'. Parecía todo un *show*. Y todos seguían el *show by the book*: mostraban en televisión y demás medios masivos de comunicación a los malosos, las armas y las drogas decomisadas" (Arzt). Ésa era parte de la mediatización de la estrategia, lo que hace que se dificulte el trabajo y la cooperación por asuntos de competencia.

"El tema de la seguridad absorbió la lógica de toda la administración, del primer día hasta el último" (Wilkinson). Además, "daba la impresión desde fuera que Calderón se rodeaba de los leales y no necesariamente de las mentes más brillantes. Calderón logra construir así una especie de caja de resonancia (*echo chamber*)" (Wilkinson). Se dice que el presidente escuchaba sólo a algunos, que por supuesto parecían serle siempre leales, como Guillermo Valdés o Genaro García Luna, y que trabajaba muy bien con Sigrid Arzt, Rafael Fernández de Castro y Alejandro Poiré. A este último lo colocó en puestos clave. Y colocando a los leales en puestos clave, el presidente parece haber cometido errores importantes. Por ejemplo, dice Wilkinson: "Calderón reemplaza a Medina Mora con Arturo Chávez Chávez, quien había sido procurador general de Chihuahua. Arturo, de acuerdo con muchos, no tenía los tamaños para fungir como procurador general de la República, pero sería leal a Calderón" (Wilkinson).

En la Segob, el expresidente reemplazó a su gran amigo Juan Camilo Mouriño —quien muere en un desafortunado accidente aéreo— con el abogado Fernando Francisco Gómez Mont. Dicen que cuando Calderón perdió a su mano derecha, colocó en su lugar a una persona "que no dio el ancho" (Anónimo). De acuerdo con Wilkinson, el expresidente "colocó en puestos clave a la gente equivocada". Calderón parecía querer controlarlo todo a su alrededor, incluso a su grupo más cercano; quería centralizar también la toma de decisiones. "Él sólo confiaba en su círculo íntimo, formado por un reducido grupo de asesores, y escuchaba lo que quería escuchar, es decir, a aquellos que reforzaban sus propias ideas y no más."

Otro punto a destacar eran las "paranoias del presidente" y las vendettas políticas que se dieron durante el periodo calderonista. Un acontecimiento importante a destacar que representó un gran costo político para Calderón fue la detención injustificada (junto con otros tres generales) del general Tomás Ángeles Dauahare por supuesta protección a narcotraficantes. Ángeles Dauahare era entonces el militar de más alto rango que había sido acusado de narcotráfico en México. El suyo fue el último caso judicial de alto impacto de varios que hubo durante el sexenio calderonista y causó tanto "conmoción como incredulidad". Al final, "como ocurrió con otros juicios emprendidos por Calderón", el resultado fue un total fiasco: la fiscalía del gobierno priista que siguió el caso "reconoció que salvo la declaración de un testigo protegido de nombre 'Jennifer' no tenía prueba alguna contra el general, por lo que un juez federal ordenó el sobreseimiento de la causa" (Camarena, 2013).

Según cuentan fuentes consultadas y cercanas a este caso, la "arbitraria detención de Ángeles Dauahare y la fuerte represión y represalias que sufrieron personas cercanas a él (incluida su familia)" se debió a las paranoias de Calderón, a la ambición y resentimiento de algunos personajes clave en las secretarías de la Defensa y de Seguridad Pública, así como a un ambiente enrarecido en ese momento que alentaba las vendettas políticas y generaba caos y enfrentamientos mayores entre los miembros del gabinete y funcionarios públicos de alto nivel (Anónimo).*

---

* Gente cercana al general comenta que este desafortunado episodio se debió a la paranoia entre quienes pensaban que Tomás Ángeles quería ser secretario de la Defensa. Otros dicen que el presidente y algunos de sus colaboradores cercanos pensaron que había sido él quien había dado información a la periodista Anabel Hernández para escribir su libro *Los señores del narco*, que exhibe a la administración de Calderón y vincula a la policía, al Ejército y a personajes políticos clave del momento con el narcotráfico y la delincuencia organizada en general en México.

## El fin del "dúo dinámico"

El fin de lo que se conoció como el "dúo dinámico" —formado por Eduardo Medina Mora y Genaro García Luna— ilustra claramente lo que llegó a ser el sexenio de Calderón en lo que respecta al resultado de las luchas interburocráticas y a las pugnas (a veces intestinas) entre distintos miembros del gabinete o del círculo muy cercano al presidente de México en esos años. Estos desencuentros constantes y la falta de capacidad de Felipe Calderón para resolverlos satisfactoriamente marcaron el desempeño político en ese sexenio.

En efecto, como se mencionó anteriormente y como lo señala Sergio Aguayo, Calderón "no fue capaz de disciplinar a sus subordinados y centraliza las decisiones sin facilitar las condiciones para una coordinación entre las partes". Lo que llamamos "fin del dúo dinámico" caracteriza estas dinámicas desafortunadas y disfuncionales, al tiempo que determina los liderazgos reales, las filias y las fobias de lo que pareció haber sido una guerra más bien improvisada. La centralidad de personajes como Genaro García Luna fue determinante en el desarrollo de la estrategia de seguridad calderonista.

Posiblemente, la primera gran pelea en el gabinete de seguridad de Calderón se da entre los mandos civiles. El profesor investigador de la UNAM Raúl Benítez explica cómo, desde un inicio, "Genaro García Luna y Eduardo Medina Mora entraron en conflicto por la conducción de la seguridad. Al final, García Luna ganó el pleito; Medina Mora renunció y se fue de embajador. La lucha por el poder era el problema entre ellos; parecía un conflicto de *prime donne* que Genaro García Luna ganó al final". Eduardo Guerrero cuenta también cómo "al principio el presidente era muy receptivo con todo su gabinete de seguridad. Pero eventualmente Eduardo

Medina Mora —quien tenía en ese momento a Joaquín Villalobos como asesor— terminó peleándose con Genaro García Luna. El presidente al final protege a García Luna y saca de la jugada a Medina Mora. Quizás esto tuvo que ver con el llamado 'Michoacanazo'".[*]

Guerrero explica que el conflicto entre Medina Mora y García Luna es "un problema competencial que tiene que ver con hasta dónde llega el Ministerio Público y dónde inicia la competencia de la Policía Federal. García Luna tiene la idea de que la policía tiene que asumir mayores facultades que competencialmente le corresponden al Ministerio Público. Ahí empiezan los problemas". Además, el consultor experto en seguridad describe a dos funcionarios antagonistas con dos personalidades distintas: "García Luna es un policía; es un hombre muy sencillo en su esquema mental; es un policía que obedece. Mientras tanto, Eduardo Medina es un hombre mucho más sofisticado intelectualmente, con una gran trayectoria, un hombre leído y un hombre que seguramente cuestiona las decisiones del presidente y que le dice: 'no estoy de acuerdo con esto'. Al parecer, a éste no le gustaba que sus colaboradores no estuvieran de acuerdo con él". Guerrero cree "que por eso Genaro García Luna termina venciendo a Eduardo Medina Mora. Es un hombre que obedece: 'lo que usted diga señor presidente'… y no cuestiona". El "Michoacanazo", según Eduardo Guerrero, "Medina Mora

---

[*]  Sobre el "Michoacanazo" véase Ferreyra (2015). Se trató de un proceso penal que promovió la PGR en 2009, encabezada entonces por Medina Mora, en contra de funcionarios estatales y municipales de ese estado acusados de tener vínculos con La Familia Michoacana. "Previo al juicio penal, más de 30 funcionarios públicos fueron detenidos y enviados a un penal federal en una redada" realizada por la Policía Federal en mayo del 2009. "En el lapso de los dos años siguientes a esa fecha, todos los detenidos fueron liberados". Este caso permite apreciar el alcance de la corrupción en México, así como las dificultades para procesar y sentenciar casos de narcotráfico de alto impacto en el país (Ferreyra, 2015: 3).

lo hizo muy a regañadientes, muy presionado por el presidente y sin estar convencido de que era una acción conveniente ni estratégicamente inteligente. Las cosas no le salen bien, titubea y es cuando el presidente decide sacarlo de su equipo".

Según el analista Alejandro Hope, la disputa entre estos dos hombres tiene mucho que ver con "la ambición de García Luna por construir una policía nacional. Pero no sólo eso. Medina Mora fue perdiendo en las batallas burocráticas, no tenía apoyo presupuestal para hacer su proyecto. Sí traía proyecto, pero por falta de presupuesto no pudo materializarlo. Había aquí un problema de gestión burocrática y de gasto. Medina Mora nunca pudo articular una visión distinta a la de García Luna. Además, cometió errores importantes". Jorge Carrillo Olea recuerda, por ejemplo, que fue "Medina Mora el que dice por primera vez que 'los malos' se andaban 'matando entre ellos'. No fue ésta una idea perversa, sino ignorante".

Según afirman, los enfrentamientos entre algunas personas dentro del círculo cercano del presidente eran vergonzosos, principalmente aquéllos entre Medina Mora y García Luna; en ocasiones los pleitos eran groseros, con gritos. "El problema también es que hubo mucha ambición, mucha mezquindad." Alguien nos dice que "el más irrespetuoso era García Luna, pues delante del presidente ofendía al procurador. Tal vez esta actitud se explica por su falta de ejercicio en los círculos más altos de gobierno" (Anónimo). Para Samuel González, "la ruptura de Medina Mora con García Luna es por el modelo de proceso acusatorio. Ésa fue la batalla entre ellos. Y en realidad García Luna se peleó con todos los procuradores: se peleó con Medina Mora, con Arturo Chávez Chávez y con Marisela Morales". Según González, "García Luna no tenía un modelo policiaco, sino un modelo político. Su plan era establecer un modelo de control político; deseaba quedarse cuarenta años en la policía. Ése era su modelo".

Muchos se han llegado a preguntar: ¿por qué García Luna tenía todo ese poder? ¿Por qué fue él un protagonista? Y todos especulan incluso pensando en las historias más irracionales y fantasiosas; algunos piensan "que tenían algo él y Calderón, que quizá Genaro le hacía 'trabajos' (chuecos o de brujería) al presidente o que era agente estadunidense". Lo que sí es que su agencia resultó ser la ganadora en las luchas interburocráticas que se dieron en esos años. García Luna efectivamente fortaleció a la SSP y, como reconoce Raúl Benítez, "traía unos 'presupuestazos'. Muchas de las funciones del Ministerio Público se fueron hacia él. Pero también su mayor relevancia se debió a errores de la PGR y la Sedena. Nadie confía en un agente judicial. Los gringos confiaban en Medina Mora, pero no en la PGR. Empezaron a confiar en la PF y era por García Luna. Los militares también llegaron a trabajar más o menos bien con la SSP en tiempos de Genaro, porque ellos ayudaron a formar la PF cuando ahí estaba él".

Para muchos, García Luna era el hombre apropiado. "Era un hombre inteligente, sagaz, agudo, con don de mando, que transmitía fuerza; pero que tenía una visión policiaca de los viejos tiempos" (Carrillo Olea). Según el investigador del CIESAS Carlos Flores, "el exsecretario de Seguridad Pública logró primero cercanía con el presidente pues fue leal y le ofreció capacidades de inteligencia. Calderón seleccionaba a sus colaboradores cercanos considerando su lealtad y el que le hubieran ayudado antes". Flores además considera que "García Luna traía una visión coherente del problema y también una estrategia. Su propuesta llenaba el hueco de una necesidad de definición e instrumentación del problema de la seguridad en México". Pero, aunque "Genaro tenía una visión relativamente coherente, dicha visión parecía ser al mismo tiempo contradictoria. Genaro creó la Agencia Federal de Investigaciones (AFI), pero durante el sexenio de Calderón, se dedicó a torpedearla... desde la ssp. La confrontación fue constante. Genaro quería generar una Policía Federal única y que él fuera el director de esa policía. Ese modelo absorbería funciones que no desarrollaba cuando empezó" (Flores).

En resumen, Medina Mora y García Luna "parece que empezaron bien, pero después se violentaron en la lógica del peso burocrático. Medina Mora no quería que la ssp se comiera a la pgr. Aquí hay una rivalidad burocrática" (Flores). En el extranjero, la visión sobre García Luna era, en algunos círculos, bastante positiva. Eric Olson, por ejemplo, comenta: "El presidente dio una enorme autoridad a García Luna, quien tenía una gran fuerza y parecía de un profesionalismo ejemplar. Era una persona convincente que proponía hacer toda una serie de cosas necesarias: crear una nueva fuerza policiaca, profesionalizarla, hacerla más efectiva. Pero el legado de García Luna fue al final bastante ambivalente. El exsecretario hizo algunas cosas bien y otras no tan bien. El problema resultó ser demasiado complejo y la estrategia requería también integrar otros elementos más complejos". Olson analiza el desencuentro entre Medina Mora y García Luna más en términos operacionales y de estrategia. Para el analista del Centro Woodrow Wilson,

[…] el problema entre los dos personajes iba más allá de las rivalidades personales. El conflicto se dio por una diferencia en filosofías, es decir, en la forma en que se iba a abordar el problema de la seguridad en México en ese momento. ¿Sería un tema de la policía o un tema de la fiscalía en primer lugar? Según mi experiencia en otros países, el enfoque es inicialmente hacia la policía. Esto por supuesto que no sienta bien a los fiscales. Pero también hay que entender que debemos prestar atención a ambas funciones. De hecho, tenemos una sobrepoblación en las prisiones, en parte porque la policía prevalece; pero pocos de los privados de libertad son

91

procesados en tiempo y forma. Tenemos aún a mucha gente esperando un juicio. No se ha dado prioridad a esto. Irónicamente, y reconociéndole su parte en esto, Calderón sí se esforzó por reformar el sistema de justicia. Efectivamente se movió a realizar algunos cambios y mejoras y a hacer el proceso más transparente. Aunque él y su gente se movían con dos pasos adelante y uno atrás, en el largo plazo, lo que se hizo en materia de procuración de justicia fue un avance y si se continuaba a ese paso, podría haberse hecho eventualmente una diferencia. Sin embargo, siempre el sistema de justicia es pasado por alto. [...]

García Luna es un personaje bastante ambivalente y refleja otra ambivalencia que vivió México en ese momento. Yo entiendo que la agenda panista se centraba en ese entonces en debilitar al poder federal, pues fue parte de los instrumentos de control del PRI. Había entonces un verdadero deseo por debilitar a la Segob y limitar sus capacidades… y todo con el objeto de construir una democracia. Yo no estoy en desacuerdo con esto francamente. Sin embargo, al tratar de hacerlo, fortalecieron demasiado a la SSP y no calcularon los riesgos de tener esta agencia tecnocrática todopoderosa.

[Olson critica la] creación de esta instancia en papel. Se intentó entonces consolidar a la SSP como una agencia apolítica que no tuviera una función política. Pero el problema es que le encargaron el manejo de esta importante agencia a Genaro García Luna, quien fue, probablemente, la persona equivocada. Genaro estaba muy orgulloso de su búnker; tenía toda esa plataforma, tecnología, un edificio nuevo, personal nuevo, entre otras muchas cosas. Sin embargo, era una fantasía… una fantasía de 100 millones de dólares… pero al final una mera fantasía. Ningún otro ministerio/secretaría se acercaría ni se sentaría a la mesa siguiendo las instrucciones de García Luna. Él era el centro de su propio universo y los demás preferían no acercársele. Por ejemplo, teníamos al Cisen, que continuaba bajo la estructura de la Segob, y ellos no se hablaban bien con García Luna. Más bien, la comunicación entre las agencias era bastante limitada. Mucho tenían que ver las personalidades en esto.

[Al final, reconoce Olson] dicha situación no resultó ser ventajosa para combatir realmente a la delincuencia organizada en México. Se tenían, por ejemplo, dos agencias realizando labores de inteligencia, operando por separado y sin ninguna coordinación efectiva.

## Genaro García Luna: el favorito del presidente

Y en todo este proceso podemos preguntarnos, ¿a quiénes escuchaba el presidente? Alejandro Hope menciona a "Medina Mora y a Genaro, por supuesto, a Guillermo Valdés y a Sigrid Arzt". Pero como se dijo antes, "muy pronto, las peleas no se hicieron esperar, se calentaron los ánimos y en cierta manera las tensiones se empezaron a aminorar cuando se fue Medina Mora. Calderón al final creyó en todo lo que García Luna proponía y lo apoyó en su plan para crear eventualmente una fuerza policiaca nacional". Se dice que "García Luna tenía proyecto y que los demás no. Por eso se impulsa como ganador. Y su proyecto era crear una policía nacional" (Hope).

"Genaro, además, resultó muy bueno para gestionar recursos y muy bueno para gastarlos; tenía gran capacidad para construir clientela" (Hope). El éxito inicial de García Luna, según nos cuenta Alejandro Hope, "se acompañó de varias reformas legislativas [a la Ley Orgánica de la Policía Federal y a la Ley General del Sistema de Seguridad Pública]. En este nuevo contexto legal, el exsecretario dotó a la policía de mayores recursos, entrenamiento, salarios más altos y, además, de capacidades de investigación". Tenía asimismo la ambición, según Hope, "de hacer de la AFI el FBI mexicano… pero desafortunadamente, esto al final no funcionó".

En la mayor parte de las entrevistas que realizamos para comprender la estrategia de seguridad durante el periodo calderonista surgió el nombre de Genaro García Luna y casi todas nuestras fuentes dedicaron un tiempo para describir la relación entre él y el entonces presidente. Muchos explican la relación entre ambos como fundamental para entender mejor este periodo crucial en la historia contemporánea de México. "Calderón se apoyó en su secretario de Seguridad Pública y Genaro, quien fue la pieza clave en esta administración, apoyó mucho al presidente", así lo señala el profesor John Bailey. Otro académico estadunidense experto en el tema de seguridad en México, Bruce Bagley, afirma incluso que "Kissinger fue para Nixon, lo que García Luna fue para Calderón. García Luna fue en realidad un actor emblemático en ese periodo. Su actuación, personalidad y proyectos fueron muy controvertidos, y fue quizá sobre el funcionario público de quien más se habló y al que más se le admiró y se le criticó". Pero ¿cómo llegó Genaro al gabinete y cómo se ganó la confianza del presidente? ¿Cuál fue su desempeño según quienes lo conocieron o quienes siguieron de cerca su trabajo?

Óscar Aguilar, analista y experto en temas de seguridad, comparte una excelente reflexión y antecedentes clave sobre la relación entre el expresidente Calderón y Genaro García Luna. Según él, y confirmado por muchos otros, "la clave para el presidente Calderón era la confianza"; el origen social de García Luna le hizo más fácil acercársele: "Genaro venía, como Calderón, de la 'cultura del esfuerzo'; venía quizá de clase media baja, pero tuvo oportunidades, becas, fue subiendo; es lo que se dice un *self-made man*". De acuerdo con Aguilar, García Luna y Calderón comparten eso. "Calderón viene también de esa cultura del esfuerzo, es michoacano, de clase media baja, pero estudió derecho en la Libre y conoció a Margarita que venía de una familia más privilegiada. Genaro estudió en el Poli, estudió en escuelas públicas; fue reclutado por el Cisen a fines de la década de los ochenta y principios de los noventa… como parte de este esfuerzo para purificar los aparatos de seguridad".

Aguilar describe a Genaro García Luna, en principio, como "un hombre limpio, *clean*. No es elite, no es hijo de político". Y entonces Calderón se reconoce en él: "Tú y yo compartimos antecedentes similares, la misma cultura, el mismo estrato social: *we share the same social background*" (Aguilar). Un segundo aspecto crucial que acerca a Genaro y a Felipe es, según la versión de Aguilar, el secuestro de Juan Camilo Mouriño, que "sí era de una familia de dinero en Campeche". ¿Quién resolvió lo del secuestro, quién liberó a Mouriño? Aguilar afirma que fue García Luna. Así explica también la cercanía entre este último y el entonces presidente: "Tenemos un *bond* [vínculo]… *trust* [confianza] a todo lo que da. Para Calderón, las cabezas de la Marina y el Ejército son sólo sus colaboradores; obedecen porque son institucionales. Genaro García Luna no sólo era parte de su equipo, también era su amigo".

Jorge G. Castañeda explica cómo cuando el presidente pide a Jorge Tello fungir como secretario de Seguridad Pública y él no acepta, entonces no quedan muchas alternativas y "decide nombrar a García Luna porque no había de otra". En ese momento, según esta historia, "Genaro no tenía mayor influencia sobre Calderón, pero rápidamente comienza a coleccionar información, interviene los teléfonos, sigue gente, etcétera. La gente dice que García Luna empieza a tener mucha cercanía con Calderón porque le lleva mucha información y se entera de muchas cosas. Y todo esto le da fuerza. Y traduce esta fuerza en recursos: coches, helicópteros Black Hawk, mayores sueldos para la Policía Federal, entre otros" (Castañeda).

Además, según Castañeda: "Los estadunidenses le tienen mucha confianza a García Luna. Lo habían conocido desde que estaba en la AFI y habían establecido desde antes una buena relación con él". Genaro tenía buena fama dentro y fuera del país. El periodista Carlos Marín recuerda cuando "García Luna era subordinado de Wilfrido Robledo. Ellos fueron figuras determinantes durante el levantamiento zapatista. Los dos, junto con la inteligencia del Ejército, dieron con la identidad del Subcomandante Marcos. Yo no sé cómo lo hicieron, pero lo encontraron. Son investigadores de carrera. Genaro empezó en el Cisen y siempre hizo un buen trabajo".

García Luna fue severamente criticado por muchos y al final del sexenio de Calderón fue quizás el funcionario público más repudiado y cuestionado en su desempeño y falta de ética. Pero entre quienes lo conocen personalmente, quienes trabajaron con él y quienes han analizado seriamente el tema de la estrategia de seguridad en México, existen opiniones encontradas. Eduardo Medina Mora se expresa "hoy en día" muy bien del que primero fuera su colaborador cercano y más tarde su rival. Para el exprocurador general de la República, "Genaro sí era un constructor de instituciones. Muchas de las ideas que trató de materializar, las pensamos juntos y eran buenas. Genaro es un *asset* [activo] para el país. Por supuesto que hizo cosas equivocadas, y gente suya se metió en problemas, pero de que es un *asset*, es un *asset*".

Óscar Aguilar coincide y nos explica: "Los que critican a García Luna son ignorantes, no saben leer la política y no saben de política pública. Genaro no era un político; él fue agente del Cisen y luego un *top cop*. Y aunque no podía vocalizar bien [algunos decían que tenía dislexia y otros que se necesitaba traductor para comprender su lenguaje], él sí sabía hacer política pública. Hizo muy buen trabajo en las instituciones para las que trabajó. La PF, por ejemplo, no era nada, y él la transformó. Por eso Calderón no dudó en decirle a él que encabezara la SSP".

También Guillermo Valdés expresa una visión positiva del legado de García Luna y dice: "Yo no soy muy fan de Genaro, pero mis respetos. La PF fue diseño de él. Era necesario rediseñarla e incrementar su tamaño. En esos años, la PF pasa de 7,000 a 36,000 elementos y es una policía fundamentalmente buena; es una policía con nuevas bases: de selección, de formación, de salario. Es una policía que no habíamos tenido nunca". El problema, para Valdés, fue básicamente de comunicación. Él explica entonces cómo "perdieron la guerra de los medios, pero de calle". En su opinión, "Genaro García Luna fue un policía de diez, pero como secretario de Seguridad Pública —es decir, como político— está reprobado. Como policía no hay uno mejor en el país. Otro problema era su megalomanía y entonces hizo muchos enemigos; por ejemplo, quería que el Cisen fuera un apéndice de la PF. Lo quiso concentrar casi todo en su agencia".

Jorge Tello, a quien el presidente invita primero a ser secretario de Seguridad Pública (pero no acepta), opina que Calderón invita entonces a García Luna porque "sabía que lo podía manejar, pensaba que no lo iba a cuestionar. Genaro era el operativo de confianza". Atribuye esta decisión a la falta de conocimiento sobre el tema por parte de Calderón y dice: "Cuando no se tiene cultura en un tema, no se elige bien al personal y no se puede distinguir a un arquitecto de un albañil. Es como si alguien quiere hacer su casa y no confía en los arquitectos; entonces decide contratar a un maestro de obras. García Luna no es estratégico; Calderón decidió no tener a ningún estratega".

En este último punto está de acuerdo Samuel González, exdirector de la UEDO de la PGR, quien dice: "Genaro es un operador de tercera. Él sabe muy bien la táctica inmediata de hacer las cosas, pero es un hombre muy limitado en la estrategia... Sí, es extraordinariamente bueno en la táctica, en el manejo de las operaciones, en el rodeo. El *modus operandi* de García Luna es así: primero golpea, genera desinformación sobre la persona y luego lo jala para contratarlo. Ése es el *modus operandi* que utilizó con todos los enemigos y los informantes. Operó así y se hizo de varios enemigos más". Tello es más crítico aún y dice:

> Recuerdo cuando recién habían anunciado que llegaba García Luna a la ssp y me pregunta el presidente: "Jorge, ¿por qué tú dices que Genaro no?". (Por cierto, un paréntesis: antes en las discusiones de posibles secretarios jamás había salido ese nombre.) Entonces le contesto: "A mí nadie me preguntó; si me hubieran preguntado, hubiera dicho: ¿A quién se le ocurrió esa tontería?". Echas a perder un cuadro buenísimo con un personaje que no toca. A Genaro lo recomendó el procurador, quien había trabajado con él y pensó en un inicio también que podía manejarlo. Sí, Medina Mora asumía que iba a poder ser como el "Zar de Seguridad" y manejar a Genaro, pero se le olvidó un principio básico: "una vez que la gente toma el poder, no le gusta que lo manejen". Ellos dos se pelearon desde el segundo día. Y por eso me llamaron… "Vamos a arreglar esto", dijo Calderón. Y creo que fue Genaro quien dijo: "pues llama a Tello".

Según Tello, en esos tiempos había más bien "un problema de estructura, no 'tanto' de inteligencia [aunque en este último tema también se tenían limitaciones]. La estructura era un caos; se estaban peleando entre ellos. No había estrategia definida y la estructura era caótica; se estaban peleando todos contra todos… no confiaban entre ellos". Otro problema que resalta Tello tiene que ver con "la política como vocación y con la vocación política" en el tema de inteligencia. Para el experto en seguridad: "Lo más importante es que tengas doctrina, que formes cuadros; si no, no vas a 'ser'. Tienes que ser, es decir, asumirte como gente de inteligencia".

Para Tello, "ahí sí Genaro se llevaba a otros de calle. Por ejemplo, el problema de Guillermo Valdés es que no 'es' gente de inteligencia. Guillermo 'está, pero no es'. Y hay una diferencia entre 'ser y estar'… la posición de Eduardo [Medina Mora] y la de Memo [Guillermo Valdés] era circunstancial, la de Genaro era esencial. El problema es que a Genaro lo cambiaron de nivel… y se rompió la lógica. Pero de que era bueno, lo era, y además tenía doctrina y era gente de inteligencia". A manera de paréntesis, es importante destacar que Genaro García Luna no se define a sí mismo como policía, sino como gente de inteligencia. En una conversación con él nos platicó sobre su trayectoria profesional y nos dijo: "Yo no soy ni político ni policía, me eduqué como ingeniero y en los servicios de inteligencia".

No obstante, los logros parciales y capacidades de García Luna, su legado dejó bastante que desear y al final resultó, para algunos, un verdadero desastre. Samuel González se expresa así del exsecretario de Seguridad Pública: "García Luna fue clave porque hizo acciones verdaderamente estúpidas para tratar de obtener el control político. Lo que hizo con las policías municipales fue una estupidez. Calderón estaba tan desesperado que lo que intentó con García Luna fue controlar a las policías municipales. Como no podían controlar a las policías estatales, se fueron por las municipales. Fue en 2010 que se dieron cuenta de que su estrategia era suicida. Pero no lo lograron recular. Los gobernadores y los alcaldes que sí cedieron, responsabilizaron al gobierno federal. Al final, Genaro García Luna perdió su influencia sobre toda la estructura".

Muchos recuerdan el "caso de Tres Marías", cuando elementos de la Policía Federal intentaron privar de la vida a dos funcionarios de la Embajada de Estados Unidos en México y a un elemento de la Semar que viajaban en una camioneta en agosto de 2012; el personal de la SSP "disparó 152 ocasiones contra el vehículo y sus ocupantes desarmados" (Castillo y Morelos, 2012). Otros dos grandes escándalos que salpicaron a la agencia encabezada por García Luna fueron el montaje televisivo organizado por policías bajo su mando en el caso de la francesa Florence Cassez (Nájera, 2013) acusada de secuestro, y la balacera en el Aeropuerto Internacional de la Ciudad de México en un operativo de la ssp contra miembros de la pf involucrados en el tráfico de drogas (Gutiérrez, 2018).

Con una perspectiva muy crítica, Samuel González comenta: "En donde se metía García Luna, se daba un estallamiento. Cuando salía, la violencia bajaba. Cuando ya no se le permitía hacer nada, todo mejoraba. Genaro ya está pagando. El suyo no era un modelo económico, sino un modelo político. Quería estar cuarenta años en la policía. Pero no pudo. Cuando salió, quedó destruido. Yo gocé cuando se desapareció la ssp. Yo le dije a los priistas por qué la tenían que desaparecer. Y lo hicieron. Si la hubieran dejado, inmediatamente que hubieras puesto a alguien a dirigirla, esa persona habría estado conspirando para lograr tirar al jefe".

Carlos Marín tiene una opinión alterna; según él, hubo una embestida política contra García Luna: "Ellos señalaron dónde vivía y cuando se cambió de domicilio, lo volvieron a publicar. Realmente él trabajó. Yo no sé si daría el domicilio de un jefe de policía con mala fama. Era una persecución política, una invitación al linchamiento". También se comenta que al parecer, "el presidente y García Luna casi no tuvieron comunicación en el último año de la administración calderonista. Se enfrió mucho esa relación. Calderón no pide la renuncia de García Luna, pero está muy desilusionado con los resultados. La relación es al final muy tirante. Calderón vio que claramente había fracasado" (Guerrero).

Samuel González cierra así su crítica:

Calderón llevó a los policías a Los Pinos. Pero ése fue un error. El pri los sacó. En realidad, los policías mexicanos son bastante limitados; no entienden los problemas. Los fiscales no saben hacer política. La política es de otro nivel. El error de Calderón fue llevarlos a Los Pinos; García Luna le solucionaba muchos problemas pero también le causó muchos otros. Él destruyó lo que quedaba de la PGR… La mayor frustración de Genaro era no poder controlar los procesos de enjuiciamiento. Y lo peor era decirle que lo que estaba haciendo no era legal… Pero la verdad es que Genaro está quemado por el resto de su vida. Se le tiene mucho odio. Hay miles de muertos que se le atribuyen a él.

Como se aprecia en las entrevistas referidas en este capítulo, el elemento humano tuvo un papel crucial en toda la estrategia calderonista en materia de seguridad pública. Un primer elemento fue que se tenía a un líder que si bien era estudioso y preparado, tenía un defecto que en nada abonaba a la solución de un problema tan complejo: su personalidad. Como manifiesta la mayoría de los entrevistados, el presidente Calderón oía a su gabinete de seguridad, pero no los escuchaba. Él llegaba a sus conclusiones con base en sus propios ejercicios mentales y al diagnóstico con el cual ya contaba aun antes de ser presidente. Así, fue imposible diseñar una estrategia integral y eficaz para combatir el crimen organizado.

Un segundo elemento fueron las "grillas" dentro de su propio gabinete. Las rivalidades que surgieron en busca del protagonismo y las batallas por los presupuestos nacionales e internacionales contaminaron la estrategia. Asimismo, llevar las políticas de seguridad a un terreno mediático no hizo más que amplificar su fracaso. Varios de los entrevistados coincidieron en que las diferentes agencias de seguridad e inteligencia no se comunicaban ni se coordinaban entre sí. Cada una tenía su propia agenda y esto hacía que muchas veces se duplicaran las funciones. Los egos y los celos entre los encargados de llevar a cabo las políticas de seguridad pública en nada contribuyeron para lograr una política integral en la materia.

101

Finalmente, los favoritismos creados por el propio presidente provocaron que algunos de sus colaboradores tuvieran un exceso de protagonismo y él reflejaba esa simpatía no sólo con la confianza, sino mediante los presupuestos, lo que provocó que áreas como la de procuración de la justicia quedarán muy debilitadas. En el momento en que los "consentidos" del presidente no lograron cumplir con sus metas, el resto de la estrategia fue insalvable. La apuesta de Calderón en materia de seguridad pública no fue exitosa y en cierta medida provocó que el PRI regresara al poder.

# 3
## LAS FUERZAS ARMADAS

## Las fuerzas armadas y la seguridad en México

Sin duda, la parte más controversial de la estrategia de seguridad de Felipe Calderón fue el uso de las fuerzas armadas en tareas de seguridad pública y en el combate al crimen organizado como parte de lo que se llamó una "guerra contra las drogas".

Existen muchas explicaciones acerca de sus motivaciones y también análisis distintos sobre los resultados de la participación del Ejército y la Armada de México en este proceso. Algunos, como el abogado Samuel González, alegan que "el presidente llegó tan débil que tuvo que buscar legitimidad y por eso se refugió en los militares". Otros, que formaron parte de la implementación de la estrategia de Calderón, alegan que era realmente necesario, dado que no se contaba con las policías necesarias y no se tenía otra opción. Pero en lo que casi todos coinciden es en que el uso de las fuerzas armadas en tareas de seguridad pública ha traído consigo una serie de problemas graves no anticipados en toda su dimensión, que van desde la violación sistemática de derechos humanos hasta problemas de riesgo moral (*moral hazard*) que inhiben el reconocimiento de responsabilidad y actuar por parte de gobiernos estatales y locales. Asimismo, existe un consenso sobre la necesidad de establecer plazos para su participación. La estrategia de involucrar a las fuerzas armadas no se consideraba permanente, sino temporal.

El grueso de la población y los expertos en seguridad consideran que la opción militar sólo debe ser de corto plazo, mientras se desarrollan las policías que el país necesita. El fracaso en este sentido es contundente y el futuro no se vislumbra alentador. En este capítulo, los entrevistados explican cómo se justificó la puesta en marcha de esta estrategia de seguridad no convencional y describen el papel de las fuerzas armadas durante el sexenio de Felipe Calderón, así como las tensiones que generó su participación, incluyendo aquellas que se dieron entre la Sedena y la Semar.

## Justificar una estrategia de seguridad no convencional

En la guerra contra las drogas de Calderón —que es en realidad una estrategia de seguridad no convencional— los militares son una pieza clave. Para el analista experto en temas de crimen organizado Edgardo Buscaglia, "los militares son, por definición, grandiosos; son utilizados para resolver grandes problemas y ofrecer grandes soluciones. Pero al mismo tiempo, representan grandes gastos, grandes tensiones y grandes controversias". Los militares, para el referido analista, "se concibieron en ese entonces como un órgano de implementación de seguridad a nivel federal al no contarse con las policías (a todos los niveles) que se requerían en el país para hacer frente a la delincuencia organizada". Además, en un momento de incertidumbre política y considerables dudas relacionadas con el proceso electoral, "Calderón no tenía otra variable política" (Buscaglia).

Ante la falta de un marco jurídico, las críticas en relación con el uso de las fuerzas armadas en tareas de seguridad pública y lucha contra la delincuencia organizada no se hicieron esperar.

Sin embargo, tal y como apunta el profesor investigador Luis Astorga, "la tesis de jurisprudencia de la Suprema Corte da legitimidad a la decisión de Calderón de involucrar a las fuerzas armadas (igual que a la de Zedillo y Fox). No es común la participación del Ejército, pero no es inconstitucional".* Sobre esto, el académico experto en temas de narcotráfico añade:

> Hay que hacer una diferenciación entre la retórica belicista y la realidad. Hay gente que sigue diciendo que es inconstitucional la actuación del Ejército. Pero recordemos que quien define si algo es constitucional o no es la Suprema Corte. Si ésta define en sus tesis de jurisprudencia que la conformación de la Policía Federal requiere de las fuerzas armadas, entonces la participación de éstas en labores de seguridad pública es constitucional. Lo opuesto no tiene efecto legal. Se consideraba entonces que la Policía Federal iba a ser el eje articulador de la seguridad en el país.

Si posteriormente se dice que se necesita una ley para regular el papel de las fuerzas armadas en tareas de seguridad pública eso, según Astorga, "es porque la dictaminación de la Suprema Corte no es suficiente para satisfacer los deseos de la población". De acuerdo con el académico de la UNAM, un cambio sólo puede darse "si la Corte cambia su criterio o si los partidos políticos que tienen representación en el Congreso de la Unión cambian la constitución para reformar los artículos que le dan atribuciones al presidente sobre las fuerzas

---

* El profesor Astorga se refiere a la tesis de jurisprudencia P./J. 36/2000 de rubro: "EJÉRCITO, FUERZA AÉREA Y ARMADA. SI BIEN PUEDEN PARTICIPAR EN ACCIONES CIVILES EN FAVOR DE LA SEGURIDAD PÚBLICA, EN SITUACIONES EN QUE NO SE REQUIERA SUSPENDER LAS GARANTÍAS, ELLO DEBE OBEDECER A LA SOLICITUD DE LAS AUTORIDADES CIVILES A LAS QUE DEBERÁN ESTAR SUJETOS, CON ESTRICTO ACATAMIENTO A LA CONSTITUCIÓN Y A LAS LEYES". Dicho criterio jurisprudencial resultó de la resolución de la acción de inconstitucionalidad 1/96 por unanimidad de votos del 5 de marzo de 1996.

armadas. Y políticamente, esto es muy complicado" (Astorga). Es verdad que "ha sido traumatizante poner a los militares al frente de esta estrategia. Pero esto no es en sí grave. Sigue habiendo mucho abuso del lenguaje en el tema del uso de los militares" (Astorga).[*] Hay ciertamente una crítica sobre el uso de las fuerzas armadas en la lucha contra el crimen organizado, pero ésta no debería concentrarse en su constitucionalidad, como sucedió en algunas ocasiones.

Lo deseable es que los militares no estuvieran involucrados en este tipo de tareas; eso es lo políticamente correcto. Y en esto no parece haber gran desacuerdo. Pero ¿por qué se decide involucrarlos? Luis Astorga explica: "Las tesis de la Suprema Corte les dan atribuciones a los gobernadores para que soliciten [la participación] de las fuerzas armadas para operativos. Los gobernadores entonces así lo hicieron… la pidieron. Ninguno se opuso realmente a desplegar a los militares. Y la tesis de jurisprudencia explica cuál era el procedimiento: a petición de los gobernadores se necesitaba hacer esto y entonces se hizo". El único que tiene atribuciones para desplegar a las fuerzas armadas es el presidente de la República. Y ahí hay una responsabilidad política; pero también hay una corresponsabilidad por parte de los gobernadores.

Según la versión de Astorga, "todos lo pidieron". No es de extrañar que en la Conago se pronunciaran en un inicio por el uso de las fuerzas armadas. "El discurso de petición de los gobernadores ahí está. Esto es responsabilidad política de ellos y sus argumentos se siguen centrando en los homicidios, atribuciones del fuero común. Pero piden ayuda, y por lo tanto tienen una clara responsabilidad por el uso del Ejército en estos temas. Pero es que hasta hoy ningún gobernador mete las manos al fuego por su policía" (Astorga). Cabe destacar que en estos años se dio una clara subutilización de

---

[*] Véase Astorga (2015).

los recursos existentes para el fortalecimiento de las policías locales. "Los propios gobernadores y alcaldes no entienden sus obligaciones ni la manera en que se podía hacer uso de estos recursos. Al final, el problema se concentró en el gobierno federal. Pero no se tomó en consideración que las estructuras políticas ya habían cambiado" (Astorga).

Se dice que fue Lázaro Cárdenas Batel, exgobernador de Michoacán, el primero que pidió la intervención del Ejército en su estado para resolver el problema ocasionado por la fuerte presencia del crimen organizado y la penetración del mismo en las estructuras de gobierno locales. Pero Cárdenas Batel nos explica que, en realidad, fue la Conago la que hizo la petición y no sólo él. Además, aclara que "los operativos conjuntos como respuesta a la petición de la Conago empiezan con Fox. Se conciben como un mecanismo a disposición de los estados para operar sus estrategias de seguridad con autoridades estatales y federales. En una primera instancia se establecieron bases de operaciones mixtas, con la participación de ministerios públicos estatales, policías estatales, policías municipales y el Ejército" (Cárdenas Batel).

Eventualmente se observó una fuerte penetración en las agencias de seguridad locales y estatales (e incluso federales). Para Cárdenas Batel, "vender la idea de que la debilidad venía de las policías locales era una verdad a medias, pues todas las demás agencias (en mayor o menor medida) estaban penetradas también. No era muy distinto el panorama de las policías federales. Por otro lado, el tema del crimen organizado no era cuestión de las autoridades locales o los estados". Y así justifica la petición que hizo al presidente Calderón —en la misma lógica de la Conago— para reforzar la seguridad utilizando a las fuerzas armadas. El exgobernador explica también cómo el operativo policial y militar para combatir la delincuencia organizada del presidente Vicente Fox, denominado "México

107

Seguro", no fue muy distinto.[*] Y en relación con este tipo de operativos comenta lo siguiente:[**]

> La Policía Federal siempre estuvo, pero el grueso del despliegue fue del Ejército. Cuando han usado a los marinos es para operaciones específicas, de elite. No fue Calderón el primero que utilizó al Ejército (ni Fox). El que operaba en erradicación de cultivos ilícitos siempre fue el Ejército. Pero ¿qué ocurre con Calderón? Además de la Conago, yo sí le pedí apoyo. Se lo tuve que plantear pues es un tema que trasciende las fronteras del estado. Si trasciende las fronteras del país, entonces trasciende las del estado; es competencia federal. La federación debe llevar la voz cantante y definir la estrategia. Se lo planteamos. Yo se lo planteé y él fue receptivo y decidió actuar. Fox también escuchó y respondió con el Operativo México Seguro. Sirvió, al igual que la respuesta de Calderón, como un disuasivo.

La problemática nacional en relación con el crimen organizado parecía extenderse a muchas más regiones del país. El periodista del *Dallas Morning News* Alfredo Corchado, por ejemplo, menciona el caso de Nuevo Laredo, en 2005, cuando había una gran incertidumbre por la violencia que se gestaba en ese momento. Durante ese año se registraron enfrentamientos entre distintos grupos delincuenciales y el modelo de crimen organizado imperante en esa zona comenzó a cambiar; empiezan las extorsiones y el crimen tiene cada vez más acceso a las armas. En ese momento "el uso del Ejército se veía como una solución. Había tanto caos que cuando llega, la comunidad le dio una especie de bienvenida. Obviamente, y a la distancia,

---

[*] Sobre el Operativo México Seguro, véase Presidencia de la República (2005).
[**] Una cronología de operativos de seguridad federales durante el periodo de Calderón se encuentra en el Apéndice 9 de este texto.

puede afirmarse que ésta no fue la solución, pero en un inicio se vio como tal. El Ejército se veía entonces como la última esperanza. Existía ya el sentir de que se avecinaba una guerra" (Corchado).

Corchado menciona también una entrevista que hizo en 2005 al exgobernador de Nuevo León, Natividad González Parás, en la que expresó sus preocupaciones acerca de:

cómo su estado caía en control de los cárteles y el gobierno federal no estaba haciendo nada al respecto. Supuestamente, al único que le parecía importante era al entonces embajador de Estados Unidos, Tony Garza, quien también se encontraba muy preocupado, pues recibió muchas llamadas de sus amigos en Brownsville informando sobre la situación. Y no eran solamente los cárteles, sino que el crimen organizado, en general, se encontraba cada vez más extendido. Había gente al otro lado que venía observando este cambio y algunos temían que la violencia cruzara la frontera. Esto empieza a cambiar las percepciones de la gente; no sólo se hablaba de traficantes de droga, sino de actores mucho más violentos y fuertemente armados" (Corchado).

El exembajador Tony Garza justifica el uso de las fuerzas armadas en la estrategia de seguridad mexicana de la siguiente forma:

No obstante el hecho de que surgen fuertes críticas con respecto al uso del Ejército, si miramos a las instituciones que el gobierno mexicano tenía a su disposición en ese tiempo, nos damos cuenta de que presentaban grandes limitaciones. Incluso en algunos estados o ciudades carecían de lo más básico y hubiera pasado un muy largo tiempo para que se construyeran las instituciones necesarias. No es que Calderón tuviera muchas herramientas a su disposición; por ello, escogió a los militares. [...] El expresidente fue criticado injustamente. En primer lugar, no tenía los recursos para hacer frente al problema.

109

En segundo lugar, a través de su estrategia empezó a formar un buen equipo de trabajo. Calderón, en mi opinión, ideó la estrategia apropiada y prueba de ello es que ahora mismo se está tomando a la misma como referencia y se construyen otras acciones a partir de ésta.

Alejandro Hope, experto en temas de seguridad, coincidió sobre la inevitabilidad de haber utilizado al Ejército y comentó: "En ese entonces había un problema de fondo: tenías que utilizar a las fuerzas armadas porque no había de otra. Y no había de otra porque tenías una Policía Federal que no te alcanzaba. Era además un problema de seguridad nacional porque había captura del Estado". Hope da como ejemplo a un empresario que le dice al gobernador de su estado: "Me están extorsionando". Y entonces el gobernador le contesta: "Págueles, yo no puedo hacer nada". "El problema ciertamente rebasaba el *law enforcement* [aparato de seguridad] tradicional."

Vale la pena discutir la reacción de las fuerzas armadas ante la decisión del presidente de la República de involucrarlos en labores de seguridad pública. De acuerdo con algunos, la noticia no causó júbilo y este nuevo tipo de participación provocó enojo y tensión en el seno de las fuerzas armadas. Según el exgobernador Lázaro Cárdenas Batel: "Si al Ejército le das la opción entre estar en esto y no estar, preferirían mejor no estar… por las bajas que les representa esto, por los costos que tienen que pagar en imagen por violación a derechos humanos, etcétera". Otros discrepan de esta opinión. Por ejemplo, el extitular del Cisen, Guillermo Valdés, comenta: "Aunque los miembros del Ejército decían que no querían estar… estaban realmente fascinados. Presupuestalmente crecieron muchísimo. Y algo muy importante es que los sueldos de los miembros del Ejército crecieron de forma considerable".[*]

_____

[*] Sobre los incrementos en los sueldos del Ejército y la Fuerza Aérea, véase Apéndice 8.

El exgobernador Jorge Carrillo Olea apoya esta última visión y dice: "Por ejemplo, alguien del Ejército que ganaba 25,000 pesos al mes, hoy gana 90,000 pesos. Fue una medida inteligente del lado político. Pero es una medida ciertamente ingenua". Efectivamente, se calculó así pues se reconoció que las condiciones salariales anteriores habían sido una fuente importante de las deserciones que se dieron durante el sexenio de Vicente Fox.[*] Sigrid Arzt, secretaria técnica del Consejo de Seguridad Nacional 2006-2009, cuenta una anécdota interesante y pertinente, en la cual menciona una conversación que tuvo con unos soldados a quienes les dieron aventón ella y un colega hacia la Ciudad de México. Arzt lo narra así: "A manera súper anecdótica... y antes de que me involucraran en esto... Nos piden unos soldados aventón a la Ciudad de México. Los sopeamos y uno de ellos nos dice: 'Yo ya me voy en seis meses porque a mí no me han dado botas, mi salario es de risa, y tengo que llenar una papeliza para ver si me dan vivienda. Yo ya me voy'. Lo dijo tres años antes de que yo empezara a trabajar con Calderón". Esta anécdota ilustra las condiciones que se vivían en el Ejército mexicano previo a la militarización más generalizada de la delincuencia organizada y, por consiguiente, demuestra los motivos que tuvieron muchos de los miembros de las fuerzas armadas para desertar y dedicarse a otras actividades más rentables, tales como el narcotráfico o el cobro de derecho de piso.

## Calderón y los militares

Lázaro Cárdenas Batel le reconoce a Calderón que haya sido receptivo a las peticiones de los gobernadores y reconoce sus esfuerzos

---

[*] Véase el Apéndice 3 para las cifras recientes de desertores.

para combatir la delincuencia. También piensa que trató de adaptarse y que se hicieron cambios importantes: "En 2008 pasaron la reforma judicial y se intentaron hacer cambios institucionales de verdad. Calderón, en mi opinión, sí intentó trabajar en más carriles, pero no es fácil. Además, no se separó totalmente la tarea profesional de los criterios políticos… ése es otro problema".

Pero Cárdenas Batel menciona otro aspecto clave: "Un problema de comunicación o más bien de imagen". El exgobernador explica que "la participación del Ejército en el combate a la delincuencia organizada no empezó con Calderón, tenía ya décadas. Calderón no hizo más que continuar… generalizar su uso. Sin embargo, no tenía más herramientas y además tenía la urgencia de arreglar el problema. Si yo se lo fui a plantear no es sólo que a mí se me ocurrió, sino que yo al mismo tiempo tenía una exigencia social".

Cárdenas Batel cuenta de grupos en su estado:

> que empezaron por criticar la estrategia de seguridad pero que cambiaron de opinión dadas las condiciones de extrema violencia que vivían. Incluso organizaciones de izquierda en zonas indígenas reclamaban con toda razón una intervención. Y cuando les decíamos que íbamos a mandar a la Policía Federal nos decían: 'No, manden al Ejército'. Todos estábamos de acuerdo en que el uso del Ejército no era lo ideal, pero en términos de proclividad a la corrupción el menos propenso de todos parecía ser el Ejército; por lo menos ésa era la percepción de la gente. A lo mejor, si había corrupción, ésta era de otra forma, de otro nivel. Según tenía entendido, no había retenes del Ejército que pedían dinero (o que extorsionaran) de manera sistemática.

Pero al final, la estrategia de seguridad del presidente Calderón no resultó ser ni sustentable ni integral; más bien pareciera haber sido una estrategia fallida. Y explica Cárdenas Batel:

Todo el plan se quedó a medias y es preciso reconocer que Calderón cometió un gran error. Éste fue más bien un problema de comunicación, o mejor dicho, de sobreidentificarse él mismo con las fuerzas armadas, con el Ejército en particular. La izquierda, la prensa, la opinión pública, todos… le señalaron a Calderón de inmediato el tema del Ejército, y el tono fue muy crítico. Pero él se prestó a ello; es más… ¡se vistió de soldado! Recordemos que, en diciembre de 2006, Calderón decidió pasar su primer acto de gobierno en Apatzingán… centro del problema entonces… en la zona militar… yo fui con él… y se vistió de militar.

Cárdenas Batel recuerda la "escena del traje", la cual desató una fuerte crítica por parte de los medios de comunicación y la opinión pública en México, no sólo en lo que se refiere a la sustancia, es decir, al uso generalizado del Ejército en una estrategia de seguridad no convencional, sino también a "lo chusco y lo simbólico". En este último sentido, se comentó que a Calderón "le quedaba grande el traje" (Anónimo). Esta última frase iba más allá de "un traje grande para una persona de corta estatura", sino que se llegó a decir, que "la encomienda le quedó grande a una persona de cortas capacidades" (Anónimo). No obstante el escándalo mediático que este acontecimiento causó, Calderón insistió y para el desfile militar del 16 de septiembre de 2007 decidió vestir a sus hijos con uniforme castrense, lo cual desató una gran crítica por parte de la opinión pública en general (Aranda y Herrera, 2007).

Así, de manera deliberada, el presidente Calderón se sobreidentificó con el tema militar, por lo que prevalece la idea de que él fue quien introdujo al Ejército en el combate contra la delincuencia organizada. Lo anterior, como explica Cárdenas Batel, no es real, pero de cualquier manera le valió a Calderón severas críticas y "una verdadera caricaturización". Es importante considerar,

113

sin embargo, como dice el exgobernador de Michoacán, que "lo que nunca había pasado es que un presidente civil se vistiera de militar; ni los presidentes militares encabezaron actos públicos vestidos de militares". Pone como ejemplo a su abuelo, Lázaro Cárdenas del Río, y al general Manuel Ávila Camacho, y dice: "No hay fotos de Ávila Camacho vestido de militar, aunque lo era" (Cárdenas Batel).

## La marina y el Ejército: rivalidades y relación con Estados Unidos

Muchos de los entrevistados para el presente texto profundizaron, como parte de su explicación sobre el papel de las fuerzas armadas, en la misión diferenciada del Ejército y la Marina Armada de México durante la "guerra de Calderón". De acuerdo con el profesor estadunidense Bruce Bagley:

> El Ejército es una burocracia compleja y, en cierta manera, anquilosada. Por su parte, la Armada de México opera a mayores distancias y se mueve con mucha más velocidad… hablamos de dos culturas organizacionales distintas. La Semar es más abierta a cooperar con Estados Unidos y la Sedena es más nacionalista. La Semar aprende con mayor rapidez, es una agencia mucho más abierta y opera con mayor efectividad; sus miembros están mejor conectados. Por el otro lado, el Ejército parece no aprender tan rápido, sus miembros son más cerrados y no se comunican con mucha efectividad dadas las jerarquías.

Sigrid Arzt coincide y reconoce que "el nacionalismo está mucho más arraigado en la Sedena, mientras que la Semar es mucho más *open-minded* (abierta). Y existen otras diferencias institucionales. Arzt, por ejemplo, habla de la capacidad de despliegue de la Semar, que "es una fuerza relativamente pequeña (los despliegues no son de más de 3,000 gentes). Al ser una fuerza de menor tamaño, resulta más fácil de organizar. Por su parte, la Sedena cuenta con muchos más elementos y la cuestión organizacional es mucho más compleja". En efecto, durante el periodo de Calderón se extendieron los despliegues de la Marina. Pero en realidad, tal y como apunta Guillermo Valdés, extitular del Cisen, "los despliegues se determinaron según consideraciones del personal ya existente, asignación por zonas o por distribución geográfica según distintos criterios, pero a la vez atendiendo a la receptividad de la agencia y a su disposición".

Dichos despliegues modificaron la composición y las zonas de acción de las fuerzas armadas mexicanas durante la administración de Calderón. En ese tiempo, los resentimientos y las diferencias entre la Sedena y la Semar se agudizaron y se hizo clara la rivalidad entre las dos instituciones. Hasta entonces se había registrado una preeminencia histórica de la Sedena (en términos de presupuesto, número de efectivos, etcétera). Los militares habían dominado claramente sobre los marinos y el historial era irregular.

Definitivamente había cierto grado de corrupción entre las fuerzas armadas, pero, como reconoce el profesor investigador Carlos Flores, "comparativamente, la Semar había tenido un historial de corrupción mucho menor. Al mismo tiempo, había un reconocimiento de que la Semar manejaba la información de mejor manera". La Marina comienza a ganar espacios y el Ejército opera con mucha más cautela. De acuerdo con Flores, "las resistencias a participar en este tipo de operaciones no convencionales por parte de la Sedena se dan por la posibilidad de que sus miembros pudieran incurrir en violaciones graves a derechos humanos (como se ha llegado a dar). Esto es lógico y cada 2 de octubre se les recuerda".

El profesor Raúl Benítez Manaut, experto en el tema de las fuerzas armadas de México, explica la resistencia del Ejército mexicano como "una cuestión de doctrina". Además, reconoce que "los militares mexicanos tienen exagerada desconfianza hacia Estados Unidos, pues la experiencia les ha mostrado que los del país vecino hacen las cosas sólo en función de sus intereses. Y esto no ha resultado en beneficios para México. Los militares de mayor rango y de mayor edad han vivido esa experiencia y por lo tanto se resisten a cooperar a ciegas con Estados Unidos".

En algunos momentos, pareció, según Benítez Manaut, que "Calderón se consideró traicionado porque no cumplían sus órdenes". Sin embargo, dice:

> No perdió el control, pues simplemente nunca lo tuvo. Calderón no logró cambiar la mentalidad del Ejército. No le hacían caso sus miembros, principalmente los más viejos. Ellos no operaron al pie de la letra los acuerdos de la Iniciativa Mérida. Y eso no iba a cambiar inmediatamente. Todos los generales de mayor rango estudiaron en la época dorada del PRI, cuando la doctrina era antiestadunidense. El tema es que esos generales, que eran coroneles entonces, son antigringos… tienen cincuenta años siendo antigringos. No cambian. Y el presidente, entonces, no les iba a cambiar la mentalidad.

El Ejército mexicano no veía a Estados Unidos como un aliado natural y lo reflejaban claramente en sus relaciones con las agencias del país vecino. Por su parte, la actitud de la Marina Armada estaba mucho más alineada a los intereses estadunidenses. Al periodista Alfredo Corchado le dijeron, por ejemplo, "que cuando fue capturado Miguel Ángel Treviño Morales, el Z-40 (uno de los principales líderes de los Zetas), los marinos se comunicaron antes con sus contrapartes estadunidenses que con la Segob". La periodista Tracy Wilkinson, de *Los Angeles Times*, nos comentó sobre los resentimientos que generó la relación de Estados Unidos con el Ejército y con la Marina. De acuerdo con ella, a su país "le gustaba trabajar más con la Marina. Los miembros de la Armada eran más cercanos a las agencias estadunidenses, quienes se podían sentar en un cuarto con ellos a tomar decisiones, decidir detalles de operativos específicos, la dirección de los drones, etcétera".

El consultor y analista Eduardo Guerrero señala también que el presidente Calderón le tenía mucha confianza a la Marina porque "era como entrona y donde a veces la Sedena tenía dudas, la Marina llegaba y decía: 'Señor presidente, nosotros sí le podemos entrar, sí lo podemos hacer'… Entonces entraban, mataban y el presidente quedaba muy impresionado y agradecido. Como que a las misiones más delicadas, más difíciles, más importantes mandaban a la Marina, por lo menos en la segunda parte del sexenio". Por su parte, el exdirector del Cisen, Guillermo Valdés, nos contó que durante este periodo se observó una:

> relación muy complicada entre el Ejército mexicano y la DEA, la cual se fue desgastando conforme avanzó el sexenio… al final, algunos incidentes hicieron que el Ejército se "encabronara" y dijera: "con la DEA ya no". Pero la Marina dijo que sí… luego al Ejército le dieron celos pues grandes éxitos subsecuentes le fueron reconocidos a la Marina [pero esto] fue una decisión libre de los soldados… fue una cuestión circunstancial.

Al considerar las diferencias entre la Sedena y la Semar, así como sus relaciones con el presidente de México en ese entonces y con Estados Unidos, se pudo apreciar rápidamente una clara rivalidad entre las dos agencias. De acuerdo con el exgobernador de Morelos y fundador del Cisen, Jorge Carrillo Olea, "esto tiene una raíz cultural universal. Los Estados Unidos resuelven este tipo de rivalidades en un partido de futbol. En México las rivalidades eran históricas, pero se vivían con cordialidad. Había una hermandad rival, difícil de explicar; era quizás una rivalidad fraterna. Pero, en tiempos de Calderón se convirtió en una rivalidad absoluta, tal vez por torpeza o por una actitud de divide y vencerás". Así, comienzan las tensiones por lo que respecta a los despliegues. "Para la Marina su función original era resguardar los litorales, pero extendieron su presencia mucho más allá de eso" (Arzt).

## Un balance de la experiencia con las fuerzas armadas

Los resultados de la inclusión de las fuerzas armadas en tareas de seguridad pública y en las operaciones contra el crimen organizado no han sido los esperados. Más bien, se puede decir que el balance ha sido negativo.

La Operación Conjunta Michoacán, como bien apunta el exgobernador Lázaro Cárdenas Batel, "parece que sirvió únicamente como un disuasivo y en realidad no resolvió la problemática estructural de seguridad en el Estado". Éste fue el primer operativo de este tipo y de ese tamaño durante la administración de Felipe Calderón.[*] Inicialmente, la operación fue considerada exitosa y de inmediato siguieron los demás operativos.[**]

Pero según reconoce Cárdenas Batel:

[...] antes de poder evaluar si la estrategia fue buena o no, se decidió replicar el mismo modelo en otras partes del país. Es indiscutible

---

[*] Sobre la Operación Conjunta Michoacán, véase Presidencia de la República (2006).
[**] Para mayor información sobre los operativos de seguridad federales durante el sexenio de Felipe Calderón, véase el Apéndice 9.

que el caso de Michoacán fue el primero y parecía exitoso, pero los otros operativos conjuntos se dieron bastante rápido… con Michoacán todavía andando. Es preciso destacar que no existían elementos suficientes para determinar si el resultado final había sido bueno o malo. No era posible evaluar la efectividad de la estrategia más allá del efecto de disuasión… no hubo tiempo de prever lo que pasaría después de que se fueran los soldados. La estrategia fue más bien de carácter disuasivo y al parecer sí funcionó de manera inmediata, pero el tiempo te deja ver claro que no fue suficiente.

Según Guillermo Valdés, "el respaldo de la población hacia los operativos fue bastante positivo en un inicio", y él ubica los principales obstáculos para una estrategia exitosa en el "círculo rojo y la estrategia de comunicación del gobierno". Sin embargo, en realidad, el fracaso del proyecto de seguridad calderonista fue inminente y los problemas resultaron ser estructurales.

Ante los resultados muy negativos observados en los últimos dos sexenios, hoy en día hay muchos críticos de la militarización de la estrategia de seguridad que abogan por su terminación. El académico estadunidense experto en temas de México, John Bailey, cuestiona el proceso de militarización que se observó durante el periodo de Calderón, pues dice: "Politizó al Ejército y militarizó la política, y ninguno de estos dos procesos fue bueno". Bailey considera la falta de controles civiles sobre el uso de las fuerzas armadas en labores de seguridad pública como un error. También critica la falta de colaboración entre la Marina y la Sedena, así como la naturaleza misma de los operativos conjuntos en relación con sus niveles de efectividad. Para él, "dichos operativos no trabajan bien, pues debe esperarse la línea de mando desde la Ciudad de México, lo cual retrasa la respuesta efectiva por parte de las agencias federales". Estamos hablando, en su opinión, "de grandes burocracias que no pueden responder rápidamente". Para él, la respuesta estaría en el desarrollo de las agencias de seguridad a nivel local.

Para muchos críticos, el problema del uso de las fuerzas armadas radica particularmente en la violación sistemática a los derechos humanos. Al respecto, la periodista Tracy Wilkinson destaca "las desapariciones extrajudiciales, cuyo número no podemos confirmar aún" y se pregunta: "¿Cuánto de esto conocía Calderón? Quizá nunca lo sabremos". Quienes están bien enterados sobre el tema reconocen que las formas de operación de las fuerzas armadas son diferentes. Como afirma un general retirado: "Los militares están entrenados para reaccionar de inmediato. No los debes mandar a enfrentarse con la sociedad. Van a reaccionar". Y cuenta que le dijo una vez al presidente: "A la delincuencia organizada no se le debe combatir en la fuerza, sino en su punto de gravedad".

El general en retiro da como ejemplo el caso de Vietnam: "La guerra de Vietnam no la perdió Estados Unidos en los arrozales, sino más bien en las ciudades". Agrega que "es mejor invertir en inteligencia y en operaciones más dirigidas", pero no recomienda enfrentar a todos los grupos con fuerza por igual. Y menciona la película *Contra el enemigo* (*The Siege*, 1998) que presenta "una historia de ficción cuando el FBI, al querer inicialmente combatir a un grupo terrorista con inteligencia y medios legales, sufre un gran fracaso". En la película y por el miedo de un posible ataque terrorista, "ciudadanos estadunidenses en Nueva York piden se declare Estado de excepción para que entre el Ejército, el cual llega a acabar con todo a sangre y fuego (torturan, violan derechos humanos, encarcelan injustamente) y finalmente hacen que la operación fracase brutalmente". El FBI había ya recopilado toda la inteligencia sobre la célula terrorista, pero "las fuerzas armadas entran y lo echan todo a perder".

Ésta es una caracterización muy ilustrativa que nos puede ayudar a entender los errores cometidos en México al introducir a las fuerzas armadas en la lucha contra el crimen organizado mediante el despliegue de la Marina y la Sedena a lo largo del territorio nacional. Incluso para miembros de dichas instituciones, "fue improvisado, o más bien arbitrario". En opinión de otra fuente: "El papel de la Sedena no fue ortodoxo y menos el de la Marina. Con el argumento de que la policía estaba rebasada, se involucra a la Sedena y también a la Semar en labores de seguridad pública (esta última para reforzar las acciones del Ejército, que también parecían insuficientes dadas las condiciones que según encontró Calderón al llegar a la presidencia" (Anónimo). Se dice que "sí se necesitaba gente para resolver el problemón", pero que no se hizo buen uso de la gente ni se crearon a la par las capacidades de inteligencia ni las policías que el país necesitaba para hacer frente a los retos de seguridad en el largo plazo (Anónimo).

Al principio, "se llegó a pensar que el uso de las fuerzas armadas sería la solución, pero obviamente esto no fue así" (Corchado). El periodista Alfredo Corchado reconoce los grandes riesgos de involucrar al Ejército en tareas de seguridad pública:

> Los militares disparan, detienen en ocasiones a la gente equivocada, violan a mujeres, torturan, se meten a las casas y roban bienes y comida. Es muy riesgoso y complicado involucrar a las fuerzas armadas en estas tareas. Además, estamos hablando de enfrentamientos entre el Ejército y criminales militarizados como los Zetas. Mucha de la dinámica cambió con los Zetas; con ellos, el ambiente para la participación de las fuerzas armadas cambió fundamentalmente. Había un campo fértil para la violación masiva de derechos humanos. Las cosas se tornaron muy complicadas.

Jorge Tello, asesor en materia de seguridad pública del presidente Calderón, coincide con esta visión y es muy crítico de los espacios que deja la participación de las fuerzas armadas para la violación de derechos.

Para Tello, lo que pasó en México fue "peor que la dinámica que se observaba en la época del medievo cuando los siervos se metían y se protegían dentro de la fortaleza del señor feudal, quien enviaba a sus ejércitos a luchar contra el enemigo fuera de ella". Bajo esta lógica se protegía a la gente mientras se enfrentaban los ejércitos. Esto no pasó en México con Calderón. Dice Tello: "Los soldados se iban contra la delincuencia, pero sin proteger a la gente. Hay que recordar que el Ejército es un instrumento de guerra, un instrumento para matar y destruir. Entonces, ¿por qué no se crearon puntos de protección para la sociedad?".

De acuerdo con esta visión, lo que se debía hacer en realidad con las fuerzas armadas era proteger y reforzar a la policía, pero no debían ocupar un lugar central. Tello da como ejemplo de una historia de éxito la creación de la "Fuerza Civil" en el estado de Nuevo León. En su opinión, debe operarse bajo la siguiente lógica en la actuación de las fuerzas armadas: "Ábreme el espacio… protégeme para que yo pueda hacer policía. Necesitamos desarrollar policía porque el Ejército y la Marina se deben ir eventualmente". Tello, como otros, también critica la homogeneidad en lo que se refiere a los operativos. La mayor parte de los mismos resultó seguir la misma lógica de operación, aun cuando las necesidades de seguridad en cada región eran diferentes. "Situaciones distintas requieren de acciones diferenciadas, pero el Ejército hacía lo mismo en las diversas zonas de México donde se llevaron a cabo los despliegues" (Valdés).

Para algunos, particularmente exfuncionarios públicos, no todo lo que se decidió en esos tiempos fue fundamentalmente erróneo. En realidad, "hay cosas que sí funcionaron y otras que no dieron los resultados esperados. Se registraron aciertos por parte de las fuerzas armadas y la Policía Federal. Pero era claro que algunos de los operativos complejos ya estaban rebasados por una realidad más compleja que iba más allá del narco" (Valdés). Cuando se tiene un estado azotado por la violencia y penetrado en sus principales espacios por la delincuencia organizada, "la presencia del Ejército no te resuelve el problema. Sin embargo, no puedes no tenerla", comenta Guillermo Valdés. El exdirector del Cisen pone como ejemplo aquellas ocasiones en las cuales "los Zetas llegaban a cabeceras de municipios rurales de Nuevo León en 2011; llegaban camionetas con unos cincuenta tipos a echar balazos… los policías municipales se escondían debajo del escritorio… Frente a ese avance, no puedes no reaccionar imponiendo una fuerza física".

Otra problemática importante en el contexto de la militarización de la estrategia de seguridad en México radica en el paramilitarismo. Y "podemos hablar del término paramilitar en el sentido amplio: grupos protegidos por las fuerzas armadas realizando el trabajo sucio que les encarga el gobierno de algún estado o algún otro actor oficial" (Astorga). El paramilitarismo se derivó también de un intento para que las fuerzas armadas no pagaran por la totalidad del costo en materia de violación a derechos humanos en las estrategias directas de combate a la delincuencia organizada.

Sobre este tema, el profesor Luis Astorga comenta: "El hecho de que los civiles se armen es considerado bueno; pero hay quienes pudieran estar apoyados por el Estado o inclusive por otros grupos de la delincuencia organizada. Ciertamente, hay civiles que se arman, pero algunos forman parte de una estructura criminal dedicada a delitos consignados en la Ley Federal contra la Delincuencia Organizada. Éste es el esquema mafioso paramilitar" (Astorga). Dicho esquema se ha utilizado para extraer rentas de manera permanente y es producto, en parte, de la militarización de la estrategia de seguridad en México.

Otro problema de la estrategia calderonista para luchar contra la delincuencia organizada tiene que ver con el llamado "riesgo moral" (*moral hazard*), bajo el cual las fuerzas federales (incluyendo a las fuerzas armadas) se convierten en policía de última instancia. Esto representa serias limitaciones para el desarrollo de las capacidades de las agencias de seguridad a nivel local y para la creación de las policías que el país requiere a todos los niveles. A este respecto, comenta lo siguiente Eric Olson: "Pienso en la situación durante la segunda mitad de la década de los años noventa, en la administración de Ernesto Zedillo, cuando las fuerzas armadas se empezaron a utilizar para reforzar a las policías de los estados (como, por ejemplo, en Chihuahua). Siempre pensé que esto era inminente y necesario dado que no existían policías funcionales a nivel local ni estatal, pero pensé también que ésta sería una estrategia de corto plazo". Éste es el mismo argumento que escuchamos ahora, veinte años después, "pero desafortunadamente no estamos cerca de contar con una policía funcional en el corto plazo" (Olson).

En estos últimos años, no se ha tenido la voluntad política para transitar en este proceso. Algunos dicen que Genaro García Luna tenía la visión y parecía estar trabajando en ello. Ésa parecía ser la intención en un punto, pero el ejercicio fracasó al final, quizá porque no hubo continuidad al proyecto durante la administración de Peña Nieto. Han pasado casi tres décadas desde los primeros esfuerzos para fortalecer a las policías mediante la utilización del Ejército, pero estamos aún muy lejos de conseguir el objetivo. Al respecto, comenta Eric Olson:

Entiendo que en ocasiones el uso del Ejército en tareas de seguridad pública pudiera ser útil o necesario; pero ello sólo debería aplicarse en el corto plazo. Además, debería contarse con un marco legal específico y una justificación bien fundamentada. De hecho, el mismo

Ejército llegó a sentirse incómodo por la falta de un marco legal para su actuación, y ha expresado esta preocupación frecuentemente.

La posterior discusión sobre una Ley de Seguridad Interior (declarada inválida)* y el esquema de la Guardia Nacional** retoman el tema y parecieran brindar soluciones parciales y no del todo apropiadas a un problema por demás complejo.

Durante la administración de Felipe Calderón, por lo menos en el discurso, se habló del carácter temporal de la participación de las fuerzas armadas en labores de seguridad pública al tiempo que se generaban las policías que necesitaba el país. Genaro García Luna y Eduardo Medina Mora empezaron bien, pero después se violentaron en la lógica del peso burocrático. Las rivalidades no se hicieron esperar y dicha dinámica alcanzó a las fuerzas armadas. Las relaciones entre la Policía Federal, la PGR, la Sedena y la Semar no fueron las óptimas, y esto representó un gran obstáculo para avanzar exitosamente en la estrategia. Ninguna institución es monolítica y algunos generales colaboraron efectivamente con la policía. Hay una puerta revolvente entre los militares y la seguridad civil; algunos apoyaron a la Policía Federal, pero otros resintieron profundamente a su dirigencia (en particular a García Luna).

Andrew Selee, fundador del Instituto México del Centro Woodrow Wilson, reconoce la autonomía de los militares. De acuerdo con su visión, "el Ejército mexicano es atípico… no está diseñado para el exterior… está diseñado para el interior. Dentro de las fuerzas armadas de México hay una lógica de seguridad interior".

* Véase: Cámara de Diputados del H. Congreso de la Unión. 2017. "Ley de Seguridad Interior". Dicha ley fue aprobada en 2017, pero fue declarada inválida el 15 de noviembre de 2018.
** Véase Nájar (2019).

Y hace una pregunta abierta: "¿Qué tanto control tenía el presidente sobre los militares?". Para él, "los militares tenían mucha autonomía y continúan teniendo esa autonomía, lo cual, para entender el papel de las fuerzas armadas en ese entonces y ahora mismo, resulta fundamental".

Mucha gente piensa que el Ejército nunca debió haber participado en tareas de seguridad pública ni en el combate frontal al crimen organizado. Algunos no lo consideran adecuado. Pero para Lázaro Cárdenas Batel, "aunque no era lo ideal, era lo necesario". Según su visión, "el uso del Ejército no debió haber sido el eje rector... la parte de la fuerza debe ser sólo una parte de la estrategia, mas no el grueso. Era preciso recuperar el territorio, pero persiste la duda de qué tanto lo recuperamos. En Apatzingán, Michoacán, por ejemplo, hay una sede militar, y esto no ha limitado la violencia".

Al parecer, el problema no radica meramente en el uso del Ejército.

> Parece ser que el problema es mucho más profundo y va mucho más allá de la capacidad del Ejército para poder resolverlo; no está en sus manos. ¿Cómo resuelve la penetración? No está en sus manos. ¿Cómo resuelve la extorsión? No está en sus manos. ¿El lavado de dinero? Aunque pueda acceder a la inteligencia necesaria, esto puede ayudar, pero no está en sus manos. Y esto va más allá de las implicaciones de que el Ejército participe en tareas para las cuales no está capacitado (Cárdenas Batel).

Se puede utilizar efectivamente al Ejército para "ocupar físicamente un territorio; derrotar a un capo específico operando para determinado grupo; erradicar cultivos (aunque cuestionable), o 'despistolizar'... para eso sí se puede, pero para mucho más que eso no" (Cárdenas Batel). La estrategia se quedó corta y el papel de los militares dejó mucho que desear. Y más que eso, la militarización de la estrategia de seguridad por sí misma dio como resultado miles de homicidios y muchísima destrucción. Irónicamente, hoy por hoy, no es posible prescindir de esta dinámica, aunque se quiera.

Entre los entrevistados la falta de consenso respecto de diversos temas es evidente. Como era de suponerse, todos interpretan la situación vivida según su posición ante los hechos. Unos dicen que el primer presidente que usó a las fuerzas armadas para labores de seguridad pública fue Calderón, otros que Fox y otros, los menos, que fue Zedillo. Otro tema en el que no hay consenso es el relativo al marco jurídico que justificaba la actuación del Ejército y la Marina en las tareas de seguridad pública. Aquí destaca la opinión del profesor Astorga, quien explica que la tesis de jurisprudencia de la Suprema Corte legitimaba a las fuerzas armadas siempre y cuando su actuar quedara bajo las órdenes de una autoridad civil. Para otros, como el periodista Olson, la necesidad de un marco jurídico era imperante. Las mismas fuerzas armadas lo exigían.

Esto lleva a un tercer tema, en el que tampoco hay acuerdo, y tiene que ver con la actitud de las fuerzas armadas hacia esta nueva tarea. Unos dicen, como Cárdenas Batel, que los militares no estaban conformes con estas nuevas tareas, dado el número de bajas que estaban sufriendo. Además, la estrategia de comunicación social del gobierno calderonista no fue eficaz ante la opinión pública. Por su parte, Guillermo Valdés es enfático en afirmar que los militares y los marinos estaban fascinados por el acceso que estaban teniendo a grandes presupuestos y el mejoramiento en sus condiciones laborales. Finalmente, hay un fuerte debate acerca del control que tenía Calderón del Ejército y de la Marina, así como las disputas que se presentaron entre estas dos agencias.

No obstante la falta de consenso en temas relevantes, en lo que sí lo hay, pues fue mencionado por todos los entrevistados, es en señalar la falta de diagnóstico, la premura en la implementación y la falta de evaluación de esta estrategia no convencional. Estas fallas provocaron grandes problemas que claramente no fueron anticipados ni dimensionados, entre los que destacan la violación flagrante a los derechos humanos y la falta de protección a la ciudadanía. Ello, en nuestros días, pudo haber sido la gran lección aprendida de estas políticas de seguridad implementadas desde hace tres décadas. Sin embargo, el panorama no es alentador. A pesar de tener un nuevo partido en el poder la estrategia tiene el mismo enfoque que tanto criticaron y por tanto, muy probablemente traerá las mismas consecuencias, es decir, volveremos a ser víctimas de los mismos errores que se vienen cometiendo desde hace treinta años.

# 4
## UNA GUERRA IMPROVISADA

**La improvisación como parte integral en el quehacer
de la política pública**

E l quehacer en la política pública es siempre complejo, cualquiera que sea el tema sustantivo. En la construcción de esa política se cruzan no sólo la esencia de un interés público de por sí controvertible, sino que también hay objetivos encontrados, personalidades incompatibles, puntos de vista divergentes, sesgos ideológicos, conflictos, falta de información o cifras, opiniones públicas tropezadas, eventos no previstos y consecuencias no esperadas. Además, los tomadores de decisión, desde el presidente hasta los miembros del gabinete y hasta los consejeros y funcionarios, no son omniscientes ni omnipresentes. Sus habilidades cognitivas, emocionales, analíticas, y sintéticas varían considerablemente. En este sentido, se atribuye a Otto von Bismarck haber pronunciado que: "Si te gustan las leyes y las salchichas, no veas nunca cómo se hacen ni unas ni otras".

Esta frase se puede aplicar sin duda a la política pública. En efecto, los procesos de hacer, implementar, evaluar y recalibrar o corregir políticas públicas son casi por naturaleza sinuosos y, a menudo, la ruta trazada no es finalmente la ruta andada ni el destino ambicionado es finalmente a donde se llega. Este nivel de sinuosidad e incertidumbre es lo que caracterizó al sexenio del presidente Felipe Calderón en México, especialmente en el tema de seguridad pública. Sin duda, Calderón tuvo aciertos relativos, de los que menos se habla: el manejo de la pandemia de influenza A(H1N1) o la conducción de los efectos de la crisis financiera del 2008 y 2009, entre otros. Pero fue su dirección del tema de la inseguridad pública y el crimen organizado lo que finalmente marcó su sexenio y en donde se encuentran las lecciones más valiosas para el mundo de la política pública en México.

Las treinta y cuatro entrevistas que se llevaron a cabo para este volumen lo confirman: después de casi tres docenas de entrevistas, los autores de este libro pudimos apreciar lo complejo que resulta hacer política pública en México, en parte por la pobreza de las contribuciones teóricas de la academia en el estudio del quehacer de las políticas públicas, en parte por el personalismo de la gobernanza en el país y en parte por la debilidad inherente de las instituciones en general, todo lo cual lleva a entender lo difícil que es establecer procesos transexenales casi en cualquier materia de gobierno. México parece vivir no una vida nacional sino muchas vidas de seis años cada una.

A lo largo de este trabajo, los autores también entendimos que quienes toman decisiones transitan por caminos más bien improvisados; meandros que conectan de manera azarosa lo que se quiere hacer y lo que finalmente se hace. Es decir, aprendimos que la improvisación no es una respuesta ocasional a eventos o consecuencias no previstas, sino que es parte integral del quehacer de la política pública en México. Esto nos recordó en algún momento que, en muchas cosas en México, como dice el poema de Antonio Machado, no hay camino, sino que se hace camino al andar.

Así pues, ante la debilidad de las instituciones y la tradición política mexicana, en cierta manera, se hace política pública con lo que se tiene, con lo que se puede y de manera espontánea e improvisada. Claro que raramente todo se puede planear, todo se puede prever o todo se puede anticipar, pero en México esta manera de hacer política es casi patológica. Calderón fue vivo ejemplo de lo anterior, y quizá magnificó esta patología. En nuestro país, todo se aprende y se reaprende sobre la marcha; además, la corrupción es una constante. Ante este complejo escenario estructural del quehacer de la política pública en México, la guerra contra el crimen organizado tuvo muchos momentos de improvisación y desatino a lo largo del sexenio calderonista; es decir, fue, en muchas maneras, una guerra improvisada. Éste es el principal argumento de este capítulo.

## Puntos de inflexión y cambios sobre la marcha

Reiteramos, las cosas no son como las describimos sólo en México. Ningún proceso en la formación e implementación de una política pública es estático, ni en los países más avanzados. Al contrario, siempre hay momentos de aprendizaje, de reflexión y de redirección. A veces, éstos pueden ser desencadenados por un evento, un personaje, la aparición de nueva información, un escándalo mediático o un viraje en el marco óptico. Pero la improvisación parece ser mucho más una parte integral de la política pública en México que en las democracias más avanzadas. Y esto aplica perfectamente al sexenio de Calderón, aunque no es el único.

Si se examina el sexenio calderonista, es evidente que sí hubo eventos, información, virajes ópticos e incluso muchas consecuencias no previstas que obligaron a la administración a reflexionar sobre sí misma y, a veces, a cambiar de rumbo o a insistir doblemente en la ruta escogida. Los puntos de inflexión en el tema de política de seguridad de Calderón incluso fueron muchos, lo que hace de ese sexenio un caso importante de estudiar y entender. Ahora bien, no todo lo que ocurrió en el tema de seguridad cristalizó la necesidad de un cambio de rumbo, pero sí hubo ciertos eventos que evidenciaron de manera más contundente la necesidad de un cambio de paradigma y que constituyeron parteaguas importantes en el curso de la estrategia. Y aun cuando la necesidad de un cambio de rumbo haya quedado clara, la administración casi siempre respondió de la forma equivocada.

Así pues, al examinar los imprevistos en el sexenio 2006-2012 y ordenándolos por su trascendencia, hubo momentos centrales en el cronograma que, se puede argumentar, constituyen puntos de inflexión y que obligan a organizar la línea sexenal en tres periodos. El primer periodo comienza con la Operación Michoacán, cuyo éxito inicial animó su réplica en otros puntos de la República y comprometió a la administración de Calderón a una guerra. Este periodo duró desde diciembre de 2006 hasta enero de 2008. El segundo periodo se dio entre enero de 2008 y enero de 2010, y comenzó con el arresto del Mochomo, evento que recrudeció la guerra y obligó a Calderón (según la interpretación de este mismo) a redoblar sus esfuerzos. El tercer y último periodo inició en enero de 2010 y duró hasta el final del sexenio. Este punto de inflexión empezó con la matanza de Salvárcar en Ciudad Juárez, la cual obligó a la administración a reconsiderar otros elementos importantes de una estrategia comprensiva de seguridad pública. La siguiente sección explora estos eventos y establece los tres periodos clave de la administración calderonista.

### El comienzo: el Operativo Michoacán y la Iniciativa Mérida

El primer periodo de la administración calderonista en materia de seguridad queda comprendido entre diciembre de 2006 y enero de

2008. Es el momento en el cual la administración de Calderón lanza y articula su controvertida estrategia de seguridad, la cual incluye el despliegue de las fuerzas armadas contra la delincuencia organizada y la relación con Estados Unidos, dos piezas importantes de lo que constituiría la estrategia de seguridad del sexenio.

La primera pieza, el despliegue de las fuerzas armadas contra la delincuencia, es un tema extremadamente controversial y las entrevistas muestran que no está enteramente claro si ésa fue la intención original del presidente Calderón. Al contrario, y más cerca de la hipótesis de la improvisación, algunos comentan que el uso de las fuerzas armadas inició más bien por una petición del entonces gobernador de Michoacán Lázaro Cárdenas Batel. Es decir, la inauguración de este primer periodo del sexenio empieza con el lanzamiento de la llamada Operación Michoacán, el 11 de diciembre de 2006, días después del arribo de Calderón a la presidencia. Este despliegue de las fuerzas armadas en Michoacán fue una operación conjunta entre la Policía Federal y el Ejército, algo que creó su propia controversia, pues solidifica el uso de un lenguaje militar que permanecería durante todo el sexenio.

Michoacán es pues una pieza importante para entender a Calderón y su estrategia de seguridad porque la petición de Cárdenas Batel fue algo personal para el presidente, como lo refiere el profesor Fernando Escalante: "Michoacán le interesaba al presidente especialmente porque era su estado". Sigrid Arzt lo confirma: "Lázaro [Cárdenas Batel] se le acercó al presidente; tenía una relación personal con él y le dijo: 'Michoacán es ingobernable', y le pidió ayuda por la confianza que le tenía". Ante la petición del gobernador de que el gobierno federal le ayudara a resolver el problema de la delincuencia organizada en Michoacán, el presidente no sólo inició un operativo muy agresivo en ese estado, sino que tomó la decisión de apoyarse en Estados Unidos. El periodista Carlos Marín señala:

"El gobernador de Michoacán es un político joven e inexperto… empiezan a suceder cosas de alto impacto. [Cárdenas Batel] se acerca al presidente y le pide intervención en cuanto tome posesión. Desde agosto hasta diciembre [de 2006] pasaron cosas muy delicadas, como el asesinato del jefe de la policía en Morelia frente a su familia, y el asesinato de otros jefes de policías municipales […] Cárdenas Batel le había dicho a Calderón que tenía un problema grave. Eso terminó de convencerlo".

Así pues, Calderón lanza el Operativo Michoacán y resulta relativamente exitoso en términos tanto de bajar la violencia como de decomisos cuantiosos de drogas y efectivo. Andrew Selee apunta: "Michoacán fue central en el comienzo de la lucha contra la delincuencia organizada. Tuvo éxito inicial y eso les dio confianza para empezar en otros puntos". Además, elevó bastante la aprobación de Calderón después de haber llegado al poder bajo la controvertida elección de 2006. Eduardo Guerrero, especialista en temas de seguridad, coincide en que: "Michoacán le arregla muchas cosas a Calderón: de opinión pública, de popularidad, de aceptación… y esto hace al presidente concluir [que] le ha ido muy bien a su estrategia, por lo que hay que hacer más operativos. Pero los delincuentes ya están mejor preparados, ya no los agarras por sorpresa".

Apuntalando estas observaciones está por supuesto el hecho de que Calderón no hace campaña bajo el lema de la inseguridad. Recordemos que él se vendió como "el presidente del empleo". Es decir, su énfasis inicial era económico. Esto cambió en el otoño de 2006.

Así pues, el tema de los eventos en Michoacán y el papel que desempeñó Cárdenas Batel durante el periodo de la transición es importante. Lo reitera Guillermo Valdés, exdirector del Cisen, al decir que el evento "de septiembre de 2006, las cabezas en Uruapan, fue visto como signo de que el narcotráfico estaba creciendo… varios gobernadores sienten que se estaba desbordando la violencia…

y lo discuten con Calderón… aunque la petición original fue de Lázaro Cárdenas Batel". Evidentemente, el éxito inicial de la Operación Michoacán alentó al presidente y lo animó a utilizar operativos militarizados en contra de la delincuencia organizada. "La militarización se volvió algo lógico" (Guerrero). El operativo en Michoacán cimentó el lenguaje de guerra, animó la repetición de operaciones similares, y alentó el uso de las fuerzas armadas.

Dice un consejero cercano al presidente Calderón: "Fuimos, en diciembre de 2006 o enero de 2007, a Michoacán, a Apatzingán, a la base militar… a Tierra Caliente, Caliterra, que es un estado no conocido: un clima, geografía, cultura, relaciones sociales, es una región entre esos estados [de Michoacán y Guerrero]", y ahí el presidente Calderón ya "hablaba de guerra… el gabinete usaba categorías militares, no porque pensábamos que había una guerra, sino porque había que entender qué estaba pasando y ése era un esquema que facilitaba la comunicación".

Fernando Escalante también apunta a esta región como la cuna del nacimiento de la estrategia calderonista: "Fue en 2006 y 2007, en Tierra Caliente, una región de la costa, del infiernillo… ahí la violencia sí se había incrementado" y por eso empezó ahí. La administración no hablaba de una guerra convencional o "caliente" sino, dice Escalante, de una "guerra no convencional… una categoría de análisis militar que es la subversión, la guerrilla, las gavillas, los levantamientos, la población civil, lo que se vuelve guerra civil, y la delincuencia organizada sabes perfectamente cuáles son sus intenciones. No hay duda de eso, pero no saben dónde están, no tienen idea de cuáles son las capacidades que tienen ni cómo las despliegan". La decisión con respecto a Michoacán dejaría una enorme huella en el sexenio.

Y la Operación Michoacán fue considerada un éxito; aunque en realidad, fue un éxito muy relativo. Y ese primer "éxito" los comprometió a llevar a cabo una guerra precisamente porque pensaron que, si había funcionado en Michoacán, seguramente funcionaría en otros puntos del país. Incluso hay quienes argumentan, como Jorge G. Castañeda, que a partir de ahí "nunca hubo cambios de ningún tipo. Fueron cambiando los argumentos que esgrimían para justificar la guerra, pero no la manera de librar la guerra". El exembajador Arturo Sarukhán añade: "Algunos temas como el de Michoacán le dan al presidente un ímpetu para [con] el problema". Así pues, comenzando con Michoacán, "el presidente se preparó para la guerra. Declaró una guerra sin entender cuáles serían las implicaciones, lo que iba a entregar" (Aguayo). Esta decisión resultaría irrevocable, marcaría todo el sexenio y dejaría un legado difícil de superar hasta el día de hoy.

Se puede decir que el presidente reaccionó excesivamente a la lección de Michoacán y concluyó que una guerra no convencional, apuntalada por el uso de las fuerzas armadas y los operativos militarizados, era la ruta a seguir, algo que le costaría mucho con el tiempo. Se puede decir que, como lo apunta el exprocurador Eduardo Medina Mora, Calderón dijo: "Ah, funcionó Michoacán y podemos replicarlo." Este momento queda sellado con la pose del presidente en uniforme militar menos de un mes después del lanzamiento del Operativo Michoacán, el 3 de enero de 2007.

Este primer periodo del sexenio se caracteriza también por haber sentado las bases para una nueva y debatida relación con Estados Unidos y las agencias gubernamentales de ese país a cargo de la guerra contra las drogas. Y aunque el tema de Estados Unidos se discute con mucho más detalle en otro capítulo, aquí es importante decir que estos primeros días y meses del sexenio calderonista fueron también un momento en el que se establecieron las bases para una creciente injerencia de Estados Unidos en la guerra contra la delincuencia organizada en México. Es claro que, en el arribo de

Calderón a la presidencia, Estados Unidos y sus agencias vieron una oportunidad única para insertarse en el proceso y aprovecharon para obtener un acceso sin precedentes al gobierno, al territorio mexicano y a los procesos de toma de decisiones del gobierno.

Obviamente, no todos los entrevistados piensan que haber dejado que Estados Unidos desempeñase un papel tan central haya sido una decisión acertada. Algunos piensan que confiar en Estados Unidos es riesgoso. El profesor Rafael Fernández de Castro señala: "El presidente Calderón rompió una regla de oro de la política exterior mexicana: no le pidas recursos a Estados Unidos... porque te los van a cobrar... Sin embargo, Calderón, al tomar la decisión de aliarse muy de cerca con Estados Unidos inicia una nueva era de injerencias". Fernández de Castro insiste en que Calderón sintió que "tiene que actuar con Estados Unidos cuidándole las espaldas". Esta decisión se consolidaría en papel con la Iniciativa Mérida, en marzo de 2007.

Pero, continúa Fernández de Castro, "en la Iniciativa Mérida había un garrote y una zanahoria. La zanahoria eran los recursos, que por cierto no eran en efectivo, sino la mayor parte en equipo, y el garrote era la fiscalización por parte del gobierno de Estados Unidos y algunas organizaciones no gubernamentales (ONG), como Human Rights Watch". Pero la decisión ya estaba y la relación con Estados Unidos resultó ineludible una vez que comenzó. El gobierno de Calderón ya no pudo zafarse de ella. Y el presidente lo sabía. "Calderón lo tenía muy claro... le daban mucho garrote y muy poca zanahoria" (Fernández de Castro). La Iniciativa Mérida, anunciada en la cumbre entre los presidentes en Yucatán en marzo de 2007, continuaría siendo una pieza importante de la estrategia del sexenio calderonista.

Pero al final, como lo indica el profesor David Shirk, "la Iniciativa Mérida no logró lo que se supone [que] iba a lograr... No fue

137

exitosa... la violencia se incrementó enormemente... Fue un fracaso horrible." El maridaje estratégico con Estados Unidos, para Edgardo Buscaglia, "fue parte del problema. [La DEA] es corresponsable del fracaso". Una vez que la violencia aumentó masivamente, Estados Unidos también buscó ayudar a recapturar el discurso público y respaldar a Calderón. Para mayo de 2009, Hillary Clinton, en ese entonces secretaria de Estado de Estados Unidos, diría, por ejemplo, que ese país era "corresponsable" del problema que azotaba a México. Pero no pudieron. Para entonces, "los niveles de violencia eran ya intolerables. Era una estrategia medio improvisada y [ya para entonces] enfocada en controlar los niveles de violencia, pero fue hecha en cierta manera no desde el principio, sino desde el punto de vista de que la violencia iba aumentando rápidamente" (Selee).

Para principios de 2010, después de la masacre de Salvárcar, en Ciudad Juárez, el gobierno calderonista y Estados Unidos buscaron recalibrar la Iniciativa Mérida e incluir un cuarto pilar relacionado con la sociedad y la construcción de las instituciones. Estos giros, sin embargo, no eran en sí muestras de una estrategia integral y bien estructurada desde el principio, sino de una reacción a una situación que se deteriora. Este pilar no fue considerado *ab initio*, como parte de una estrategia comprensiva. Fue una reacción. Pero desde 2009, el gobierno había empezado a perder la opinión pública y Estados Unidos sintió que había que apuntalarlo haciendo cambios a la iniciativa. Comenzaron a hablar de los cuatro pilares, pero la realidad es que la relación binacional también se iba improvisando en respuesta a eventos que rebasaban el esquema de cooperación internacional.

Así pues, es claro que estos dos elementos, el Operativo Michoacán y la Iniciativa Mérida, también se fueron improvisando, y los cambios a las operaciones y la iniciativa fueron golpes de timón ante consecuencias no previstas. De hecho, nunca se pensó en cuáles serían las consecuencias de estos dos compromisos ni los pasos a seguir; ambos dieron aliento al presidente, pero terminarían costándole enormemente. Estas dos decisiones marcarían de manera muy profunda a la administración de Calderón y la comprometerían a una ruta de la cual ya no habría retorno. Constituyeron una especie de tobogán: una vez que la administración se lanzó, ya no se pudo detener.

La imagen sugiere varias cosas. En el caso de la Operación Michoacán, el gobierno calderonista no pensó en examinar cuidadosamente los resultados de esta operación y su aplicabilidad a otros contextos, tales como Tamaulipas, Chihuahua, Sinaloa y Guerrero. El éxito de la operación fue suficiente para tomar la decisión de extender esta modalidad operativa a otros puntos del país, incluso a las zonas urbanas, lo cual ocasionaría un aumento considerable en el número de muertos y la percepción de caos y guerra. Esto se puede concluir a partir de que la estrategia operativa no fue algo pensado detalladamente desde la transición, sino algo que se fue formando a partir de información, eventos, personas, intereses creados, y que al final la estrategia evolucionó dependiendo del momento y de los eventos.

En el caso de la Iniciativa Mérida, la cual es vista en cierta manera como un ejemplo de "institucionalización de la cooperación binacional en materia de seguridad y delincuencia organizada", como dijo uno de los entrevistados, ésta resultó ser un elemento fundamental de una guerra improvisada en el sentido de que puso a México en una ruta de presión política directa desde Washington, de la cual fue muy difícil salir. En otras palabras, ambas decisiones tendrían consecuencias muy serias para la presidencia de Calderón y muy severas para el país.

### *Primer punto de inflexión:*
### *la transformación del crimen organizado*

En la política pública, como ya se argumentó, siempre hay imprevistos. Algunos tienen consecuencias importantes; otros no. En el sexenio de la administración calderonista hubo muchos puntos de inflexión, pero el primero que obliga a una reflexión más profunda ocurrió el 21 de enero de 2008 y fue el arresto de Alfredo Beltrán Leyva, alias el Mochomo, en Culiacán, Sinaloa. Esta detención constituyó un primer punto de inflexión en la administración, un cambio de periodo. Este evento fue significativo por varias razones.

Primero, el arresto del Mochomo deja claro que la estrategia de Calderón tuvo efecto no sobre el poder e influencia de la delincuencia organizada, sino sobre la naturaleza y la dinámica de ésta, lo cual, a su vez, generaría una transformación profunda del crimen organizado y causaría una violencia desbordada. Aunque el arresto pudiera o no haber sido resultado de una operación bien planeada y ejecutada, éste deja entrever que la estrategia de descabezamiento de la delincuencia organizada estaba generando escisiones que abonaban de forma importante a la violencia. En efecto, la estrategia favorecida por el gobierno estadunidense y adoptada por la administración calderonista —el descabezamiento de las organizaciones delincuenciales— comienza a crear un nivel de violencia hacia dentro de y entre los cárteles sin precedentes, violencia inter e intra cárteles (Payán, 2016). Veamos cómo.

Arturo Beltrán Leyva, uno de los hermanos, acusó a Joaquín, el Chapo, Guzmán de haber entregado a Alfredo, el Mochomo, Beltrán Leyva a las autoridades. Y aunque esto es muy probable, el punto es casi irrelevante. Lo que el arresto del Mochomo simboliza es una escisión entre grupos, los cuales comienzan a pelear entre ellos de manera encarnecida. Esta escisión es una muestra de los efectos que el golpeteo del gobierno calderonista está teniendo en las relaciones entre cárteles y cómo este golpeteo está cambiando la naturaleza misma de la delincuencia organizada. El rompimiento de los hermanos Beltrán Leyva con el Cártel de Sinaloa, por ejemplo, es el comienzo de una nueva alianza entre éstos y el Cártel del Golfo y los Zetas. Con esto, la guerra se extiende.

> Indirectamente, el gobierno tiene que ver con el rompimiento que se da por la detención de Alfredo, el Mochomo, Beltrán Leyva en enero de 2008. Ésa es como la gota que derrama el vaso… esta detención es importante porque aquí se da el rompimiento y después la guerra se desplaza a Ciudad Juárez por movimientos tácticos del Chapo. Parece que los Beltrán Leyva querían que la guerra se peleara en Culiacán, pero el Chapo logra mover el epicentro de la guerra a Ciudad Juárez, lejos de Sinaloa… y en Ciudad Juárez se da un fenómeno de violencia completamente inédito. El gobierno, en lugar de retraerse y pensar qué está pasando, sigue con la misma receta de combate frontal, de arresto de líderes, y lo único que provoca es echarle más leña al fuego (Guerrero).

La guerra en Ciudad Juárez alcanzaría el máximo nivel de violencia del sexenio de Calderón y la ciudad adquiriría el mote de "la ciudad más violenta del mundo", con más de 2,600 asesinatos en 2009 y alrededor de 3,600 en 2010. Al principio, el arresto de capos como el Mochomo fue visto como una medida de éxito y no necesariamente como algo que terminaría generando una violencia sin precedentes; especialmente después de que los cárteles van rompiendo sus alianzas estratégicas y desquebrajándose en grupos más pequeños, más ágiles, más diversificados en sus giros criminales y más capaces de victimizar a la población en general. En efecto, la delincuencia pasa de un enfoque general en el narcotráfico a múltiples enfoques, incluyendo extorsiones, secuestros y robo de recursos naturales. Guillermo Valdés Castellano lo expresa así:

> Lo que generaba violencia no era la participación del Estado, sino la confrontación entre cárteles [pero para entonces] los Zetas ya habían generalizado la extorsión y el secuestro en su corredor... [el delito] ya era de otra magnitud... una fusión del crimen organizado con crimen local... y se generalizan otras actividades [criminales]... y vamos poniendo el énfasis en frenar estas nuevas expresiones... porque nos empieza a preocupar la criminalidad que está dañando a la sociedad... era otro viraje.

El arresto de Alfredo, el Mochomo, Beltrán Leyva es significativo además por otra razón que va más allá de la intencionalidad del evento en sí mismo: comprometió al presidente, de manera más vehemente y ciega, a la estrategia de confrontación sin tregua ni reflexión. Calderón decide no sólo no abandonar su estrategia de descabezamiento, sino irse contra grupos que van extendiéndose y diversificando sus giros delictivos. "Vámonos contra los más violentos", dice el presidente (Valdés). "Ahora sí le vamos a entrar con todo... y vale madre lo que dicen los gobernadores... entra el presidente con mucha convicción y muy valeroso" (Guerrero).

Parecería que la estrategia de descabezamiento, cuyas consecuencias quedan de manifiesto con el arresto del Mochomo, no invitó a la reflexión sobre la violencia que generaba la estrategia misma. Al contrario, animaba a la administración calderonista a seguir con ella y a ampliarla, a redoblar la guerra. Samuel González, asesor jurídico de la ONG Alto al Secuestro, señala: "El presidente Calderón es muy necio. Una vez que se fija sus metas, no admite correcciones... microadministra... no delega", sugiriendo que la capacidad de reflexión estaba limitada en todo caso, quizás en parte por los compromisos adquiridos.

Así pues, 2008 fue un año de expansión de la guerra contra la delincuencia organizada, pero otra vez improvisando y sin reflexión clara sobre los operativos y los resultados obtenidos. La guerra simplemente se extendió porque sus consecuencias se extendieron. Se estaba formando un círculo vicioso. Así pues, y como consecuencia del compromiso impetuoso del presidente Calderón, la violencia sube de manera acelerada y no comenzaría a bajar hasta finales de 2011. Ante esto, la administración calderonista se encuentra rebasada por su propia estrategia, pero sin salida. No quedaba más que seguir el enfrentamiento contra el crimen organizado, especialmente cuando la "criminalidad está dañando a la sociedad… y los Zetas se convierten en una prioridad" (Valdés).

Entre principios de 2008 y principios de 2010, la guerra contra la delincuencia organizada se encuentra en su plenitud. Pero, aun así, la fragmentación del crimen organizado siguió siendo vista como una medida de éxito. La actitud de la administración es que los cárteles se van autodestruyendo y, si es así, para qué intervenir. El presidente Calderón llama a los criminales "cucarachas" (Rodríguez, 2011). "Esperemos a que se agoten un poco las fuerzas de esas facciones… Pero la violencia no se comporta de esa manera… Si no intervienes de manera inmediata, si no mandas un equipo a congelar el conflicto local, ésta se empieza a extender, como en Ciudad Juárez, Chihuahua capital, Tijuana, Culiacán, Mazatlán… epidemias de violencia en diversas partes del país" (Guerrero).

No todo el mundo está de acuerdo. Genaro García Luna, en su entrevista, argumentó que la destrucción de los cárteles, por el gobierno y entre ellos, con el consecuente aumento en homicidios, delitos y violencia, era necesaria y parte de la estrategia. El caos tenía que aumentar antes de disminuir. García Luna manifestó incluso que para 2011 y 2012 la violencia ya iba de bajada y que su disminución en 2013 y 2014 fue parte de ese vuelo hacia abajo que la estrategia ya traía. García Luna aseveró que "la estrategia ya estaba teniendo éxito", pero el sexenio se acabó.

Sin embargo, la violencia era espectacular. Añade el experto en seguridad Alejandro Hope: "Se da un periodo duro de 2008 hasta mediados de 2010". Y en la guerra mediática, el presidente Calderón sigue perdiendo terreno. Ante la imposibilidad de capturar al Chapo, por ejemplo, se acusó a la administración de protegerlo: "Se nos acusaba de protección al Chapo, algo que el presidente Calderón mismo rebatió, enseñando sus propios números de capturas y arrestos de narcotraficantes y delincuentes" (Valdés). Es decir, la misma guerra mediática pone a Calderón a la defensiva y lo obliga a responder a acusaciones que apuntan hacia la falta de estrategia de comunicación, algo que se discute más adelante.

Lo que queda claro es que, ante los resultados imprevistos, el presidente Calderón ya no sólo redobla su estrategia, sino que ahora la defiende. Durante este periodo, por ejemplo, dos debates envuelven a la administración. El primero gira sobre el carácter de los asesinados. El presidente argumentó en un momento que noventa por ciento de los ejecutados eran delincuentes, algo que le costó mucho, pues en el debate público se le critica ampliamente su tendencia de criminalizar a víctimas sin haber hecho antes un estudio minucioso sobre los hechos. El presidente parecía decir que la muerte de una persona era prácticamente prueba y señal de su culpabilidad y participación en la delincuencia organizada. Éste resultó ser un gravísimo error.

El segundo tiene que ver con la impasibilidad que algunos dicen que Calderón exhibía hacia la muerte, pues "mostró una insensibilidad extraordinaria ante el dolor" (Aguayo) y ante los homicidios. Esto, al final, le costaría mucho al presidente, quien quizá nunca pensó en las consecuencias de una violencia desencadenada sobre su propia persona y reputación. De hecho, hasta hoy sus detractores hablan de la violencia que se desató en México y de la responsabilidad histórica del propio Calderón.

*Segundo punto de inflexión:*
*Salvárcar. Un viraje óptico y fin de sexenio*

Independientemente de la escalada de violencia que se dio de enero de 2008 a enero de 2010, fue el último día de enero de este último año que se presenta otro punto de inflexión en la administración calderonista, forzado por la masacre de la colonia Salvárcar en Ciudad Juárez, Chihuahua.

Este evento constituye un cambio sustantivo en la óptica hacia la guerra contra la delincuencia organizada y comienza, por un lado, la reflexión sobre los componentes ausentes de la estrategia y, por otro lado, una preocupación por las consecuencias de combatir la delincuencia organizada sin pensar en sus efectos sobre la sociedad. La masacre de Salvárcar constituye un "viraje" importante (Arzt) y también el comienzo del declive evidente de la administración, simbolizado por el éxodo de muchos colaboradores de Calderón y por un momento de mayor cavilación sobre la seguridad en México.

El 31 de enero de 2010, un grupo de miembros de la pandilla conocida como los Aztecas y aliado con el Cártel de Juárez ingresan a una casa en la colonia Salvárcar, en Ciudad Juárez, Chihuahua, y asesinan a quince jóvenes, dejando tras sí una escena propia de una película de terror. Los Aztecas habían confundido a los jóvenes que se encontraban en una fiesta privada con miembros de otra pandilla, los Artistas Asesinos, aliados del Cártel de Sinaloa, simplemente

145

porque pertenecían a la Liga Doble A de futbol americano. Alguien le había dicho a los Aztecas que los Artistas Asesinos, a veces referidos como los Doble A, tenían una fiesta y fueron y los masacraron sin verificar que no se trataba de miembros de dicho grupo delictivo.

Calderón, en visita de Estado a Japón, se refiere a la masacre en una conferencia de prensa en Tokio, y sin tener todavía todos los datos en la mano, calificó a los jóvenes asesinados como delincuentes y al incidente como delincuentes matándose entre ellos: los Artistas Asesinos masacrados por los Aztecas. Grave error. "Salvárcar constituyó una de las mayores crisis y de los mayores errores que tuvo Calderón en su sexenio… El equipo de futbol americano en el cual los muchachos jugaban tenía un nombre raro… [En la conferencia de prensa] Calderón les llama pandilleros" (Fernández de Castro).

Fernández de Castro, asesor del presidente Calderón, lo narra de esta manera:

Nosotros [el presidente Calderón y su equipo] estábamos en Japón. El equipo de futbol americano en el cual los muchachos jugaban tenía un nombre raro… Finalmente los presidentes son humanos… [Japón] era la última parada y nos quedamos en un palacio de Osaka y yo me acuerdo de que el día anterior cometimos un error. El presidente tenía unas seis o siete reuniones bilaterales antes de una cena con el emperador… Estábamos en reunión con el presidente de Toyota y el presidente [Calderón] me pide que vaya a su cuarto y que le traiga su computadora y que le busque algo. Le dije a Bruno Ferrari… que le encargaba que checara el comunicado de prensa. Como el presidente me sacó de la reunión, yo se lo di a Bruno. Traes unos *jetlags* de locos… al otro día estábamos en una comida y ya después nos íbamos. Y en la comida me llega una estudiante mía del ITAM. Yo veía que el presidente estaba mentando madres... En la reunión el presidente de Toyota le dijo [a Calderón] que no iban a poder invertir mil millones de dólares en una planta en México... El presidente estaba muy enojado... vamos a la conferencia de prensa caminando y Max Cortázar le dice que acaba de haber una matanza... en Ciudad Juárez... Calderón estaba preocupadísimo con Toyota... y al final [dice]... es que unas pandillas... se nos fue. Estás metido en una bronca, la estás tratando de resolver... ésa fue la verdad de las cosas... hubiera sido distinto si así se lo explicas a las madres...

Este error le costaría a Calderón mucho en su imagen pública y lo obligaría a pensar todavía más hondamente en su estrategia y su legado histórico. El resultado de Salvárcar fue que la administración calderonista entró en un momento de profunda reflexión sobre las consecuencias de su estrategia, pero al parecer sólo hasta entonces se da un debate sobre la parte social y económica de la estrategia de seguridad. Por un lado, se lanza el programa Todos Somos Juárez, que invierte 3,383 millones de pesos y se enfoca en la participación ciudadana, la construcción de soluciones más integrales a la violencia, la corresponsabilidad y la participación de los tres niveles de gobierno en la recuperación de la ciudad. Se hacen ciento sesenta compromisos con la ciudad, incluyendo la recuperación de espacios públicos, la educación y la consulta (Gobierno Federal, 2010).

La Iniciativa Mérida también se recompone para incluir los llamados "Cuatro Pilares": trastornar la capacidad operativa del crimen organizado; institucionalizar la capacidad de mantener el Estado de derecho; crear la estructura fronteriza del siglo XXI, y construir comunidades fuertes y resilientes. El propio Carlos Pascual, exembajador de Estados Unidos en México y expulsado por el presidente Calderón del país, lo describió así en un discurso pronunciado en la Universidad de Stanford el 20 de octubre de 2010: "Las cosas sí cambiaron después de Salvárcar. [Calderón] se veía muy emocional. Se dio cuenta del costo humano. La gente de Salvárcar, algunos, se acercaron mucho a él. Su esposa se involucró. Se convirtió en algo personal. Margarita lo salvó y Villas de Salvárcar fue clave". Esto lo reiteró Carlos Pascual en una conversación informal con él durante una conferencia en la Ciudad de México.

El golpe de timón después de Salvárcar fue muy notorio para muchos. "Vi un cambio ahí... fue cuando la política cambió" (Wilkinson). La excandidata y esposa de Calderón, Margarita Zavala, fue clave en este viraje. "Ella era simplemente mejor política...", y le había dicho a Calderón en Ciudad Juárez, cuando lo increparon las madres de los jóvenes asesinados: "Déjalas hablar" (Wilkinson). El periodista Alfredo Corchado señala: "Margarita hizo varios viajes a Ciudad Juárez... A partir de ahí, Calderón se convierte en un hombre solitario. Era el capitán del barco, pero no había nadie ahí con él. Era claro que todo se desmoronaba y él decía '¡A la carga!' y los batallones salían corriendo por todos lados".

Así comienza un tercer periodo de la administración de Calderón, con un reconocimiento mucho más explícito de lo tosco de la estrategia de confrontación a rajatabla contra la delincuencia organizada. Hay quizá también un reconocimiento sobre el peligro de haber improvisado la guerra contra la delincuencia. Como dice Hope, reveladoramente: "No se pensaba desde el principio, sino que se va acomodando la estrategia".

Ahora bien, con toda justicia, en ninguna parte del mundo se trabaja en una política pública sin tener que recalibrar sobre la marcha, pero en el caso de la estrategia de seguridad, los acomodos y reacomodos tuvieron que ser mucho más extensos y profundos porque las consecuencias no fueron pensadas claramente desde el principio, aun cuando la motivación haya sido la correcta. Y las respuestas no siempre fueron correctivas. Mientras que el arresto del Mochomo los alentó a redoblar la guerra, la masacre de Salvárcar sí los obligó a revirar. De cualquier manera, la respuesta se antoja errada e improvisada ante ambos eventos.

Ahora bien, en México raramente se trabaja con base en una estrategia sistemática para implementar efectivamente políticas públicas y evaluar sus resultados, así como el desempeño de la administración pública. Esto requeriría de la correcta aplicación de ciertas herramientas metodológicas bien escogidas, incluyendo algunas como la prospectiva estratégica y las estadísticas inferenciales para atisbar escenarios consecuentes de una política pública. Claramente la administración calderonista no lo hizo así y al parecer no había pensado ni siquiera en los resultados inmediatos. A raíz de eso, tuvo que ser sacudida por ciertos eventos para poder reflexionar, lo cual habla, de nuevo, de improvisación, de incapacidad de contemplar escenarios y resultados alternativos y posibles respuestas y correcciones. Sin embargo, y sin afán de justificar, esto no es único de Calderón. Sigue ocurriendo hasta el día de hoy. La realidad es que México no ha trascendido esta modalidad improvisada de hacer política pública y continúa siendo una gran debilidad en la manera en que el gobierno define los problemas y las estrategias que despliega en general.

## Contando muertos: definiciones y debates sobre los números

En esta sección, queremos regresar al problema de las estadísticas y las cifras, anticipado someramente en el primer capítulo. En el mundo del siglo XXI, cualquier política pública debe tener desde el principio una definición inicial clara de objetivos, de conceptos, de tácticas, de posibles obstáculos, de escenarios alternativos, consecuencias no previstas y, sobre todo, quienes la dirigen están obligados a establecer una serie de marcadores de éxito o de fracaso. Sin esto es difícil saber si se está logrando el objetivo y precisar el momento en que se deben hacer cambios sustanciales o, en última instancia, si se puede decir "misión cumplida" y declarar victoria.

La administración de Calderón no parece haber tenido nunca clara la definición de éxito o de fracaso y no parece haberse impuesto marcadores claros que le permitieran saber si estaba obteniendo los resultados esperados o no. Una política pública que comienza de esta manera puede ser justamente declarada como "improvisada". Y efectivamente, un análisis de la estrategia de seguridad de Calderón revela que el único marcador importante de ésta parece haber sido la captura de capos de la delincuencia organizada (la ya mencionada *kingpin strategy*).

Pero ésa fue una estrategia impuesta desde Estados Unidos y no propiamente una que el gobierno mexicano estableció para medir si su política en seguridad pública iba bien o mal. Además, esta estrategia no es propiamente un éxito si cada captura cuesta miles de muertes y crea niveles de violencia elevados. Una buena estrategia no sólo maximiza los resultados, sino que también minimiza los costos. Esta fórmula costo-beneficio no pareció ser parte del cálculo calderonista. La administración parecía estar dispuesta a pagar cualquier precio (en vidas y en dinero), una característica propia de sistemas en los cuales no existen los contrapesos y una tentación constante en países con instituciones políticas subdesarrolladas.

Una de las áreas que mayormente ilustra el tema de la ausencia de marcadores de éxito y fracaso —o su falta de definición— es el debate que se dio alrededor de los homicidios y otros delitos. Nunca se tuvo claro cuántos muertos o qué niveles de violencia eran un precio aceptable o suficiente, y cuántos eran ya inaceptables. Ni siquiera parece haberse debatido cuál era el carácter de los homicidios y la relación que guardaban con el Estado de derecho del país. A partir de nuestras entrevistas, lo que quedó claro es que este debate se fue transformando conforme aumentaban la violencia y las muertes, y las justificaciones sobre los fallecidos iban evolucionando a lo largo del sexenio. En este tema se mezclan pues la política y la política pública: "Una cosa es la estrategia y lo que había que hacer y otra cosa es el discurso público y político que había que hacer", dijo Medina Mora, apuntando en cierta manera a la incapacidad del sexenio de Calderón de reconciliar estos dos temas.

Y éste fue un asunto controvertido desde el principio. Como Castañeda, el académico Fernando Escalante argumenta que la violencia iba bajando hasta 2007, y que ni los estudiosos que "hablaban del problema de los homicidios tenían apoyo estadístico alguno" ni tampoco se ocupaban de la "construcción social de la violencia con motivos políticos". Al contrario, se dio un divorcio entre lo político y la política pública. Es decir, se construyó una política pública sobre la base de un entendimiento deficiente y quizás hasta falso de los números, los cuales se fueron estudiando y manipulando conforme avanzó la estrategia.

Esto parece indicar que el debate sobre las tasas de homicidios fue también objeto de controversia —ciertamente entre los entrevistados—, en el sentido de que no se entendía si habían llegado los homicidios primero y luego la estrategia o la estrategia se justificó *a posteriori* con base en una tasa de homicidios provocada por la violencia misma. Esta relación entre las estadísticas y la estrategia muestra un nivel de improvisación importante.

El profesor Óscar Aguilar apunta a este mismo problema cuando do dice:

Había una fascinación con los narcos, en particular con el tema de los capos. Nunca se consideró con seriedad el tema de los muertos.

151

Lo irónico es que aparentemente se tomaban decisiones con base en mediciones de muertos, pero la compilación de estadísticas resultó un fracaso. Los medios empiezan a contar los muertos ellos mismos. El gobierno hace lo suyo y genera una base de datos que involucra en la tarea a las agencias de seguridad, quienes contaban los muertos que resultaban de los enfrentamientos. Esa base la hacía Alejandro Poiré. Los muertos eran demasiados y el número crecía exponencialmente, lo cual no convenía para justificar la estrategia del gobierno. La base era buena, pero insostenible políticamente.

Esto habla de la complicada relación entre política pública y política. En la administración de Calderón al final no se supo qué iba adelante.

El tema de los homicidios y las estadísticas se mezclaba además con otras mediciones de la estrategia. No se sabía a ciencia cierta qué contaba más: capos capturados o muertos, homicidios, o control territorial. Aunque las cifras de muertos preocupaban, se mezclaban con el tema del territorio y su control, argumenta Medina Mora. Por ejemplo, dice, el gobierno tenía muy claro que "el objetivo era el control territorial, control de los grupos que podían desafiar al Estado", algo que conceptualmente estaba bien, pero ¿a qué precio? El tema de las capturas de capos, los homicidios y el control territorial, aunado al lenguaje militarizado y la eventual necesidad de controlar la comunicación centrándose en la voz de Alejandro Poiré, indica que la administración sólo fue repensando sus propias medidas de éxito o de fracaso, mezcladas con su capital de reputación, conforme avanzaron los operativos, los cuales, de acuerdo con Óscar Aguilar, se volvieron más "improvisados… había al final un descontrol… y un desempeño caótico. Era como un coche de carreras… estaban los *pits* y se cambiaban las llantas en la marcha… se ponchaban las llantas y se cambiaban y seguían adelante".

Pero, dice Aguilar, no se le puede echar la culpa de todo a Calderón: "El fracaso de la estrategia fue culpa también de los gobernadores. No ayudaban en nada. Los gobernadores priistas tenían línea: no vamos a cooperar. Había también una fragmentación política". Esto implica, sin embargo, otro elemento de improvisación: que nunca se vio la necesidad de construir un consenso político detrás de la estrategia. La relación de Calderón con los gobernadores nunca alcanzó el nivel de consenso político de ninguna índole y hay entrevistados que argumentaron incluso que Calderón fue saboteado por algunos de ellos, sobre todo del PRI.

La pregunta que queda en el aire es si Calderón buscó un consenso, una negociación con los priistas antes de iniciar su estrategia. Lo más probable es que no. Entonces, quizás el problema es que se lanzó una estrategia sin el apoyo político que tuvo, por ejemplo, Peña Nieto con el Pacto por México. Aguilar lo expresa así: "Calderón tenía que haber hecho un pacto similar al Pacto por México de Peña Nieto, pero en 2007". No lo hizo. Y el PRI ya olía debilidad. "El PRI lo chamaqueó", dijo Aguilar, "la fuerza federal nunca iba a ser suficiente."

Todo esto implica que, sin medidas de éxito o de fracaso claras, respaldadas por un consenso político, la estrategia estaba casi destinada a la improvisación y, finalmente, al fracaso. Con esto no se pretende decir que los sucesores de Calderón hayan tenido éxito. Al contrario, los fracasos siguen, pero lo que sí pudieran rescatar son las lecciones del calderonismo, algunas de las cuales quedan comprendidas en estas páginas. Para empezar, es claro que faltaban estas dos piezas importantes —marcadores de éxito y consenso político nacional—, sin las cuales no se podría lograr lo que se buscaba y es por ello por lo que la crítica podía concentrar la responsabilidad en una sola persona: Calderón.

## Los medios de comunicación
## y el manejo del mensaje público

La estrategia de comunicación fue otro enorme problema de la administración de Calderón. El calderonismo nunca pudo comunicar de manera coherente lo que pretendía lograr y los sacrificios que el pueblo mexicano tenía que hacer, en parte porque la estrategia no parece haber tenido coherencia desde el principio.

Es decir, una administración disciplinada no sólo concibe inicialmente su estrategia y busca los consensos políticos necesarios, sino que tiene propiamente un mensaje claro y digerible para los medios, el público en general y la clase intelectual. Es decir, si una política de comunicación es un factor central producto de un entendimiento claro de los métodos y los objetivos de una política pública o estrategia hacia dentro de la misma administración, la hipótesis más plausible es que el calderonismo nunca tuvo tal coherencia interna.

En efecto, el gobierno nunca logró un consenso político nacional detrás de sus acciones y, por tanto, tampoco pudo articular un mensaje coherente sobre la necesidad de hacer lo que hizo; un mensaje que le permitiera justificar sus decisiones y sus acciones y revitalizar de manera continua el apoyo político y popular. Ahora bien, Calderón llega al poder con una sociedad dividida y, con, por lo menos, una tercera parte del público ya predispuesto a no escuchar su mensaje y a desaprobar su gobierno. Pero dos terceras partes del público mexicano siempre le dieron el beneficio de la duda. Esto habla, entonces, de que Calderón no intentó construir un consenso político hacia el pueblo, parecería que simplemente pensaba que el pueblo mexicano estaba obligado a seguir al presidente. Esto fue parte del fracaso. En el México del siglo XXI, este acercamiento a la política pública ya no es posible.

A este respecto, algunos de los entrevistados manifestaron que, en el caso de la administración calderonista, no había esta disciplina en el mensaje, aunque algunos argumentaron que no todo fue culpa del presidente. La administración de Calderón no pudo articular su mensaje en parte porque "el PAN nunca tuvo nexos con los medios de comunicación y menos con Televisa" (Aguilar). De hecho, para esa administración, muchos medios de comunicación que ya percibían enorme vulnerabilidad, en parte por el enorme caos en la toma de decisiones y las consecuencias de la guerra, comenzaron a abandonar al propio presidente.

Como argumenta Sergio Aguayo: "Era un desorden… Hay un choque vertiginoso entre el México fáctico, el México institucional y la sociedad organizada. La nación se mueve a diferentes velocidades… Estamos ante una realidad radicalmente diferente… Calderón tuvo una jauría de gente que no pudo controlar". Éste es el análisis que se deduce del libro *El remolino*, del mismo Aguayo. Arzt también piensa que esto redundó en una incapacidad de moldear el mensaje hacia fuera: "El principal problema fue la narrativa. La narrativa nunca se supo presentar". La administración calderonista nunca supo manejar la lucha contra el crimen organizado de manera política y mediática. Al final, la falta de un mensaje coherente hacia fuera abonó a la percepción de caos en la administración.

José Carreño, especialista en comunicación pública, lo reiteró en una entrevista:

En su campaña permanente —entendida como la dirigida a generar las condiciones para cumplir un programa de gobierno y para ganar la siguiente elección, ya sea de un partido o de una persona allí donde hay reelección— los resultados del presidente Calderón son más bien escasos. Su estrategia de comunicación no… [logró] generar los consensos ni los acuerdos necesarios para sacar adelante su programa de gobierno y parece que tampoco… [hubo] resultados en la posibilidad de mantener a su partido en el poder, porque todo indica que el PAN… [estaba] abajo en las preferencias electorales (Carreño, 2011).

Al final parece que la administración calderonista tampoco supo embonar exitosamente su estrategia y el mensaje hacia fuera. "Una cosa es el discurso político y otra cosa es el discurso público que había que hacer" y Calderón y su equipo nunca pudieron separar los dos (Medina Mora). Ahora bien, si, como dice Aguayo, no era posible imponer un orden en la toma de decisiones, quizá tampoco era posible imponer un orden en la comunicación con los medios, la clase intelectual y, sobre todo, el público. Es verdaderamente sorprendente que con una estrategia de comunicación tan deficiente, Calderón nunca haya caído en las encuestas más del cincuenta y cinco por ciento de aprobación (Parametría, 2018), lo que no quiere decir que el presidente y su equipo no se hayan dado cuenta de que estaban perdiendo la guerra mediática.

Intentaron controlar el discurso público e incluso articular el mensaje desde la Presidencia, pero fue un fracaso. Los eventos rebasaron a la administración y había poca disciplina entre los diversos actores para poder modular el mensaje público. Fue hasta finales del sexenio que Calderón se dio cuenta de que había que redoblar el esfuerzo por controlar el mensaje y para eso se designó a Alejandro Poiré como la vocería oficial del ejecutivo. Alejandro Poiré nunca aceptó dar una entrevista para este libro, a pesar de varias peticiones.

La designación de Poiré, aunque tuvo un éxito relativo, llegó demasiado tarde. La sensación de caos hacia dentro y fuera de la administración ya estaba bien cimentada en la opinión pública. La falta de atención a una estrategia de comunicación es también, sin duda, síntoma de la improvisación de la guerra contra la delincuencia organizada. Mantener un mensaje claro y digerible en muchos niveles es difícil, especialmente cuando lo que se hace carece de cierta coherencia y se tiene que explicar con base en sí mismo y no con base en una política pública pensada con anticipación para apuntalar el apoyo político de la acción gubernamental.

Una de las pocas personas que sí entendió la importancia de una estrategia de comunicación, por otro lado, fue el exembajador Arturo Sarukhán. Para vender la Iniciativa Mérida en Washington, por ejemplo:

> [...] el presidente Calderón había sugerido que contratáramos a una firma de cabilderos... pero yo le dije que no, que la vocería de todo esto tiene que ser la embajada y no un despacho... y la discusión interna fue... pensar en una cifra que capturara la imaginación de los gringos y luego ponerle la carne a esa cifra y por eso se llegó al umbral de los mil millones de dólares, al 1.4 mil millones y la tarea entre marzo y mayo era cortar con lo que había habido hasta ese momento... y asegurarse de que hubiera complementariedad de equipo... y ya al final Bush dice: "Vamos para adelante" (Sarukhán).

Este tipo de disciplina fue excepcional y no característica de la administración de Calderón.

## El personalismo calderonista

Uno de los más importantes problemas de la política pública en México es la debilidad de las instituciones (Brinks, Levitsky y Murillo, 2019). Esto, aunado a la tradición política personalista del país (Morris, 1991), lleva necesariamente a una discontinuidad en la persecución de los objetivos nacionales y a una gran improvisación en el quehacer gubernamental, incluyendo los grandes pendientes, como el desarrollo económico y el Estado de derecho.

Estos dos factores —la debilidad de las instituciones y el excesivo personalismo de la política mexicana— operan como fuerzas estructurales que dan forma a la hechura y curso de muchas políticas públicas en el país, y su efecto no estuvo ausente durante la administración calderonista. De hecho, la personalidad misma de Calderón fue un elemento importante que magnificó la incidencia de estos factores en la guerra contra la delincuencia organizada y es muy posible que haya contribuido al nivel de improvisación con el que se llevó a cabo la estrategia de seguridad. En este sentido, hay un aparente consenso entre los entrevistados acerca de la actuación de Calderón, aunque hay dos visiones sobre el papel y el impacto de éste sobre el problema de la seguridad.

En un primer nivel, el consenso es que el presidente se comprometió de manera personal con el combate a la delincuencia organizada. Calderón condujo la estrategia, las operaciones, los cambios, las evaluaciones, etcétera, de manera personal. El presidente "se metía hasta los detalles… era un *micromanager*… al que se le daban documentos y regresaba del fin de semana con anotaciones de puño y letra" (Arzt). "Calderón fue un presidente *hands-on* propiamente… muy disciplinado, muy estudioso, muy aplicado… tenía que sentirse muy satisfecho con todos los temas" (Fernández de Castro). Él era el centro de las decisiones.

El profesor Raúl Benítez Manaut señala que: "Las decisiones claramente las tomaba él. La seguridad para Calderón era una política presidencial. Él estaba dentro del tema; dirigía completamente, discutía personalmente. Todo salía directo de Los Pinos. Tuvo reuniones con gente… pero él sabía todo… Luego venían los gringos y él discutía con ellos personalmente".

158

Además, Calderón tenía una política de adversarios: ponía a su gabinete a discutir. Edgardo Buscaglia coincide, pero lo describe mucho más negativamente: "Calderón es un hombre con una inteligencia emocional muy pobre. Es intelectualmente hábil, pero su inteligencia emocional es baja. Agrede, se enoja, es irascible". "Al final, el presidente estaba tan metido en el tema que se había convertido en un mariscal de campo, más que en un general" (Benítez Manaut). La guerra contra la delincuencia organizada se había convertido en una obsesión personal. Y al final, su personalidad terminó dominando muchas de las conversaciones hasta el punto de la sordera.

Ahora bien, este acercamiento personalista es controvertido y aparece en muchas conversaciones; hay quienes ven ventajas y quienes ven desventajas. Por ejemplo, como ya mencionamos algunos dicen que el presidente era muy inteligente, comprometido y un *policy wonk* —es decir, alguien que conoce profundamente todos los detalles de una política pública y hace cuestionamientos inteligentes y pertinentes—; pero otros argumentan que su estilo llevó a que al final la estrategia tuviera capacidad operativa pero no capacidad estratégica. "El expresidente es un hombre muy obstinado y de mucho ímpetu... un poco frío; no hizo un trabajo previo, no se guardó las ganas, no se contuvo ni hizo un diagnóstico como tú pensarías... [un esfuerzo] por medir cómo estaban sus fuerzas, con qué contaba" (Guerrero). "El expresidente pensó que lo podía todo, pero las elites locales tenían un gran control" (Escalante). Hay incluso quienes argumentaron que "Calderón era un estadista convencido de que al final el Estado iba a prevalecer" (Fernández de Castro).

Al final, este estilo, a la vez personal y personalista, de Calderón pareció eclipsar su brillantez y dedicación y lo hizo tomar decisiones de corto alcance que llevaron la estrategia de seguridad a un estado químicamente reactivo y a perder los grandes temas

159

estratégicos, algo que finalmente tendría un costo para él y para su partido político en las elecciones de 2012.

Hoy vemos que éste sigue siendo uno de los pecados originales de la política pública mexicana: una herencia del régimen priista, pero ya sin el apuntalamiento de un andamiaje político fuerte y duradero y un consenso sobre lo que se puede y no se puede.

## La justificación intelectual de la guerra: Villalobos

Como ya se argumentó, toda estrategia en el marco de una política pública requiere no sólo de una justificación empírica —diagnósticos, cifras, números, datos— y de un consenso político relativamente sólido y amplio, sino también de una justificación intelectual —un marco teórico que dé coherencia al todo. Así como vimos ya que la administración de Calderón carecía de los dos primeros elementos, a lo largo de este estudio nos dimos cuenta de que carecía también de una justificación intelectual. La Operación Conjunta Michoacán, como ya se explicó, dio pie al comienzo de una estrategia errónea que más bien se antoja improvisada, y, para propósitos de este apartado, carente de una justificación intelectual.

Con el tiempo, el equipo calderonista se fue dando cuenta de que era necesario explicar la estrategia y sus objetivos ante las clases pensantes de una manera más intelectualmente coherente que diera sentido a todas las decisiones, acciones y operativos como un todo. Sin esta explicación intelectual, las críticas al presidente sólo irían creciendo.

Quien finalmente vino a proveer esa justificación *post facto* fue un exguerrillero salvadoreño de nombre Joaquín Villalobos. "A Joaquín Villalobos lo trae Eduardo Medina Mora en 2004. Nunca tuvo mucho contacto con Calderón como tal... [pero] Villalobos es el que le da un toque intelectual *ex post* a lo que hizo Calderón... Villa-lobos le da [a la estrategia calderonista] un embalaje más histórico, más intelectual" (Castañeda).

Bajo las explicaciones teóricas de Villalobos, la administración calderonista comienza a argumentar que la propuesta era fragmen-tar a los grandes cárteles, precisamente porque éstos eran los que representaban una amenaza formidable para el Estado mexicano. Los añicos de los cárteles pasarían a ser no un problema de seguri-dad nacional, sino un problema de seguridad pública. Entretanto, el Estado mexicano —es decir, el gobierno federal— construiría las fuerzas policiacas bajo la dirección de Genaro García Luna y articu-laría las policías estatales en una gran estrategia suficiente para aca-bar con los remanentes de los cárteles. Uno de los autores de este libro recuerda claramente cuando David Shirk, profesor de la Uni-versidad de San Diego e intelectual cercano al presidente, describió esta misma estrategia en una conferencia.

Independientemente del momento en que las ideas de Villa-lobos llegan a justificar intelectualmente la estrategia de Calderón, el periodo sexenal no fue suficiente para construir las instituciones necesarias para darle seguimiento. Los cárteles sí se desarticularon —la mayoría—, pero dieron paso a un panorama mucho más com-plicado en el cual quedaron docenas de grupos criminales por todo el país.

Y el presidente Peña no quiso darle seguimiento a esta estrate-gia. Al contrario, la urgencia de reducir el número de homicidios y delitos lo llevó a dar una tregua inicial a estos grupos. Así pues, la desarticulación de las fuerzas federales respecto de las fuerzas es-tatales y municipales, la penetración de un sinnúmero de fuerzas policiacas locales por el crimen organizado, los altos niveles de vio-lencia, y la creciente presión política sobre la administración cal-deronista —particularmente por parte del PRI— no dieron tiempo suficiente para que se consolidara una estrategia efectiva. Y al final, Calderón deja el poder altamente cuestionado y con múltiples críticas, por lo que se confirmó que había sido una guerra improvisada hasta intelectualmente.

## Consecuencias no previstas: la militarización y los derechos humanos

La estrategia calderonista en materia de seguridad tuvo otras consecuencias trascendentales, las cuales encierran lecciones para el futuro. Entre ellas se encuentra la controversia generada por el uso de las fuerzas armadas, una controversia que sigue viva en el México presente.

Al haber declarado una guerra contra el crimen organizado —aunque después el mismo Calderón haya dicho que no era una guerra en sí— el presidente comprometió a las fuerzas armadas en una lucha campal que la delincuencia organizada parece haber aceptado con gusto. La violencia se fue extendiendo por más estados y más municipios (Molzahn, Rodríguez Ferreira y Shirk, 2013). Lo que había empezado con ciertos focos rojos —Laredo, Ciudad Juárez, Acapulco, Uruapan—, se fue extendiendo a muchas otras partes del país. Las confrontaciones entre los militares y los delincuentes organizados se tornaron también cada vez más sangrientas. La guerra entre las fuerzas armadas y la delincuencia organizada tuvo efectos no sólo sobre la imagen y la reputación de las fuerzas armadas, sino también un impacto importante sobre el tema de los derechos humanos.

A los militares se les comenzó a acusar no sólo de corrupción, sino de cometer delitos y desapariciones extrajudiciales. El profesor Bruce Bagley, quien siguió de cerca el sexenio calderonista, comenta: "Había una fuerte percepción de corrupción en las fuerzas armadas". La respuesta de Calderón fue utilizarlas "porque no tenía las instituciones necesarias para hacer" lo que quería hacer, y "no había muchas opciones más que introducir a las fuerzas armadas en esta nueva tarea" (Bagley). Esto pudo haber sido cierto, pero al involucrar a las fuerzas armadas expuso a una institución otrora altamente respetada a un desgaste político inédito, como comenta el general Tomás Ángeles Dauahare.

Y las fuerzas armadas pagaron un alto precio también, inevitable quizá porque se deben a la obediencia al presidente. Un entrevistado incluso manifestó, por ejemplo, que los marinos comenzaron una campaña agresiva contra los Zetas en Veracruz debido a que éstos se convirtieron en el azote número uno de la delincuencia sobre la población en general. Esta persecución de los Zetas incluyó, según este entrevistado, su captura y, sin proceso judicial, su eliminación dejándolos caer desde helicópteros en el golfo de México. Según este entrevistado, "[el gobernador] Duarte, con la Marina, le pide a Sáynez que le ayude y hacen una matazón [en Veracruz]... La Marina ha tenido un papel muy perverso. Son operaciones súper fallidas. Son los desaparecidos de Nuevo Laredo, los tiburones en Veracruz, entre otras".

Eduardo Guerrero también argumenta que "Veracruz es un caso muy cuestionado pues las fosas que se están empezando a encontrar [en ese estado] son sólo la punta del iceberg... [producto] de un trato entre [el gobernador] Duarte y el secretario de la Marina... Sáynez les dice a los medios: 'Tengo un compromiso con el señor gobernador de que le vamos a limpiar de Zetas el estado de aquí a que termine el año'". Es un pacto que implica que "hagan lo que sea, maten a quien sea, van a alinearse las fuerzas estatales y municipales con la Marina, vamos a ayudarles en lo que sea, y básicamente lo hace la Marina. Aquí no va a haber operativo conjunto"

163

(Guerrero). De igual forma, en Ciudad Juárez, el Ejército fue acusado de allanar viviendas y robarse el mandado de las alacenas. El desgaste de las fuerzas armadas al final fue brutal.

Las historias de la guerra contra las drogas tampoco tuvieron los mismos resultados en todo el país. Siempre hubo diversos factores que se combinaron para ofrecer distintas consecuencias en distintos lugares. Muchos de los entrevistados hablaron sobre componentes de la estrategia y sus resultados en diferentes puntos geográficos. Un entrevistado dijo, por ejemplo, que hay "tres historias de éxito en el periodo de Calderón que son modelos muy distintos. El primero es Tijuana. En Tijuana el éxito se basa en un trabajo local de limpiar las policías y de generarle confianza a la gente en las policías y que la gente tenga la capacidad de proporcionarles información". Aun así, Tijuana fue un caso controvertido y Leyzaola y Capella terminaron con una imagen dañada. El segundo no fue tan criticado como el primero, quien fue incapacitado al final por acusaciones de violación a derechos humanos. Ahora bien, este mismo entrevistado afirmó que "el segundo caso de éxito es Ciudad Juárez y [ahí] el éxito tuvo que ver con una cuantiosa inversión por parte del gobierno federal [después de enero de 2010], que no era replicable en otros lugares porque es demasiado cara. En términos de financiamiento es muy difícil tener demasiados Juárez". Finalmente declaró:

> [...] el tercer caso de éxito es Veracruz, pero también es un caso muy cuestionado [como ya se indicó]. Sáynez dice... aquí voy a ser yo... no vamos a trabajar con Sedena porque vamos a hacer cosas tan cabronas que otras agencias no pueden tener otra información. Manda a Sedena a Córdova, a la Policía Federal los manda a Coatzacoalcos y dice: "Yo voy a operar en el puerto de Veracruz y yo voy a tener el mando único de esto".

El entrevistado continúa:

> Para la Marina la estrategia va a ser ésta: vamos a matar, vamos a sacar del estado a todos los jefes policiales, policía municipales que están colaborando de manera activa vamos a sacarlos del estado, y a todos los halcones los vamos a matar nosotros... vamos a dejar que las células del Cártel de Sinaloa que operan en el estado acaben con ellos, y entonces entra Gente Nueva y el Cártel Jalisco Nueva Generación... y se anuncia como los Mata-Zetas y comienzan esas matanzas tremendas... las primeras de ellas se hacen muy públicas pues dejan los cuerpos en el Boulevard Ávila Camacho.

Otros entrevistados coinciden:

> Ahí [en Veracruz] el Gobernador se asusta y habla con el secretario y le dice: "Señor secretario, yo les dije que hicieran lo que quisieran, pero no me dejen los muertos en las calles porque ya me cancelaron las reuniones de hoteleros, estamos perdiendo inversiones, sí maten a la gente, pero no lo hagan de manera pública, pues esto me genera un gran problema". Hay órdenes de que ya no se deje a la gente en las calles. Entonces hay grandes matazones y los cuerpos los dejan en unos departamentos y no los matan con tiros de pistola, sino los asfixian y empiezan a apestar los cuerpos y empiezan a llegar los periodistas y empiezan a tomar fotos y entonces va la gente de la Procuraduría de Veracruz a sacar los cuerpos... más de treinta, en una zona muy lujosa y entonces otra vez se vuelve un escándalo mediático y el gobernador corre al procurador por no haber operado bien esto. Y lo que empieza a haber en este momento... las matanzas... que puede ser por parte de Mata-Zetas o la Marina e inmediatamente después del enfrentamiento y están los muertos... llega un comando de la policía estatal... levanta a los muertitos, los sube en

camiones de redilas… hacia no sé dónde. Veracruz… un cemente-
rio (Valdés).

Así, hasta el simple hecho de que diferentes puntos requerían matices en la estrategia fue algo que se aprendió tarde, lo que indica
que las propias fuerzas armadas concebían su papel como de guerra
abierta, campal, sin tregua y sin miramientos hacia las repercusio-
nes de su labor. Peor aún, este tipo de prácticas se extiende a otros
estados, por ejemplo, Coahuila. Para la corresponsal de *Los Angeles
Times*, Tracy Wilkinson, los asesinatos extrajudiciales se normaliza-
ron y se sospechaba que las fuerzas armadas estuvieron detrás de
esas ejecuciones.

Hace sólo algún tiempo, el subprocurador de Coahuila anunció el hallazgo de quinientos restos óseos en distintos municipios y
un mes después salió el procurador de Nuevo León a anunciar el
hallazgo de mil restos. Tres semanas más tarde, el procurador de
Veracruz anunció lo mismo y lo corren. Transcurridos los años, se
siguen encontrando fosas por todo el país. Cierto que la delincuencia organizada tiene mucho que ver con ello, pero es imposible
exonerar a las fuerzas armadas de haber participado directa o indi-
rectamente en la carnicería en que se convirtió el país. Para Alfredo
Corchado, el papel de las fuerzas armadas fue finalmente muy cuestionado y nunca han podido recuperarse de esas sospechas.

Es muy probable que algunas de las actividades de las fuerzas
armadas hayan sido del conocimiento de la embajada de Estados
Unidos en México, ya que el embajador, Carlos Pascual, criticó fuertemente a las fuerzas armadas, lo que provocó que Calderón pidiera
su retiro de México. Además, parecía existir una falta de coordinación entre las fuerzas armadas, la Policía Federal y las policías locales. Sigrid Arzt menciona que todos ellos "competían entre sí". Así,
la guerra contra la delincuencia organizada les costaría a las propias

fuerzas armadas un enorme capital político. Pero extraer al Ejército de la lucha contra la delincuencia organizada ya no era posible. El presidente los había comprometido y "no era posible meter a ese genio a la lámpara" una vez que había salido de ésta, lo que constituye una importante lección para quienes siguen abogando por el uso de las fuerzas armadas en la seguridad pública. Su intervención siempre será riesgosa y debe ser acotada, regulada, monitoreada y fiscalizada, y eventualmente terminada. Su uso, además, representa un riesgo moral para la nación. Mientras se continúe haciendo uso de las fuerzas armadas, el país seguirá posponiendo la creación de las fuerzas policiacas que requiere.

## El Michoacanazo

Quizá no se puedan negar las buenas intenciones del presidente Calderón, pero sí se puede asegurar que su estrategia se fue improvisando y que, gracias a esa improvisación, no se pudieron consolidar ni siquiera los elementos más simples del Estado de derecho en México.

En este sentido, otro importante evento que muestra el nivel de improvisación de esta guerra contra la delincuencia organizada tiene que ver con el llamado "Michoacanazo".

El Michoacanazo se refiere al arresto de once presidentes municipales, dieciséis funcionarios estatales y un juez del estado de Michoacán, a quienes se les acusó, el 26 de mayo de 2009, de vínculos con el crimen organizado. En este caso, todo apunta al *modus operandi* natural del crimen organizado: 1. llegar a un territorio; 2. retar al grupo criminal local y eliminarlo o cooptarlo; 3. neutralizar a las autoridades locales combatiéndolas o haciéndolas partícipes y 4. organizar y extender las actividades delictivas ya con la anuencia o el

167

permiso de los políticos vinculados a la banda. Es evidente que en Michoacán éste fue el caso. Sin duda, estos personajes participaban con la delincuencia organizada en Michoacán. Pero su arresto terminó exhibiendo la improvisación de la guerra contra la delincuencia organizada precisamente porque expuso la desarticulación con la cual se operó el sistema de procuración de justicia.

Medina Mora describe el incidente del Michoacanazo de la siguiente manera:

> Yo era procurador… Eran cuarenta y dos o cuarenta y tres personas… unos del PRD, unos del PAN y otros del PRI, más del PRD… Leonel Godoy era el gobernador y un compadre del papá de Leonel Godoy era la Tuta y le decían "Tío", era uno de los líderes de la Familia [Michoacana]. Entonces el hermano de Leonel Godoy estaba metido hasta el copete en eso. El procurador… bueno… no eran malas personas, pero cuando estás metido en una geografía que está tomada físicamente hasta las últimas… pues al final no tienes opción… los políticos no gobiernan (Medina Mora).

El resultado fue que los expedientes quedaron mal integrados —un problema muy común en la procuración de justicia en México— y los inculpados salieron libres uno a uno. El Estado mexicano pudo haber probado su involucramiento en la delincuencia organizada, pero su nivel de coordinación y articulación entre las distintas entidades que tuvieron que haber participado para dar seguimiento a estos casos falló. "Lo que le dio el tiro de gracia a la administración fue el Michoacanazo. Sabíamos que [los funcionarios] sí estaban metidos… pero no hubo una buena investigación" (Aguilar). Sigrid Arzt lo confirma diciendo que los homicidios "no derivaban propiamente en una investigación".

Al final, esta situación muestra la incapacidad del gobierno para entender que no todo era cuestión de un enfrentamiento con la delincuencia organizada o incluso de una depuración de la clase política involucrada con ella, sino cuestión de articular los casos y darles seguimiento hasta ir privando a los delincuentes de su capacidad de colaborar con las autoridades políticas y procurar protección, ya sea por medio de la cooptación de los políticos locales o por su eliminación. Separar la política de la delincuencia es una tarea indispensable, pero no cuando el nivel de improvisación permite, al final, que quienes colaboraron con la delincuencia organizada o la protegieran salgan libres.

Este caso habla también de que la construcción de instituciones fue deficiente. Para establecer el Estado de derecho en un país se requiere más que enfrentamientos abiertos contra la delincuencia. Se requiere de la formación de autoridades judiciales técnicamente competentes para dar seguimiento a los casos judicializados una vez que los inculpados son entregados al sistema de procuración de justicia. La desarticulación de todos estos eslabones es también parte de una improvisación del sistema de administración de justicia —entonces y, lamentablemente, también hoy.

### Desarticulación vertical y respuestas locales

Los entrevistados también expresaron gran preocupación respecto de la desarticulación organizacional de la estrategia, algo que apunta hacia el hecho de que las piezas no estaban completamente bien pensadas desde el principio.

El tema de la desarticulación interna (por ejemplo, las piezas institucionales que se movían en diferentes direcciones, tales como las fuerzas armadas, la Policía Federal y los miembros del gabinete) es objeto de otro capítulo en este trabajo. La desarticulación vertical, sin embargo, es el tema que se aborda en este apartado y se refiere a la actuación de los gobiernos locales y se manifiesta en la complicada relación del gobierno federal con los estatales, particularmente los gobernadores. Hope explica que "había un problema con los gobernadores... no tenían incentivos para hacer bien el trabajo para la federación", y el gobierno federal centralizaba las acciones creando un peligro moral, "un mecanismo perverso" que impedía regular a los gobernadores e incentivarlos a que hicieran su trabajo.

Aguilar argumenta que para Calderón fue muy difícil acotar a los gobernadores pues "la mayoría era del PRI e iba a ser muy difícil... hacer un pacto político con ellos... Los gobernadores eran muy listos u omisos". A Calderón le faltó decir: "Sin los gobernadores, no voy a poder. Se necesitaban los tres órdenes de gobierno y los tres poderes. La cabeza tenía que coordinar eso... Pero el dinero que recibían, lo querían para elecciones, pura corrupción. Calderón no les pedía nada a cambio" (Aguilar). Y Calderón "no confiaba en los gobernadores y los alcaldes... había una fragmentación política" (Bailey). Además, no les exigía que limpiaran las policías locales.

Bagley coincide: "Yo creo, firmemente, que en algunas ciudades las mejoras de seguridad no llegaron con la limpia de las policías sino con la pacificación de las rivalidades de los cárteles y el avance de Sinaloa", es decir, los logros no llegaron con los esfuerzos de las autoridades a ningún nivel. Pero hubo otros puntos de vista. Selee, por ejemplo, dijo que: "Los gobernadores empezaron a asustarse... al principio los gobernadores del PRI no quisieron colaborar, pero empezaron a percibir que la delincuencia los había rebasado". Aun así, "nunca hubo una estrategia clara y consistente en todo el territorio. No siempre estaban claras las reglas de colaboración y acciones de todos los gobernadores y los alcaldes" (Selee). Al final, la estrategia sufre de una falta de articulación vertical.

Ante el caos de los años más violentos, muchos de los gobiernos locales, viéndose rebasados por la delincuencia organizada, comenzaron a armar sus propias estrategias, aparte e independientemente del gobierno federal. Las elites de Monterrey, por ejemplo, respondieron trabajando con el gobierno del Estado para crear "una fuerza civil estatal" y en Ciudad Juárez "la comunidad empresarial decidió tomar un papel" y la sociedad civil también se levantó finalmente... y quizás esto es lo que marcó una diferencia importante (Wilkinson).

Así pues, lo interesante es que mientras algunos gobernadores comenzaron a colaborar, otros "se hicieron tontos", y otros "sabotearon al presidente" (Castañeda). Pero, así como no sabemos si fue la guerra lo que provocó la violencia o la violencia lo que provocó la guerra, se puede decir que lo mismo aplica a la colaboración entre el gobierno federal y los gobiernos locales y sobre todo la actuación de los actores locales no gubernamentales que finalmente le entraron a organizarse para dar respuesta a la violencia. El resultado, sin embargo, es el mismo: un caos enorme, un país en llamas y una guerra improvisada y para 2010 ya fuera de control (Valdés y Guerrero).

A lo largo del capítulo, los personajes entrevistados nos expusieron sus diferentes opiniones en torno a la estrategia de seguridad calderonista. Cada uno tiene sus propios puntos de vista, en algunos casos son divergentes, en otros existen coincidencias. Sin embargo, algo en que la mayoría coincide es que la falta de diagnóstico sobre la precaria situación en la que se encontraba el país, en especial ciertas entidades federativas, provocó que la improvisación se volviera la regla en lugar de la excepción. Faltó también consenso político, definiciones de éxito y fracaso, mensaje social, articulación interinstitucional, consideraciones sobre las diferencias territoriales y contrapesos al uso de los militares. Cada elemento se fue improvisando.

La premura del presidente y su gabinete por dar resultados, casi espontáneos, hizo que el presidente articulara su estrategia sexenal con base en el éxito obtenido en una primera operación, sin detenerse a reflexionar sobre la magnitud del operativo y sus consecuencias y así optar por la guerra. Las escenas de cuerpos en las calles como producto de enfrentamientos entre el crimen organizado y las fuerzas armadas fueron una constante durante el sexenio. El pueblo mexicano perdió su capacidad de asombro ante estos sucesos. Asimismo, la personalidad del presidente Calderón y su falta de empatía con los familiares de las víctimas profundizó la crisis de seguridad, a tal grado que su administración, hasta la fecha, sigue siendo recordada por su fallida guerra en contra del crimen organizado.

No obstante, si se realiza un balance imparcial sobre este periodo en materia de seguridad pública sería injusto culpar únicamente al presidente y a su administración. La improvisación es parte de la hechura e implementación de la política pública en México, y no algo único del calderonismo. Desafortunadamente, en México se sigue improvisando; se pierden lecciones; se repiten errores. En general, hasta hoy no se ha aprendido cómo hacer política pública de Estado.

# 5
# LOS "GRINGOS"

## Sobre el papel de Estados Unidos

La guerra de Calderón se desarrolla en el marco de la Iniciativa Mérida y la estrategia de cooperación antinarcóticos con Estados Unidos. No obstante que la idea de combatir a los denominados cárteles mexicanos —utilizando al Ejército y una estrategia de seguridad no convencional— se le atribuye principalmente al presidente de México, la influencia de Estados Unidos en el diseño, desarrollo e implementación de la estrategia fue primordial.

Aún no queda claro hasta qué punto el muy violento conflicto armado que resultó de dicha estrategia y las decenas de miles de muertos que ocurrieron en el sexenio 2006-2012 respondieron a intereses o agendas meramente mexicanas. La colaboración de Estados Unidos en la guerra contra las drogas de México no se limitó exclusivamente a los recursos monetarios, equipo, asesoría y entrenamiento contemplados en la Iniciativa Mérida. La participación directa de las agencias de seguridad e inteligencia estadunidenses dentro de territorio nacional se extendió a niveles sin precedentes, dando la impresión a muchos de que "los gringos se habían metido hasta la cocina".

En este capítulo, los entrevistados describen el papel de los estadunidenses en el desarrollo de la guerra contra las drogas de Calderón. Las versiones varían bastante, dependiendo del origen de los entrevistados y su papel en el desarrollo de la estrategia o como evaluadores de la misma. En general, parece que no obstante la aparente iniciativa de Calderón, la guerra contra las drogas en México se diseñó por y para los intereses de Estados Unidos.

## Antecedentes de la cooperación con Estados Unidos

La lucha antinarcóticos en México experimenta grandes cambios a lo largo de la historia. El académico Luis Astorga explica cómo se dan estos cambios y cómo, eventualmente, la Sedena se empieza a involucrar en los operativos para erradicar cultivos de droga y desmantelar redes de narcotráfico de manera directa. En un principio, afirma, "la política de drogas estaba en manos de la Secretaría de Salubridad. La lucha contra las drogas formaba parte más bien de una campaña contra la toxicomanía". La "prohibición" en Estados Unidos cambia esta visión mexicana y transforma la cooperación antinarcóticos entre ambas naciones. Astorga detalla cómo, a raíz de la prohibición, "se reconfigura el campo de la política de drogas a nivel hemisférico. En este nuevo contexto, Estados Unidos busca alinear a México a sus políticas y preferencias".

A partir de ese momento, México comenzó a participar en operaciones antinarcóticos al ritmo y en la forma que le marcaba su vecino del norte y empezó a involucrar directamente a sus agencias de seguridad, tales como la extinta Dirección Federal de Seguridad (DFS), que llegó a operar mano a mano con la Agencia Central de Inteligencia (CIA, por sus siglas en inglés). También se introdujo en esta lucha contra el narcotráfico al Ejército mexicano. Quizás el momento más álgido de esta cooperación con Estados Unidos se dio durante el sexenio de Felipe Calderón. La buena voluntad del gobierno calderonista se hace patente desde el inicio. A sólo unos días de comenzar la nueva administración, se extradita a quince mexicanos a Estados Unidos, once de ellos acusados de cometer delitos contra la salud (Flores, 2007). Sigrid Arzt califica este hecho como "un gesto inédito, pues al mandar Medina Mora el paquete de malosos a Estados Unidos, el gobierno de Calderón da un mensaje contundente a su vecino: 'México le va a entrar; aquí hay voluntad'". Más tarde se anunciarían los operativos conjuntos y México reafirmaría su compromiso en la lucha antinarcóticos.

Desde un principio parecía haber una relación muy buena entre Calderón y el gobierno estadunidense. Esto queda claro en los testimonios del personal diplomático que se entrevistó para el presente trabajo. John Feeley, jefe de misión adjunto en la Embajada de Estados Unidos en México de 2009 a 2012 y encargado de la Embajada en 2011, se refiere a Calderón de la siguiente manera:

> La historia reciente de las relaciones México-Estados Unidos ha sido bastante compleja. Ha habido momentos de euforia que desembocan finalmente en episodios de resignación por las falsas expectativas y las promesas incumplidas. En el tema de la cooperación antidrogas, vuelve la euforia con Calderón. Este hombre bajito puso el dedo enfrente de la cara de Bush y le dijo: "Ustedes también son responsables y tienen que hacer algo". Esto fue recibido bastante bien de nuestro lado y Bush le dice a su equipo: "Estamos jugando *softball*, hay que hacer algo y ayudar a México".

De acuerdo con Feeley, parecía que estaban mejor con Calderón que con Fox, inclusive, pues por fin el gobierno mexicano les dejaba participar. Los diplomáticos estadunidenses con los que platicamos parecían estar contentos con Calderón y quisieron dar la impresión de que fue por iniciativa e invitación de México que tuvieron un papel más directo y preponderante en el combate al crimen organizado en nuestro territorio. Tony Garza, entonces embajador de Estados

Unidos en México, habla de las "conversaciones honestas y directas" que sostuvo con el expresidente Calderón y narra las confesiones que hizo el expresidente en una cena cuando dijo lo siguiente:

> Puedo comparar a México con un paciente enfermo a quien se le practica una cirugía sencilla. Yo pensé que íbamos a encontrar un cáncer y también esperaba que encontraríamos algunos tumores. Lo que yo no esperaba era descubrir que el cáncer había sufrido una metástasis y que tocaba múltiples esquinas de la sociedad. En ese momento, nos dimos cuenta de que la solución sería muy compleja y que requeriría de una cirugía mayor y de un tratamiento que abarcaría todo el cuerpo del paciente.

Lo interesante del pensamiento de Calderón, según refiere Garza, es que:

> [...] no veía el problema como nosotros queríamos que lo viera. Su pensamiento era más amplio. Para Calderón, la violencia asociada con el narco era la expresión de un problema mayor; pensaba que el problema de México se extendía hasta cuestionar las dimensiones básicas del Estado de derecho y creía que la falta de Estado de derecho afectaba la competitividad del país. La racionalidad de Calderón era, en mi opinión, mucho más amplia de lo que mucha gente llegó a apreciar.

El exembajador de Estados Unidos en México se expresó muy bien de Calderón. Veía objetivos comunes; en este sentido, afirma:

> Calderón tenía también sus preocupaciones sobre lo que estaba pasando en Venezuela. En algunos de sus discursos habló sobre Chávez y sobre Cuba. Él pensaba en la democracia y en la importancia de fortalecer las instituciones y el Estado de derecho. Al ver los problemas

de México como un cáncer, Calderón comenzó a ampliar su visión. Ésa parecía ser la visión correcta.

El reconocimiento a Calderón por parte del personal diplomático estadunidense no surge por sí solo. Calderón hizo su mejor esfuerzo para darles una buena impresión de cooperación y de buena voluntad. El expresidente, en realidad, "los impresionó dada su tremenda voluntad para ser abierto y cooperar con ellos" (Bagley) y los estadunidenses lo reconocieron. Rafael Fernández de Castro, asesor de la Presidencia en materia de política exterior en ese tiempo, recuerda que "Calderón fue el único presidente extranjero que Barack Obama vio antes de tomar protesta". También relata cómo Calderón dedicó cuatro días completos a prepararse para ese encuentro;* no quería intérprete en la reunión. "Se puso a estudiar hasta la pronunciación y era muy aplicado, muy disciplinado en sus clases de inglés. Sus discursos en este idioma los grababa tres días antes. Su nivel de inglés, ya en 2009, mejoró abismalmente" (Fernández de Castro).

A Calderón parecía interesarle muchísimo su relación con Estados Unidos. "Antes de la primera reunión con Obama se reunió en Washington con expertos sobre México, como Bob Pastor, Riordan Roett, Arturo Valenzuela, Andrew Selee y Sidney Weintraub.**

---

* Fernández de Castro cuenta también que en esa ocasión "se le mandó una propuesta a Estados Unidos que incluía cuatro temas: 1. competitividad regional (que se incrementaría mediante la profundización del TLCAN), 2. seguridad, 3. bienestar (aquí se incluían los temas de salud y migración), y 4. asuntos fronterizos. México también proponía un diálogo estratégico global y regional y, en un principio, se tocó el tema del cambio climático, que también era importante para Obama, sobre todo en su segundo periodo".

** Fernández de Castro relata que cuando Hillary Clinton vino a México, en marzo de 2009, "hizo un poco lo que Calderón con los expertos. Invitó a David Ayón, Andrew Selee, Pamela Starr, entre otros".

Para este tipo de reuniones, Calderón se súper preparaba y daba la impresión que aquí había algo muy colegiado y que tomaba en cuenta el parecer externo". Para Calderón, "Estados Unidos era parte del problema y, por lo tanto, era parte de la solución. En este sentido, se abraza el tema de la responsabilidad compartida. Según algunos que lo conocen, Calderón tenía claramente dos visiones de Estados Unidos: la positiva y la tradicional". Fernández de Castro nos explica bien estas visiones:

> La positiva hace que el expresidente se prepare y mejore su inglés visiblemente. Después de haber sido presidente del PAN se va a estudiar un curso a Harvard. Ahí se enamora de la Escuela Kennedy de Políticas Públicas y Administración Pública; la ve como una "Catedral del Conocimiento". Ahí se encuentra con gente muy inteligente que ha pensado en tantos problemas. Le comienza a tener entonces una enorme deferencia a Estados Unidos y una gran admiración. Por el otro lado, tiene los prejuicios de una persona de su edad educado en la provincia: un cierto nacionalismo que se nutre de antiamericanismo. Es como una misma persona con dos visiones distintas.

Para el entonces asesor del presidente en materia de política exterior, "Calderón tuvo un momento mágico en su vida cuando fue a Harvard. No sólo se enamoró de Estados Unidos y de las escuelas de políticas públicas estadunidenses, sino que ahí se hizo también de buenas amistades y conoció a colegas con quienes colaboraría más adelante. Muchos de sus compañeros de Harvard llegaron a trabajar en la administración pública en México, como Toño Vivanco, Salomón Chertorivski y Dionisio Pérez-Jácome. Fue un momento muy especial para Calderón" (Fernández de Castro).

## La Iniciativa Mérida

En Boston, Calderón también conoció a Carlos Rico* quien, según cuentan, fue el creador intelectual de la Iniciativa Mérida, programa de cooperación antinarcóticos que determinaría el papel y la influencia de Estados Unidos en la guerra contra las drogas que declaró Calderón casi inmediatamente después de tomar posesión. Se dice que a través de la Iniciativa Mérida, los estadunidenses ejercieron un papel protagónico en la militarización de la estrategia de seguridad mexicana, lo que causó, ciertamente, un aumento explosivo de la violencia en el país.

La influencia estadunidense en la militarización de la seguridad pública en México tiene sus antecedentes en la Operación Cóndor (1975-1978). Sin embargo, ya desde la segunda mitad de la década de 1970, "Estados Unidos va impulsando la participación masiva de militares en la lucha contra las drogas", según afirma el profesor Luis Astorga. Hay países en América del Sur que pasan de regímenes civiles a militares en la lucha contra las drogas. La influencia de Estados Unidos en estos procesos es innegable. Por ejemplo, dice Astorga, "el número de militares que fueron utilizados en la Operación Cóndor fue similar al de la Operación Fulminante en Colombia (alrededor de 10,000 operativos)".

Y llegamos así al Plan Colombia y luego a la Iniciativa Mérida. Esta última fue realmente una propuesta de dos legisladores texanos: Silvestre Reyes y Henry Cuéllar, quienes presentaron la iniciativa de ley para la denominada "Alianza con el Vecino Próspero y Seguro" (*Prosperous and Secure Neighbor Alliance Act*) en 2007, la cual fue clave para lo que posteriormente sería la Iniciativa Mérida. Dicha

---

* Carlos Rico fue cónsul de México en Boston, de 1999 a 2002. Calderón estuvo en la Escuela Kennedy de Harvard en el año 2000.

legislación "incrementaría la asistencia estadunidense para mejorar la seguridad y promover el desarrollo económico en México". Estos dos componentes serían "cruciales para combatir la venta de drogas, la violencia relacionada con las mismas y otras actividades criminales en México y Estados Unidos" (Congreso de Estados Unidos, 2007).

Varias fuentes hablan de la enorme influencia de Estados Unidos en el diseño de la Iniciativa Mérida. Algunos, incluso, sugieren que fue exclusivamente una iniciativa estadunidense. Una fuente muy cercana a Calderón afirma que la idea de militarizar la seguridad en México y, por ende, la forma específica de la cooperación que se daría entre México y su vecino del norte para librar la denominada "guerra contra las drogas" mexicana, proviene precisamente de Estados Unidos. Una fuente anónima también explica cómo supuestamente Calderón adquiere esta idea en su primer viaje a Estados Unidos durante el periodo de transición, cuando era aún presidente electo. A algunos les parece "muy lógico el interés de los estadunidenses en apoyar la militarización de México por así convenir a sus intereses y al crecimiento de su industria armamentista" (Anónimo). Es preciso recordar también que la Prohibición Federal de las Armas de Asalto (*Federal Assault Weapons Ban*) de Estados Unidos expiró en 2004.

Pero en realidad, ¿qué tanto influyeron los estadunidenses en los juicios de Calderón con respecto a la estrategia antinarcóticos o su denominada "guerra contra las drogas"? Según una fuente muy cercana, "el papel de los gringos y su influencia fue fundamental. En su primera visita a Washington atiborraron a Calderón de información sobre la inseguridad en México y luego aprovecharon para darle consejo y ofrecerle ayuda en lo subsecuente" (Anónimo). Aunque muchos en México piensan que la guerra contra las drogas y la Iniciativa Mérida fueron idea de Calderón, esto podría ponerse en duda; algunos que estuvieron cerca del expresidente afirman lo contrario.

180

En el periodo de transición, antes de su primer viaje a Washington, Calderón se reunió con Tony Garza, entonces embajador de Estados Unidos en México, un par de veces. Nos cuentan que Calderón le comentó a Tony Garza sus preocupaciones y su deseo de que Estados Unidos participase. Según estas versiones, Garza informó a Bush que el presidente mexicano traía este tema en su agenda. La verdadera discusión se dio hasta marzo de 2007, en Mérida, y aquí Calderón parece decirle al presidente de Estados Unidos: "Queremos irnos con todo".

La discusión es complicada dentro de México en lo que respecta al papel de Estados Unidos en asuntos de seguridad nacional. Supuestamente, "ésta fue una decisión de México", según afirma el exembajador Arturo Sarukhán. "La vocería debía ser la embajada y nosotros cabildeamos esta iniciativa. Además, pensamos en una cifra que capturara la atención de los gringos. Estábamos en realidad rompiendo con lo que había sido la cooperación bilateral en temas de seguridad hasta ese momento" (Sarukhán).

En efecto, la Iniciativa Mérida transforma el paradigma de la relación bilateral. Sin embargo, cabe destacar que México invirtió muchísimo más que Estados Unidos en el marco de dicho esquema de cooperación. Al respecto dice Sarukhán:

> México gastó cuatro o cinco veces más. Iniciativa Mérida no era realmente sobre la lana, sino que cambia el paradigma de interacción entre México y Estados Unidos. Para mí, Mérida es la partera de una relación moderna entre dos países vecinos que son, además, socios estratégicos. Mi argumento es que si Francia y Alemania, después de estarse rompiendo el hocico, ya son socios, entonces no hay razones para pensar que nuestros dos países del continente americano no puedan tener una relación cercana en pleno siglo XXI.

Otros destacados miembros del gabinete de Calderón concuerdan con la visión de que fue México el que tomó la iniciativa. Una persona muy cercana a Calderón en ese tiempo comenta:

> Nosotros teníamos como objetivo el control territorial, es decir, el control de los grupos que podían desafiar al Estado. Nosotros teníamos nuestros severos problemas de seguridad. En este contexto, la Iniciativa Mérida sí fue un reclamo. A Colombia le habían dado todo, pero a nosotros nada. Y sí… México invirtió mucho más que Estados Unidos, pero lo relevante de la Iniciativa Mérida no era el dinero sino el compromiso político. El objetivo era hacer un compromiso a nivel político muchos más fuerte (Anónimo).

El exdirector del Cisen, Guillermo Valdés, argumenta también que México tuvo un papel preponderante en la arquitectura de la "nueva" relación con Estados Unidos y explica:

> Decidimos primero pasarles la factura a los americanos y fue nuestra iniciativa comunicarnos con el presidente Bush. Se les demostró que ellos también eran responsables. Aunque la propuesta sale de nosotros, empezamos a hablar de cooperación y no de ayuda. Les fascinó la idea y decidieron apoyarnos. Nos preguntan entonces: "¿En qué los apoyamos?". Hicimos una carta a Santa Claus, que incluía una lista de acuerdos y una estrategia que propusimos nosotros.

La propuesta a la que se refiere Guillermo Valdés se componía de cuatro ejes e iba más allá de los operativos militares. En primer lugar, se planteaba "que el Estado debía recuperar el espacio físico y político en aquellas zonas ya controladas por el narco". Pero además de los operativos se propuso: "Desarticular las redes políticas y policiacas de protección al narcotráfico; fortalecer las instituciones;

recuperar la base social del narco y fortalecer la cooperación internacional, pues éste es un problema transnacional, no sólo de México". Valdés califica estos cuatro ejes como los antecedentes de los pilares de Iniciativa Mérida, que se discutieron en la administración de Bush pero que se pusieron en práctica ya con Obama.

El embajador Tony Garza confirmó esta versión y cuenta una anécdota. Según este relato, Calderón mira a Bush y le dice:

> "Yo le entro si tú le entras." Bush responde: "Yo estoy adentro" (*I am in*). Y cuando Bush le pregunta qué necesita, Calderón dice [a manera de broma]: "Señor presidente, si tiene a Jack Bauer, entonces yo lo quiero". Bajo esta nueva lógica se empujaron Mérida y sus objetivos. Después de mí vino Carlos Pascual, quien concretó los cuatro pilares de la Iniciativa, reconociendo que cualquier tipo de cambio requería de estrategias y acciones conjuntas que debían trascender cualquier sexenio. Así, los dos gobiernos establecieron la agenda del cambio y reconocieron que los retos eran enormes y algo tenía que hacerse.

Otra de las funcionarias más cercanas a Calderón, Sigrid Arzt, también defiende la misma idea de que "fue México el que propuso la cooperación en el contexto de Mérida".* A ella se le comentó lo que algunos decían: que el presidente Calderón, durante el periodo de transición, no tenía bien conceptualizado el problema de seguridad en México y que fueron los estadunidenses quienes lo alertaron, le proporcionaron información y lo dejaron pasmado; así él se quedó con la predisposición de dar a los estadunidenses más espacios.

---

* Se afirma que los principales arquitectos de la estrategia, junto con Calderón, fueron Carlos Rico (subsecretario para América del Norte de la cancillería mexicana), Guillermo Valdés y Sigrid Arzt. Fueron como "el trípode de Iniciativa Mérida" (Anónimo).

Sobre esta versión, Arzt comenta:

> Yo he escuchado esta versión, pero a mí no me tocó ir al primer via-
> je de Calderón a Washington... me tocó ir a un viaje estando ya en
> la administración. Ahí presencié cuando el presidente —ya con la
> conceptualización de lo que fue posteriormente Iniciativa Mérida—
> fue quien le insistió a Bush sobre la necesidad de la cooperación. El
> presidente estadunidense en ese entonces no estaba aún convencido
> sobre otorgar los apoyos. Y eso sí me consta; había dudas del presi-
> dente Bush.

Quien fuera la secretaria técnica del Consejo de Seguridad Nacional y después Comisionada del IFAI, califica de exagerada la influencia que se le atribuye a los estadunidenses en esta época. Se dice
que se "da manga ancha a sus agencias", pero considera que "ésta es
más bien una percepción. Hay que analizar bien los números de los
agregados de las agencias estadunidenses. Por ejemplo, en el caso
del FBI se pasa de cerca de veinticinco agregados a ochenta y siete
aproximadamente. A la hora que haces los números, no es tanto".
Pero como se dijo antes, esta visión no la comparten todos. Los no
tan cercanos tienen una percepción más crítica y señalan "el papel
protagónico de los estadunidenses" (Anónimo).

La periodista de *LA Times*, Tracy Wilkinson, por ejemplo, afirma que:

> Calderón recibió documentos de su *staff* y de los estadunidenses que
> mostraban una situación muy delicada, lo cual le urgía a actuar de
> inmediato y atacar a los responsables. Esto se fue alimentado con
> imágenes constantes en medios de Estados Unidos que daban la im-
> presión de que México era un "Estado fallido". El papel del gobier-
> no de Estados Unidos y de la prensa internacional fue crucial, pues

hicieron que se percibiera un riesgo real. Pero sí parecía que el riesgo era real, pues el crimen organizado dominaba efectivamente partes del territorio de México.

El académico Luis Astorga también parece haber percibido un riesgo real y entiende mejor al expresidente. Según él:

> Calderón, contrario a Fox, sí tenía una visión más informada de lo que pasaba en México. Su trayectoria y su visión no eran improvisadas, pues estudiaba y se informaba a diario. Además, nace y crece en una familia política; tiene una trayectoria legislativa y le gana en el PAN al favorito del entonces presidente. Tuvo sus problemas; pero no necesitaba que se le impusiera la visión de Estados Unidos. La información en mayor detalle siempre es bienvenida, pero no fue Washington quien determinó del todo sus posturas.

Sin embargo, al preguntársele a Astorga si la Iniciativa Mérida salió de México, su respuesta fue negativa y comentó lo siguiente: "Ése es el discurso oficial; pero esa iniciativa ya se estaba gestando desde antes. Es una iniciativa que se diseña principalmente en Estados Unidos y que México acepta. Se justifica como una iniciativa del gobierno mexicano, pero no es así"; * comenta sobre la existencia de un acuerdo "bajo el cual México no saldría a decir que era una iniciativa de Washington. El mismo gobierno mexicano era el que lo anunciaría y lo haría a través del autoconvencimiento. El gobierno mexicano también tuvo al final un papel muy importante".

Tomando en consideración este contexto, Astorga se refiere

---

* Para entender mejor estos procesos, vale la pena revisar los antecedentes históricos de los efectos de la política antidrogas estadunidense sobre el gobierno y la sociedad mexicanos. Véase Astorga (2003).

a las juntas que se llevaron a cabo en Estados Unidos y en México cuando no tenía nombre aún la iniciativa. "A estas juntas asistieron diplomáticos y expertos como Carlos Rico, Sigrid Arzt, Jorge Chabat, entre otros. En Washington también hubo reuniones a las que siempre iba Roberta Jacobson como representante del Departamento de Estado, así como Diana Negroponte y Arturo Sarukhán. El proceso nos tocó a nosotros desde antes de que se bautizara formalmente al acuerdo bilateral".

En resumen, las versiones varían en función del origen de la fuente y de su posición fuera o dentro de la administración calderonista. Sin embargo, al parecer, ambos países sí estuvieron de acuerdo y sus elites políticas decidieron colaborar de manera cercana. El gobierno de México estaba particularmente abierto a recibir consejo de su vecino del norte y lo dejaría operar de manera directa y cercana como nunca antes en la historia del país. Para Rafael Fernández de Castro, el primer viaje de Calderón a Washington lo cambió todo: "Yo creo que fueron los gringos; sin embargo, estaba bien, era necesario y teníamos muchas expectativas. Pero pronto nos fuimos frustrando; primero porque de lo que nos habían prometido en un inicio, llegó mucho menos y además los apoyos se tardaron mucho en llegar. Estábamos invirtiendo demasiado y esto nos desesperaba. Hillary nos ayuda; incluso ella se metió enormemente para que nos llegaran helicópteros primero".

Fernández de Castro reflexiona y se pregunta: "¿Qué sentía Calderón?". Pues posiblemente que:

En el marco de la Iniciativa Mérida había una zanahoria y un garrote. La zanahoria eran los recursos, que por cierto no eran en efectivo, sino la mayor parte en equipo. Mientras tanto, el garrote era la fiscalización por parte del gobierno de Estados Unidos y de algunas ONG internacionales como Human Rights Watch. Calderón tenía

186

muy claro que le daban mucho garrote y muy poca zanahoria y eso lo hacía encabronar profundamente [...] en un momento hubo mucha desilusión porque él se la jugó con Estados Unidos; arriesgó mucho en términos de imagen y recursos. El presidente le quería pedir a Estados Unidos un billón de dólares por cada año y terminamos como con 1.4 billones por tres años. Pero él decía: *¿Cómo es posible..., cómo nos dan tan poco?*

## La estrategia de "descabezamiento" de los cárteles y el apoyo estadunidense: la *kingpin strategy*

Arturo Sarukhán recuerda cómo, en el marco de la cooperación antinarcóticos, "el gobierno de Estados Unidos le vende al gobierno de Fox (y al de Calderón también) el juguetito del *kingpin approach*, es decir, la estrategia de 'descabezar' cárteles o desarticular la capacidad operativa de dichas organizaciones criminales. Los gringos lo convencieron de que ésa era la estrategia apropiada (que ése era el '*approach*')". Sarukhán dice que: "No, que ése no era el *approach* adecuado", sino que más bien debía ponerse en práctica lo que él llama el *gatekeeper approach* [el enfoque del "guardia de la entrada"]. Si se descabezan los cárteles, se reproduce la violencia y aparecerán nuevas y múltiples cabezas.

Con esta idea en mente, Sarukhán reconoce que ya con el presidente Obama se empieza a complementar la *kingpin strategy* y se añaden a la parte más básica de la Iniciativa Mérida otros elementos o pilares que van más allá de una estrategia de mano dura contra los cárteles. Se comienza entonces a hablar de la cooperación para el fortalecimiento de las instituciones y el Estado de derecho, así como de la inclusión de la sociedad civil en el tema de la seguridad. Aunque esto suena muy apropiado y coherente en teoría, la cruda

187

realidad supera a la buena voluntad y a los buenos deseos. Al final, los críticos parecen señalar el gran fracaso de la Iniciativa Mérida y sobre todo, de la militarización de la seguridad en México.

Lo que sí modificó la guerra de Calderón en el contexto de la Iniciativa Mérida fue la relación entre las fuerzas armadas mexicanas y los estadunidenses. Como explica el profesor Bruce Bagley:

> Históricamente, el Ejército mexicano —por razones bien justificadas— había estado extremadamente preocupado y era muy cauteloso por la dominación que podrían ejercer sus vecinos del norte en los temas de defensa. Por lo anterior, había realizado un gran esfuerzo para limitar el involucramiento de las tropas estadunidenses en cuestiones de seguridad nacional, [y añade] en la guerra contra los "cárteles" que declara Calderón, el Ejército mexicano también quería su tajada del pastel y se alía con Estados Unidos en una estrategia sin precedentes.

Comienza entonces la persecución de los capos, es decir, se implementa de forma generalizada la denominada *kingpin strategy*. Para muchos, especialmente en Estados Unidos, ésa era la estrategia adecuada y México estuvo de acuerdo reconociendo que causaría fragmentación de los grupos criminales en un inicio, pero con la idea en mente de que esto sería pasajero, pues a la par se trabajaba en construir las policías que el país necesitaba.* De nuevo, grandes eran las expectativas, pero al final se fracasó en el intento. Además, como menciona Bagley: "Las agencias de seguridad estadunidenses desconfían de las agencias mexicanas, y no acostumbran compartir información. Los estadunidenses deseaban ser pragmáticos y estaban en lo correcto. Comenzaron a desarrollar algunos canales de

---

* Véase Villalobos (2011).

comunicación, pero de forma muy limitada, particularmente con la Marina".

La relación en materia de defensa y de seguridad fronteriza entre México y Estados Unidos no ha sido lineal, más bien ha tenido un comportamiento irregular. Así lo reconoce Andrew Selee, experto en temas de México, quien en la actualidad encabeza el Instituto de Política Migratoria en Washington:

> México ha tenido periodos de acercamiento y otros de alejamiento, mientras que el gobierno de Estados Unidos ha sido más consistente. A nivel de política pública era una relación que oscilaba entre el acercamiento y el alejamiento. La mayor parte de la cooperación en ese sexenio fue en el tema de inteligencia y se abrieron más canales. Los dos gobiernos se coordinaron muy bien para seguir a los capos (en el marco de la *kingpin strategy*). Estas relaciones de inteligencia fueron muy sólidas con el tiempo. En Monterrey y en El Paso, donde había agentes estadunidenses y mexicanos trabajando de manera bien coordinada, los resultados fueron relativamente buenos. Para arrestar o abatir a los grandes capos, esto funcionó bastante bien.

Lo malo, según argumenta Selee, "fue que la cooperación no trascendió a otras áreas ni contribuyó al fortalecimiento de las instituciones. Se llegaron a tener buenas relaciones operativas pero la estrategia en general estaba fallando. El gobierno mexicano tenía ahora una capacidad de inteligencia importante, pero el enfoque fue el descabezamiento de los cárteles y los aseguramientos de droga". Lo anterior parecía responder al preponderante papel que tuvo la DEA en México en ese momento. Así, "las prioridades de los operadores se convirtieron en las prioridades de la política pública. Y la prioridad de la agencia antinarcóticos estadunidense era simplemente la captura de capos y la confiscación de drogas" (Selee).

Ellos parecen haber definido la agenda de seguridad para México. Al final, explica Selee, pareciera que "las autoridades mexicanas decidieron que irían detrás de los grupos más violentos, específicamente los Zetas. Se concentraron en ese grupo, aunque la DEA no necesariamente estaba de acuerdo".

Al final, la aplicación de la estrategia de descabezamiento, general y luego selectiva, no parece haber dado los frutos esperados. La periodista Tracy Wilkinson es muy crítica al respecto y comenta: "Lo que la estrategia generó fue simplemente la atomización de los cárteles y el surgimiento de grupos más pequeños, aparentemente más fáciles de controlar, pero realmente más difíciles de identificar y muy violentos".

Se generan entonces múltiples células criminales que diversifican sus actividades y se comienzan a especializar en alguna forma de extracción de rentas. "Tenemos ahora miles de cucarachas. Pero se cumplió con lo que quiso Estados Unidos; se siguió su estrategia" (Wilkinson). Un militar retirado (que prefiere mantenerse anónimo) cuenta una anécdota acerca del abatimiento de Arturo Beltrán Leyva. Cuando eso sucede, dice a manera de broma: "¡Nos mataron al Chapulín Colorado! Y ahora, ¿quién podrá defendernos?". En realidad, después de este evento se dispararon los crímenes regulares, robos a casa habitación, extorsión, asaltos callejeros, etcétera. "Se quita una cabeza y salen tres" (Anónimo).

Supuestamente, los estadunidenses, además de enfocarse en las cabezas de los cárteles, estaban interesados en construir instituciones. En lo segundo, sin embargo, el fracaso fue evidente. Entonces muchos ponen en duda toda la estrategia. Para el analista Edgardo Buscaglia, por ejemplo, "la DEA es parte del problema. La agencia es corresponsable del fracaso… el avance de la delincuencia organizada es igualmente producto de la falta de coordinación internacional". Un miembro de las fuerzas armadas (quien desea mantenerse como fuente anónima) también señala a la DEA como responsable de la "fallida estrategia mexicana para combatir el crimen organizado".

Dicha fuente explica cómo "las fuerzas armadas mexicanas habían colaborado bien con la CIA", pero considera a la DEA como una agencia "más entrometida". En su opinión, "es más difícil trabajar con ellos". Cuenta también cómo "la DEA tuvo un papel muy importante en el desarrollo de la guerra de Calderón, sobre todo con la Marina y con la Secretaría de Seguridad Pública de García Luna". Se ha llegado a decir, incluso, que "García Luna tiene ahora mismo un negocio próspero en Miami y que llegó a ser asesor de seguridad de la Organización de Estados Americanos (OEA), dada su buena relación con la DEA. Él ayudó a avanzar claramente la estrategia de 'descabezamiento' que siempre sugiere la agencia estadunidense" (Anónimo).

En efecto, la DEA desempeñó un papel preponderante en la guerra contra las drogas de Calderón. Eduardo Guerrero afirma que "la agencia estaba muy en la línea de Calderón y Calderón estaba muy en la línea de la DEA. Era principalmente esta agencia, pues otras —más sofisticadas, porque la DEA es una agencia de dar golpes— sí se dan cuenta de que la estrategia de militarización de la seguridad pública y descabezamiento de cárteles no estaba dando resultados y sólo estaba causando epidemias de violencia". Además, en un contexto de caos como el que se generó por la estrategia misma, prosperaron muchos otros negocios criminales (como la extorsión, el secuestro, la trata y el tráfico de personas, la extracción de hidrocarburos, entre otras) y "se vuelve todo un caos" (Guerrero).

Eduardo Guerrero es bastante crítico de la estrategia de descabezamiento de los cárteles. Para él, esta aproximación al problema "durante 2007 y 2008 generó un cambio en la estructura de los cárteles que terminó con la deserción de sus mandos medios, quienes acabaron dedicándose a la extorsión y al secuestro". Pero ¿por qué se dio este problema de agencia? "Porque, dado este descabezamiento, empezó a haber tal rotación dentro de las organizaciones criminales que se perdieron el orden y el control. Ello elevó claramente la violencia y también ocasionó que los cárteles tomaran represalias en contra de los desertores. Por su parte, los desertores tenían reputación y conocían bien los mercados criminales; entonces, empezaron a extorsionar y extraer otro tipo de rentas por su lado" (Guerrero).

Otro problema de la cooperación antinarcóticos con Estados Unidos, que se reflejó en la estrategia mexicana, tenía que ver con las diferentes agendas y prioridades de ambos países. Guerrero reconoce que:

> [...] realmente la inteligencia nos llegaba de Estados Unidos y estaba intensamente ligada, por supuesto, a sus intereses. Lo anterior tenía mucho que ver con el arresto selectivo de ciertos capos que producían ciertas drogas que estaban llegando a Estados Unidos. Los gringos tenían bien mapeadas las rutas de las drogas que les interesaban a ellos. Entonces recomendaban y presionaban a México para la selección de blancos, al tiempo que condicionaban la entrega de equipo y tecnología, así como el intercambio de inteligencia, al arresto de ciertos capos.

Un ejemplo de esto último, fue la detención de Nacho Coronel; según el mismo Guerrero:

> [...] parece rara, pues él no estaba ocasionando violencia y encabezaba una plaza relativamente tranquila; sin embargo, era un gran productor de metanfetaminas en Arizona y en Texas, por lo que había muchas presiones para que lo arrestaran. El problema es que

terminan matándolo y ahí se descomponen los grupos criminales en Guadalajara y sube la violencia en esa ciudad. Pero esto sólo puede explicarse por la presión de los americanos.

**El garrote y la zanahoria:**
**la difícil relación con Estados Unidos**

Durante la administración de Felipe Calderón, el acceso de los estadunidenses a la información e inteligencia recopiladas por las agencias mexicanas fue amplísimo y sin precedentes. Al mismo tiempo, como reconoce Eduardo Guerrero, "tenían ya una muy buena inteligencia sobre los cárteles mexicanos. Ellos tienen una red de información muy amplia en México, muy bien pagada; una red construida gracias a todos nuestros capos que mandamos para allá (que extraditan nuestras autoridades); son muy buenos usando el garrote y la zanahoria para convencer a los narcos para que den información: o les ofrecen dinero o les ofrecen menos penas después de ser extraditados". Éste ha sido el *modus operandi* de la DEA. Sobre dicha agencia y la estrategia antinarcóticos de Estados Unidos, una fuente (que pidió no revelar su nombre) comenta:

Los agentes de la DEA son vaqueros, no tienen disciplina. Aprendimos mucho sobre drogas con ellos, incluyendo logística: cómo se mueve la droga, de dónde viene, por dónde entra, cuáles son los precursores, etcétera. Ellos saben que no se puede contener totalmente la entrada de droga. Nadie va a acabar con el narcotráfico. Estados Unidos sabe hacer las cosas bien; incluso con la fragmentación policial que tienen pudieron liquidar a las grandes mafias. Y ¿cómo lo hicieron? Pues pactaron con ellas. En Chicago las cosas fueron un poco más violentas, pero al final pactaron. Mientras tanto, los grandes mafiosos de Nueva York recibieron a cambio una franquicia en el desierto de Nevada; cambiaron de giro y se mudaron para allá. Hay muchos más criminales en Estados Unidos que en México, porque allá el negocio está en el menudeo. Pero la delincuencia organizada en Estados Unidos es parroquial, es de precinto, de localidad. Y la policía administra la delincuencia. Cuando alguien traspasa los territorios demarcados y viola flagrantemente las reglas de conducta permitidas, entonces lo castigan y luego lo controlan. El sistema funciona, los meten a la cárcel por un rato, y ya.

Sorprende entonces que Estados Unidos pida a sus países aliados en el hemisferio que operen de forma distinta en el marco de sus programas de cooperación. El enfoque de estos programas es ciertamente la procuración de justicia y pareciera no haber espacio para pactar. De forma irónica, ésta no suele ser la práctica general en la Unión Americana:

> [...] la cooperación con Estados Unidos suele ser muy desordenada e irregular. En tiempos de Calderón, la relación con ellos en temas de seguridad se manejaba por separado con sus diferentes agencias, como la CIA, la DEA y el FBI. Por ejemplo, existía una relación institucional entre la CIA y el Cisen. Pero el Cisen no sólo se relacionaba con la CIA, sino también con otras agencias, como el FBI, que era la única fuerza que tenía un aparato de inteligencia en materia de terrorismo. Además, estaba la DEA (Anónimo).

Por otro lado, era cierto que los estadunidenses trabajaban de manera desordenada con las diferentes agencias mexicanas: "Lo de la ventanilla única es discursivo, es una aspiración que no se pudo nunca poner en práctica" (Anónimo). De acuerdo con el profesor John Bailey:

esto responde a una manera de operar de siempre; es el estilo americano (*the American style*). Nosotros encontramos siempre una forma, un camino y buscamos un interlocutor hasta que encontramos a alguien receptivo. Se trata de resolver problemas y utilizamos el canal que se nos abre y a través del cual podemos efectivamente lograr nuestra misión. Cada burocracia tiene sus agendas y nosotros encontramos a los interlocutores. A los mexicanos esto les parece caótico, pero no lo es; es nuestro *modus operandi*. No entiendo qué está mal con tener canales múltiples o relación directa con las distintas agencias.

Otros entrevistados (como el general Tomás Ángeles o el diplomático estadunidense John. D. Feeley) confirman esta versión: "Los estadunidenses se aprovechan para trabajar con quien se deje, con el que puedan; usan varias ventanillas" (Anónimo).

Estados Unidos ha llevado siempre la ventaja en materia de cooperación antidrogas y en temas de seguridad con México. De acuerdo con el profesor Sergio Aguayo, "Felipe Calderón no supo manejar adecuadamente su relación con Estados Unidos en materia de seguridad. No tenía una visión acerca de cómo manejarse frente a ellos; no entró a su gobierno con una idea clara del *modus operandi* estadunidense. Cometió varios errores, como abrir las puertas a muchas dependencias de Estados Unidos sin una estrategia". Aguayo menciona dos ejemplos concretos de errores cometidos en ese tiempo; uno relacionado con el contrabando de armas, que "es un ingrediente clave del conflicto... este contrabando debe regularse, respetando la segunda enmienda de la Constitución de Estados Unidos, pero también respetando el derecho de la sociedad mexicana de no verse invadida por armas provenientes de ese país". Aguayo recuerda cómo Calderón se manifiesta en este sentido y denuncia el tráfico de armas, pero luego da marcha atrás.

"Incluso firma un convenio con dos bufetes de abogados para demandar a la industria armamentista en los estados de Florida y de Texas, pero al final no se hace nada al respecto" (Aguayo).

Otro ejemplo que nos da Aguayo es la participación directa de agencias estadunidenses como el FBI, la DEA y el Cuerpo de Alguaciles de Estados Unidos (United States Marshals Service) en operativos para combatir a los cárteles en México. El influyente diario *The Wall Street Journal* reportó incluso incidentes que involucraron a personal de los U.S. Marshals en operativos en México vestidos de marinos (Barrett, 2014). Este tipo de episodios, que supuestamente involucran a agencias estadunidenses en asuntos de seguridad nacional o de seguridad interior mexicanos, generó fuertes críticas entre la opinión pública acerca de la intervención estadunidense permitida por el gobierno de Felipe Calderón.

En este sentido, Eduardo Guerrero comenta que en la administración que le siguió, la de Enrique Peña Nieto, "vieron con malos ojos que los gringos se metieran hasta la cocina". En su opinión:

> […] luego te chantajean al tener tanta información. Filtran mucha información a *The New York Times* y a *The Washington Post* de manera muy estratégica para "aflojar a los mexicanos cuando se ponen duros". Eso se lo hicieron a Calderón varias veces. Y los peñistas se dieron cuenta. Por eso era mejor cerrar clósets donde hay esqueletos y cosas muy feas que no se quiere que los gringos vean.

Y derivado de la experiencia en el sexenio anterior, el gobierno de Peña Nieto trató inicialmente de manejar su relación con Estados Unidos mediante una "ventanilla única" que les daría, en principio, más control sobre la información que proporcionarían a las agencias estadunidenses. Esto parece no haberles agradado pues "les irrita tener que lidiar con los políticos mexicanos tradicionales que centralizan la toma de decisiones. Antes se entendían mucho mejor con el gobierno de México; por ejemplo, mantenían una espléndida relación con Genaro García Luna, quien al parecer les dio un gran acceso" (Guerrero).

Sin embargo, dicho acceso parece no haber venido acompañado de grandes beneficios para México. Calderón, al final de su sexenio, "se encontraba desesperado y culpaba a los estadunidenses de varias cosas", entre ellas de ser "los grandes 'boicoteadores' de su estrategia, dado que resentía el tema del tráfico de armas y de la prohibición. Y ya un poco desquiciado, al final se lo reprochaba a los gringos", y parece que "no estaba del todo equivocado. Recordemos, por ejemplo, el caso de 'Rápido y Furioso'" (Guerrero).*

Otros analistas fueron menos críticos respecto de la relación. Eric Olson, por ejemplo, quien trabajaba entonces en el Instituto México del Centro Woodrow Wilson, expresa lo siguiente:

> Yo siento que hubo altas y bajas, pero la mayor parte las bajas fueron más bien esporádicas y poco pronunciadas. Podemos concentrarnos mejor en lo positivo; la colaboración fue amplia. No podemos asegurar que fue del todo exitosa, pero es posible celebrar la cooperación… en ocasiones las agencias estadunidenses expresarían sus frustraciones o críticas hacia México y los agentes mexicanos. Ellos expresaban sus dudas y preocupaciones acerca de la corrupción, pero celebraron el hecho de que Calderón facilitara un mucho mayor involucramiento de Estados Unidos en la estrategia de seguridad mexicana.

Olson reconoce los avances en la cooperación bilateral, pero también señala que no se dio en todas las dimensiones deseadas, sino que se concentró en la securitización.

* Sobre esta operación, véase Horwitz (2011).

Ciertamente hubo insatisfacción en ciertos círculos. Por ejemplo, uno de los desacuerdos giró en torno a si los agentes de la DEA podrían estar armados. Finalmente pudieron estar armados y el gobierno mexicano se hizo de la "vista gorda", pero públicamente no lo iba a admitir. El caso de Tres Marías —cuando se disparó contra dos oficiales de inteligencia estadunidenses en Morelos— ilustra la complejidad de la cooperación entre México y las agencias de seguridad estadunidenses. No era posible dejar que los gringos operaran por todo el país sin saber qué hacían y por dónde andaban. Pero ellos alegaban que debían defenderse. Todo esto era un asunto controvertido y debía hacerse algo al respecto.

Olson admite esta complejidad y comenta: "Esto pasa, pues Calderón es quien pide la ayuda en primer lugar al gobierno de Bush. Y entonces Estados Unidos obtiene a cambio mucho de lo que quería; ciertamente no todo, pero sí mucho" (Olson).

Los estadunidenses se beneficiaron de la cooperación antinarcóticos con México de muchas otras maneras. A este respecto, Jorge Carrillo Olea comenta:

Los gringos siempre se benefician, siempre traen el consejo, siempre traen la tecnología, y siempre traen al proveedor. Y no les importa afectar a sus socios de otras maneras. A ellos les interesa únicamente el tema de las drogas. No están dispuestos a hacer ningún esfuerzo para colaborar en dos temas clave: la lucha contra el lavado de dinero (a través del seguimiento de los flujos financieros) y el combate al tráfico de armas. Su agenda es monotemática; se enfoca en las drogas y la única misión es detener el flujo de drogas.

Carrillo Olea critica además la colaboración estadunidense negociada por Calderón pues, según él, creó una gran dependencia en términos de operatividad. "Esto se aprecia claramente en el tema de la seguridad pública y la operación la lleva a cabo Genaro García Luna. Se crea Plataforma México y con ello entra al país una enorme cantidad de dinero sujeta a la supervisión y recomendaciones por parte de las agencias estadunidenses". Carrillo Olea también menciona las limitaciones de la colaboración con Estados Unidos en materia de defensa. A este respecto comenta: "El secretario de Marina hizo innumerables viajes a Colorado para reunirse con el Comando Norte. De aquí surgen una serie de cooperaciones no transparentes. Estoy convencido de la colaboración, pero toda colaboración debe estar reglamentada: 'Te doy, me das, y los dos debemos beneficiarnos'. Esto parece no haber pasado para México".

Alejandro Hope habla también sobre la colaboración entre agencias estadunidenses y mexicanas. En su opinión, "la Iniciativa Mérida fue simbólica en tamaño, pero sí determinó la forma de coordinación de México con Estados Unidos y sus agencias". Sin embargo, en el proceso todo parecía desordenado: "Los americanos trabajaron con todos y todos trabajaron con los americanos". En el mismo sentido, el investigador Carlos Flores opina:

En este juego de pesos y contrapesos, es difícil determinar el papel de cada agencia, pues todas tienen sus prioridades y entre ellas también se da la competencia interburocrática... En este periodo hubo incertidumbre y desorganización [lo cual] se dio en el marco de una proliferación de agencias de seguridad en México. Finalmente, no quedaba claro cuál era el juego de Estados Unidos; no se sabía bien qué querían realmente, o cuál era la diferencia entre el discurso de los gringos y sus verdaderos objetivos. Nunca se supo si Estados Unidos buscaba trabajar con personajes honestos, efectivos o serviles.

## El embajador "incómodo"

Uno de los momentos más tensos de la relación bilateral durante el periodo de Calderón fue aquel que culminó con la salida de Carlos Pascual de la Embajada de Estados Unidos en México. Fue en realidad un momento tan tenso que vale la pena analizarlo, pero es preciso ponerlo en contexto y considerar que no representó una ruptura fundamental en las relaciones diplomáticas entre dos vecinos de Norteamérica. En este sentido, el embajador de México en Estados Unidos durante el periodo de Calderón, Arturo Sarukhán, afirma:

> El presidente aprendió mucho de cómo funcionaba Estados Unidos y aunque éste no era su país favorito, Calderón aprendió a matizar las relaciones bilaterales. Tanto con Bush como con Obama mantiene buenas relaciones. La salida de Carlos Pascual fue el inicio de una curva muy importante para Calderón en su relación con Estados Unidos. Sin embargo, no se retrocedió en todo el camino avanzado. Las cosas siguieron bien, pues se había construido un cierto andamiaje institucional que funcionaba. Y yo lo podía calibrar en forma directa. Mi relación con Obama (con la Casa Blanca) y con Hillary Clinton, por ejemplo, fue muy buena. Ellos nunca respondieron de manera negativa recíprocamente cuando se dio el episodio con Pascual. No pidieron a Calderón que me corriera a mí.

No obstante lo anterior, este episodio resultó muy problemático para México, y para Calderón en particular, en distintos niveles. Fue además reflejo de las grandes desigualdades en la relación México-Estados Unidos.

Existen diversas versiones sobre los hechos que llevaron a Calderón a pedir a Obama que retirara a su embajador en México. Las explicaciones van desde lo personal hasta lo circunstancial, y éstas dejan ver la realidad de una relación bilateral asimétrica y de mucho menor cooperación de la que se pensaba originalmente (considérese el episodio de los WikiLeaks,* por ejemplo). Sin embargo, casi todos concuerdan con Tracy Wilkinson en el hecho de que "Pascual era muy directo y crítico de la estrategia, y decía cosas en público que no le gustaban a Calderón".

Según el profesor Luis Astorga, "Pascual estaba jugando con distintas agencias de manera no muy clara". Además, "se quejaba de la desarticulación burocrática y de la falta de coordinación", pero sin reconocer que su país había contribuido mucho a esa situación generando rivalidades y malos entendidos (Astorga). La colaboración no era homogénea entre agencias ni se manejaba de forma centralizada. Se decía, por ejemplo, que "la Semar le hacía caso a la DEA; lo que no necesariamente hacía la Sedena. Por su parte, el FBI trabajaba bien con la Secretaría de Seguridad Pública" (Astorga). Las distintas agencias de seguridad de Estados Unidos operaban en México a través de distintas ventanillas, lo que generaba inestabilidad y errores de estrategia. No obstante, ciertas agencias estadunidenses sí trabajaban de forma coordinada con las mexicanas, pero "no había una articulación real y efectiva con el gobierno central" (Astorga). Y Carlos Pascual era, en cierto modo, el encargado de coordinar estos esfuerzos. Su participación fue además problemática. De acuerdo con Astorga:

> Daba la impresión de que Pascual se pasó de la raya. Se les dio muchísimo acceso a los estadunidenses y se les permitió jugar con las distintas agencias mexicanas. Y luego ellos, deslealmente, empezaron a crear tensiones con el Ejército. Calderón sintió que Pascual llegó

---

* Sobre este episodio, véase Miguel (2012).

al límite. No fue sólo porque se les ocurrió. Había un juego de estar tensionando las relaciones en el gabinete; parecía ser una política deliberada. Estados Unidos, como siempre, defendía sus intereses y el bienestar de las agencias mexicanas no era de su interés. A ellos les interesaba meramente el control de la frontera y el narcotráfico.

Entre las causas por las cuales Calderón pide a Obama la salida de Carlos Pascual de la Embajada se mencionan dos muy importantes. Una tiene que ver con el escándalo de los WikiLeaks, y la otra es de carácter más personal. Cuando se dan a conocer los cables de Wiki-Leaks, Calderón se informa directamente sobre lo que la embajada estadunidense comunicaba a la Casa Blanca. El contenido de estos informes no era muy halagador para México, sino todo lo contrario. Después del enorme esfuerzo que Calderón había hecho para complacer al vecino del norte, y operar en el sentido que sugirieron los estadunidenses a través de la Iniciativa Mérida, resultó que prevalecían en nuestro país la incompetencia, la corrupción, la "aversión al riesgo" por parte del Ejército y la falta de coordinación entre las agencias de seguridad mexicanas.

Enterarse de esas comunicaciones fue devastador para el entonces presidente de México, quien, según dicen varias fuentes, estalló en cólera. En palabras del académico Sergio Aguayo, "Calderón se emberrincha con el embajador Pascual porque éste dice en unos cables que la Marina es más efectiva que el Ejército, e insinúa que éste no tiene las agallas suficientes para hacer frente a la amenaza". Lo que refleja en mucho el carácter de Calderón, y la actitud no parece ser la adecuada. "Es un berrinche que un académico sí puede hacer; pero en la conducción de una guerra, esto no debe pasar. Una guerra es demasiado seria para dejársela a un aficionado. Sin embargo, el presidente declaró una guerra y se portó como un aficionado" (Aguayo).

De acuerdo con otro funcionario muy cercano al expresidente, "lo que realmente ocasiona al final la salida de Carlos [Pascual] tiene que ver con su postura crítica hacia la implementación de la estrategia de Calderón". Dicha fuente observa cómo "el embajador había hecho pronunciamientos públicos negativos sobre la estrategia de seguridad". No sólo se refiere a los WikiLeaks; "previo a su aparición, Pascual ya había hecho declaraciones poco acertadas relacionadas con los operativos de Calderón. Por ejemplo, se pronuncia de forma crítica con respecto a la ubicación de los retenes. Eso, para el presidente, es una injerencia. Y WikiLeaks parece ser, nada más y nada menos, que la gota que derramó el vaso" (Anónimo). Sobre el episodio de los WikiLeaks y la reacción inmediata del entonces presidente de México, comenta lo siguiente quien fuera su principal asesor de política exterior:

Nos enteramos de que venían los WikiLeaks… íbamos a Mar del Plata y en ese viaje el presidente se reuniría con varios líderes latinoamericanos. Eran los primeros días de diciembre de 2010. Calderón iba a ver a Hugo Chávez, Lula da Silva, Cristina Fernández… En Argentina, en la Casa Rosada se develaría un cuadro de Siqueiros. Lo de los WikiLeaks era fuerte. Pedí a Pascual que juntos escribiéramos un memorándum para informar al presidente sobre lo que venía en los WikiLeaks… El presidente ve el título… íbamos rumbo a varios países de América Latina. En los WikiLeaks había varios "balconeos" (por ejemplo, de lo que pensábamos sobre Hugo Chávez, Lula y demás líderes de izquierda).

Calderón dice: "Esto está cabrón. Dile a tu amigo [Pascual] que si tiene huevos que me mande los memos que mandó".

—Carlos, me pide el presidente esto.

—Dile que no se los puedo mandar porque estaría violando la ley de Estados Unidos.

Y empezaron a salir los WikiLeaks cuando íbamos en el avión. Al ver el segundo memo, donde se hablaba del Ejército, me dijo:

—Está cabrón… se va a ir.

Inmediatamente le habla al secretario de la Defensa… estaba encabronadísimo. El Ejército para el presidente era su último recurso frente a la violencia y nadie lo podía tocar. Este episodio fue la gota que derramó el vaso. Entonces le llama a Obama directamente y pasa lo que tenía que pasar…

Pero además de los WikiLeaks, estaba el tema personal. Antes del escándalo de los cables, afirma una fuente que "se habían ya registrado momentos incómodos: uno de ellos fue cuando Hillary Clinton visitó México y el presidente la recibió en privado; Pascual no entró a esa reunión" (Anónimo). El ejemplo anterior demuestra la distancia que Calderón comienza a marcar con el embajador de Estados Unidos en México en asuntos diplomáticos de altísimo nivel. Esto parecía operar en combinación con la animadversión personal. Sobre este tema, una fuente que prefiere mantenerse anónima comenta lo siguiente:

Carlos Pascual no le agradaba a Calderón por muchos temas. La cuestión personal contaba, pero no por eso lo iba a correr. Y aquí va la historia. Pascual tuvo la mala fortuna de enamorarse de la exesposa de Antonio Vivanco (excoordinador de asesores de la Oficina de la Presidencia). Eso no le ayudaba, pues a Toño (Antonio Vivanco), Calderón lo quería mucho; era muy cercano al presidente. Además, ella era la hija del priista Paco Rojas. Por donde lo vieras… era una bomba. La Cancillería tomó en ese entonces la decisión de que los embajadores no se reunirían con el presidente, fuera quien fuera. Pero recuerdo que se hizo una excepción en 2009, cuando se realizó una visita de Estado al Reino Unido [la Reina de Inglaterra sólo recibe a dos mandatarios al año]. Como era una visita muy importante, Calderón hizo una excepción con Timothy Giles Paxman (entonces embajador del Reino Unido en México). Después de eso, el presidente no recibió a embajadores. Era una excusa perfecta. Así, Calderón no recibía a Pascual y no tenía gran relación con él.

Lo del tema personal fue confirmado por muchas otras personas con las que conversamos. Además de la crítica mordaz por parte del embajador Pascual a la implementación de la estrategia de seguridad mexicana, varias fuentes confirman el papel determinante que tuvieron las pasiones humanas sobre decisiones diplomáticas entre dos países vecinos y socios al más alto nivel. Para muchos, el factor determinante en este difícil proceso fue la relación sentimental entre el exembajador estadunidense y Gabriela Rojas, hija del prominente político priista, Francisco Rojas, quien en ese momento era coordinador del grupo parlamentario del PRI en la Cámara de Diputados y, por lo tanto, rival político de Felipe Calderón.

> Al principio, Antonio Vivanco y Gaby Rojas estaban casados. Vivanco era el coordinador de asesores de Calderón. Rojas y Vivanco se llevaban muy bien con Margarita Zavala y Felipe Calderón y la relación entre los cuatro se afianzó cuando estuvieron en Harvard. Gaby empieza a salir con Pascual y esto, al presidente, no le hace nada de gracia. Vivanco era su amigo cercano y Gaby la hija de un rival político de Calderón. Todo esto contaminó severamente el ambiente (Anónimo).

El exembajador de México en Estados Unidos, Arturo Sarukhán, ejemplifica la complejidad de este fenómeno de manera magistral cuando comenta cómo él le explicó a alguien de altísimo nivel en la

Casa Blanca las implicaciones de la relación Calderón-Pascual-Rojas. Y le dice a esta persona: "Juguemos un juego. Supongamos que yo soy el embajador mexicano en Estados Unidos y soy soltero… separado o lo que sea, y empiezo a salir con la hija de John Boehner [quien era en ese momento portavoz de la Cámara de Representantes de Estados Unidos (*Speaker of the House*), equivalente a Francisco Rojas, jefe de la bancada del PRI], quien resulta ser la exesposa de Rahm Emanuel, jefe de asesores de Barack Obama, toda proporción guardada [dice Sarukhán], así era como estaban las cosas… Y los gringos lo entendieron muy bien cuando yo se lo expliqué. Y dicen: *I get it…* Y no meten al final las manos por Carlos porque se dan cuenta de que no debería haber salido con la hija de Paco Rojas".

## El verdadero papel de Estados Unidos

Sobre los orígenes de la denominada guerra contra las drogas o militarización de la estrategia de seguridad mexicana, varios analistas apuntan hacia el vecino país del norte. Para muchos, "la guerra de Calderón fue realmente dictada y armada por los gringos" (Anónimo). Algunos incluso atribuyen una especial importancia al viaje que hizo Calderón a Estados Unidos antes de tomar posesión. Una persona que trabajó muy de cerca con él comenta: "Fueron los gringos. Fue en esa visita a Washington cuando le vendieron la idea a Calderón. Y Calderón la compró y llegó dispuesto a declarar una guerra" (Anónimo). Pero no todos opinan lo mismo. Por ejemplo, el consultor y analista experto en crimen organizado, Eduardo Guerrero, confiesa: "Yo no tengo registrado ese viaje como algo relevante. Yo sólo veo a un presidente que ve en los gringos a un gran aliado y que después se decepciona mucho con los WikiLeaks y con los cables del embajador. Se enoja tanto que pide su renuncia. Él pensaba que los gringos estaban muy alineados".

Por su parte, algunos estadunidenses que ocuparon posiciones clave en esa época muestran una gran apreciación por la decisión de México de alinearse a sus intereses. El embajador Tony Garza, por ejemplo, dice: "Cuando pienso en políticos o pensadores que no recibieron un merecido reconocimiento, pienso en Calderón. Hay algunos que sí fueron adecuadamente reconocidos. Ernesto Zedillo, por ejemplo, recibió bastante crédito por la implementación del TLCAN, su papel en la transición de México a la democracia y su buen manejo de la economía mexicana. Si uno piensa en el México moderno, se piensa en el Instituto Federal Electoral (IFE) y se le reconoce a Zedillo que discretamente aseguró que se avanzara en el proceso democrático. Se le da a Fox mucho crédito, pero quien plantó los cimientos fue Zedillo. En mi opinión Calderón también intentó ser un constructor de instituciones". Para Garza, el papel de Estados Unidos en la llamada guerra contra las drogas fue mucho menor que lo que la gente piensa:

Yo recuerdo una conversación con Calderón. Él me preguntó sobre Bush: "¿Cómo es el presidente de Estados Unidos? ¿Qué le gusta? ¿Qué me funcionaría con él?". Yo le dije: "Es un texano". Y él comprendió lo que eso significaba. Ambos se conectaron bien pues eran bastante directos. Eso fue en noviembre [de 2006]. Una vez que establecieron esa conexión, recayó entonces en el resto de nosotros manejarla y operar la estrategia. Bush nos dijo que haríamos tanto como nos dejara México hacer, pues, a diferencia de Colombia o Perú —donde había mucha más laxitud por la distancia histórica—, nosotros sabíamos que con nuestro vecino estábamos mucho más limitados en lo que podíamos hacer y en lo que podíamos colaborar. Se nos dijo en varias ocasiones: "Recuerden, ésta es una sociedad [*partnership*]. Esto no es como tratar con Colombia; aquí las cosas las van a liderar los mexicanos". Y [en todo el proceso de cooperación antinarcóticos] el papel de Estados Unidos fue clave, pero fue básicamente de apoyo.

De acuerdo con el profesor de la Universidad de San Diego, David Shirk:

[...] la guerra contra las drogas tenía objetivos mucho más amplios. Esta nueva estrategia cambió profundamente la relación entre Estados Unidos y México... el hecho de que hubiera serios problemas en el lado mexicano de la frontera hizo que los estadunidenses voltearan a ver a México y que reconocieran que había una responsabilidad compartida. Estados Unidos estaba acostumbrado a imponer la política de prohibición en países donde no proveían ayuda. Pero en este caso tomaron responsabilidad por los problemas de seguridad en México. Así, Estados Unidos empieza a ver a México como un socio importante y ya no puede ignorar a su vecino.

Parece interesante la manera en la que los estadunidenses alentaron a Calderón, avalaron su estrategia y colaboraron con entrenamiento y equipo principalmente para hacerla efectiva, en sus términos y por así convenir a sus intereses. También atribuyen al expresidente mexicano la autoría intelectual de la estrategia de seguridad mexicana y la militarización de la misma. Por otro lado, hacen una crítica mordaz a la administración calderonista, no obstante que ellos desempeñaron un papel fundamental y operaron directamente con y desde México. De acuerdo con el encargado de la Embajada de Estados Unidos en México en 2011, John D. Feeley, "el problema era que Calderón lo centralizaba todo". Y compara lo que sucedía en México en esos tiempos con "un juego de niños, es decir, un partido de futbol en el cual los participantes juegan antes de saber jugar realmente [con reglas y estrategia]… Y Calderón era el niño al que todos le siguen [todos, sin saber jugar]".

Feeley lamenta que no hubiera en México una agencia coordinadora del tipo del Consejo de Seguridad Nacional [National Security Council, NSC] en Estados Unidos. Entonces se justifica diciendo que ellos (los gringos) debían coordinarse con los medios inmediatos superiores en las distintas agencias. Feeley también justifica, en cierto modo, el escándalo de la operación "Rápido y Furioso" (Fast and Furious)* que se llevó a cabo por medio de la Agencia de Alcohol, Tabaco, Armas de Fuego y Explosivos de Estados Unidos (ATF, por sus siglas en inglés).** Por su parte, defiende la naturaleza de su trabajo y su papel en los WikiLeaks, así como el contenido de los mismos. En específico, señala la utilización del concepto "adverso al riesgo" (*risk averse*) cuando los cables hacen alusión al Ejército mexicano: "No usamos la palabra 'cobarde' sino '*risk averse*'" (Feeley).

La realidad es que Estados Unidos colaboró con México de forma directa en la llamada "guerra contra las drogas" de Calderón. Diversas agencias estadunidenses desempeñaron un papel preponderante en ese tiempo. La DEA, por ejemplo, fue capaz de influir directamente (y de permear) en la política antinarcóticos y de com-

---

* Véase Horwitz (2011).
** Esta operación ocurrió durante la administración de Barack Obama y bajo la responsabilidad del Departamento de Estado. Por medio de ella se permitió, deliberadamente, la venta de armas de fuego a compradores ilegales con el objeto de rastrear las que llegarían a manos de los denominados cárteles de la droga mexicanos y posteriormente proceder con los arrestos correspondientes. Dicha operación no se hizo del conocimiento del gobierno mexicano y, además, fue un rotundo fracaso. Incluso, al parecer, una de las armas de "Rápido y Furioso" se utilizó en el asesinato de Jaime Zapata, agente especial de investigaciones del Servicio de Inmigración y Control de Aduanas del Departamento de Seguridad Nacional (ICE, por sus siglas en inglés).

bate a la delincuencia organizada de México mediante la llamada *kingpin strategy*, que se enfocaba en el descabezamiento de los denominados "cárteles". Esto destruye la lógica anterior de la administración de actividades ilícitas o criminales por parte de las autoridades mexicanas. Al mismo tiempo, se elevan los niveles de violencia y se trastocan las formas de operación de las mafias mexicanas, así como la capacidad del gobierno para "administrar la violencia". Llama la atención que, como se mencionó anteriormente, una fuente comentó que, con la muerte de Arturo Beltrán Leyva a manos de las fuerzas federales mexicanas en Morelos, los dejaron sin su "Chapulín Colorado": "Y ahora, ¿quién podrá [defenderlos]?".

En el marco de la Iniciativa Mérida no solamente se fragmentó la delincuencia organizada encabezada por los cárteles, ocasionando así mayores niveles de violencia y disparando el número de homicidios; la poca coordinación entre las agencias de seguridad mexicanas, así como la falta de experiencia de quienes las encabezaban, y del presidente mismo, desencadenaron un caos. "Y los Estados Unidos se aprovecharon de eso" (Aguilar). Se aprovecharon ejerciendo un mayor control sobre la estrategia de seguridad mexicana y pactando de manera irregular con las distintas agencias. Además, debido a una mayor presencia en el territorio mexicano, han podido ejercer un mayor control geoestratégico en el hemisferio.

La guerra de Calderón representó, al mismo tiempo, importantes beneficios económicos para el principal exportador de armas del mundo. La militarización de la estrategia de seguridad en México requería supuestamente de enormes cantidades de armamento, el cual fue adquirido por el Ejército mexicano. Sin embargo, comenta un miembro de alto rango de las fuerzas armadas:

[…] no es claro por qué México requería de tanto armamento y equipo de defensa como el que fue adquirido. Su principal proveedor fue, sin duda, Estados Unidos. Pero su utilidad aún está en duda. Pareciera ser más mercadotecnia que realidad. Calderón hereda a Peña mucho equipo... equipo de guerra y estructuras de inteligencia que nunca se aprovecharon bien. Es más, no eran necesarios pues los narcos no tenían ni necesitaban armamento tan sofisticado. Parte de estas armas y (quizás) equipo fueron a parar incluso a manos de la delincuencia organizada (Anónimo).

El académico y experto en seguridad Carlos Flores reconoce que la Iniciativa Mérida, en lo general, no fue una aportación sustantiva a la seguridad de México, pero sí lo fue para su vecino del norte. "Ésta parece haberse ideado como una manera de posicionar la seguridad con motivos de Estados Unidos y contribuyó muy poco a su propósito. Se focalizó mucho a beneficiar ciertos intereses, muchos de ellos resultaron ser económicos y muchos estadunidenses. Con Mérida llegan los gringos con sus consejos, sus recursos, sus prioridades y sus contratistas" (Flores).

En este último punto parecen coincidir muchas opiniones. Por ejemplo, quien fuera el asesor principal de política exterior de Felipe Calderón, Rafael Fernández de Castro, señala que el expresidente "rompe una regla de oro de la política exterior mexicana: 'No le pidas recursos a Estados Unidos, porque si lo haces, te los va a cobrar y te los va a cobrar bien caro. Primero, con fiscalización y después de muchas otras maneras'". Fernández de Castro cuenta cómo sucedió todo cuando Calderón tomó la decisión de confrontar a la delincuencia organizada empezando en Michoacán, y "decide que tiene que actuar con Estados Unidos para que le cuide las espaldas, pensando que esto le iba a dar más fuerza. Y entonces rompe la regla para que Estados Unidos venga junto a él. Y ya sabemos el desenlace y las consecuencias".

Este capítulo muestra que no se puede saber con certeza el origen de la estrategia de seguridad pública del presidente Felipe Calderón. Unos dicen que Estados Unidos diseñó la estrategia, otros que fue el propio Calderón quien la diseñó y que únicamente pidió la cooperación de Estados Unidos para su puesta en marcha. Tal vez nunca se podrá saber con certeza el origen; sin embargo, los hechos demuestran que dicha estrategia fue acorde a los intereses económicos y políticos de Estados Unidos y no a los de México.

La mayoría de los entrevistados coincide en que durante el sexenio de Calderón se transformó la relación bilateral entre México y Estados Unidos, pues buscó el apoyo económico y político del gobierno estadunidense para lanzar su guerra contra el crimen organizado. A cambio de ese apoyo, el expresidente permitió a los gringos inmiscuirse en cuestiones de política interna al grado de que las propias agencias de seguridad estadunidenses operaron desde territorio mexicano. Sin importar la soberanía del país, el expresidente se esforzó en dar una buena impresión a los gringos, quienes lo apoyaron en su objetivo de militarizar la seguridad pública del país. Todos conocemos las consecuencias.

La Iniciativa Mérida fue el vehículo para formalizar el apoyo estadunidense y la transferencia de recursos en especie y económicos a nuestro país. No obstante, no hay claridad acerca del impacto negativo o positivo de dicha Iniciativa, en virtud de que el gobierno de Peña Nieto fue un sexenio perdido en materia de construcción de instituciones de seguridad pública. Todo lo que se había avanzado se decidió suspender y en algunos casos dilapidar. De lo que sí existe evidencia es de que el programa de la Iniciativa Mérida sigue vigente y se sigue usando como justificación y sustento para que el gobierno estadunidense, haciendo valer su relación asimétrica, siga dictando las pautas en materia de seguridad pública en México.

# 6
## EL LEGADO DE CALDERÓN

### La era de Calderón

La estrategia de seguridad del expresidente Felipe Calderón Hinojosa fue ampliamente debatida en su propio espacio y en su propio momento. Aún hoy, a casi una década de distancia de finalizar ese sexenio, el legado de Calderón en materia de seguridad es tema de indiscutible controversia. Lo que hizo o dejó de hacer en ese periodo sigue marcando, de muchas maneras, lo que se hace o se deja de hacer en el tema de la seguridad en México hasta nuestros días. En este sentido, su actuación al respecto trasciende su sexenio por mucho.

Para entender la importancia de este legado, este libro examinó primero el actuar del gobierno de Felipe Calderón y su aproximación al tema de la seguridad, es decir, la política pública en esta materia durante los años del calderonismo, 2006-2012. La investigación analizó su estrategia como política pública para enfrentar un problema nacional. Dicho de otra manera, se evaluaron sus aciertos y sus errores, sus consecuencias previstas y no previstas, sus puntos de inflexión y, por supuesto, sus éxitos y sus fracasos, así como todos los actores que participaron de una forma u otra. El análisis se basó en lo que dijeron quienes estuvieron ahí, vivieron el momento o lo observaron en el día a día.

En este capítulo nos enfocamos fundamentalmente en los años

posteriores al calderonismo, centrándonos en el sexenio de Enrique Peña Nieto y la respuesta de su administración bajo el peso inmediato de su predecesor. Se busca entender cómo el legado de Calderón trasciende su sexenio y sigue determinando la manera en que las administraciones que le siguieron (Peña Nieto y hoy, López Obrador) han lidiado con el problema de la seguridad. Se propone incluso que no se puede entender el tema de la seguridad en los sexenios de Peña Nieto y quizá lo que va del de López Obrador sin pensar en Calderón.

Como hemos visto, respecto de la estrategia de Calderón en seguridad, no existe un consenso. Quienes han reflexionado acerca de ese discutido sexenio han querido llegar a conclusiones contundentes sobre lo que sucedió y sus consecuencias y, hoy por hoy, nosotros creemos que no se ha podido hacer. Unos cuestionan su visión, otros su diagnóstico, otros su estrategia y otros la implementación de la misma. Otros buscan en la historia o en las personalidades, y otros más en los procesos electorales y políticos. Otros indagan en Washington y la Ciudad de México o en "el terreno". Y, francamente, todos tienen algo de razón, y de ahí la controversia y la falta de acuerdo general sobre la actuación de Calderón. Ante lo difícil de construir juicios certeros sobre la política pública de seguridad del expresidente Calderón, algunos observadores simplemente se ciñen a las estadísticas para emitir afirmaciones presumiblemente decisivas. Los números están ahí, dicen algunos.

Pero creemos que ni las cifras mismas —el dato duro, por así decirlo— permiten llegar a conclusiones contundentes sobre lo que realmente pasó y, sobre todo, por qué pasó, y mucho menos sobre lo que sigue sucediendo en México en materia de seguridad pública. Por ejemplo, para quienes afirman que la aproximación de Calderón a la seguridad fue causa de una "carnicería", se puede presentar el hecho de que el número de homicidios, delitos y la violencia misma tuvieron una trayectoria ascendente durante ese sexenio, pero también en los siguientes, con un pequeño respiro entre 2014 y 2015.

Es decir, las tendencias delictivas fueron crecientes bajo la estrategia de confrontación abierta o de guerra de Calderón, pero también lo fueron bajo la estrategia de una supuesta administración políticamente más astuta con la delincuencia y quizás hasta partidaria de acciones deliberadas para bajar el tema de los encabezados mediáticos y los homicidios. Cabe destacar que estos últimos siguen al alza hoy con decisiones de no confrontación y exhortaciones retóricas a la paz social y a "portarse bien". A pesar de estos tres acercamientos relativamente diferentes, el país continúa envuelto en una ola criminal que excede incluso los números del sexenio calderonista en su momento de mayor confrontación con el crimen organizado. Esto indica que es necesario adentrarse en dimensiones que van mucho más allá de la política pública, tarea que trasciende el objetivo de este estudio.

Ahora bien, no sólo son las cifras de la delincuencia y la violencia las que guardan una relación difícil de desenmarañar entre lo que hizo Calderón y lo que dejó de hacer o se cambió después de su sexenio. La diversidad de giros de la delincuencia, la virulencia con la que se han manifestado y el número de regiones envueltas en olas de crimen y violencia siguen variando, aparentemente desligadas de los esfuerzos del gobierno federal y de los gobiernos estatales y locales, todos los cuales parecen dar manotazos en la oscuridad. Y para quienes dicen que Calderón fue el causante de lo que pasa, también hay argumentos, como los esgrimidos en capítulos anteriores, que concluyen que el crimen organizado era ya una amenaza no sólo para la seguridad pública, sino para el propio Estado mexicano, en parte por la debilidad de las instituciones. En ese momento indican que con Calderón o sin él, el Estado simplemente reaccionaba en favor de su supervivencia. Esta visión es debatible, pero hay quienes piensan esto.

Lo cierto es que la política pública en materia de seguridad no marcha bien y según algunas estadísticas parece que por la misma inercia y por decisiones poco acertadas en años subsecuentes se ha deteriorado. En el periodo de Calderón se registraron 9.75 asesinatos por cada 100,000 habitantes y hoy vemos cifras que rebasan los 30 homicidios por cada 100,000 habitantes. De igual manera, otros giros delictivos se afianzan en las estadísticas: feminicidios, extorsiones, secuestros, robo de recursos naturales y trata de personas, entre otros. Y cada vez más territorios se encuentran bajo el yugo de la delincuencia organizada.

La variación en el número y el tamaño de organizaciones criminales también ha tenido su propia lógica y ha disminuido o ha crecido a su propio paso. Los grupos de la delincuencia organizada son grandes o pequeños y se fracturan y se consolidan con tendencias independientes de las acciones de los distintos gobiernos que han tenido que lidiar con el problema, así como de la intencionalidad de su política pública en materia de seguridad. Según un informe reciente del Servicio de Investigación del Congreso de Estados Unidos (CRS), en México existen al menos nueve grandes cárteles con más de cuarenta y cinco grupos delictivos regionales y locales, aunque el número exacto es difícil de establecer (Servicio de Investigación del Congreso, 2020). El propio gobierno reconoce la existencia de alrededor de setenta y cinco grupos delictivos. Así pues, independientemente de lo que haya sucedido o de la fórmula material y retórica que se haya ensayado, el ambiente en el país es ya más parecido al de una violencia generalizada y el gobierno mexicano, bajo distintos colores partidistas, no ha podido encontrar la fórmula correcta para lidiar con este enorme flagelo nacional.

Pero a años de su sexenio, Calderón sigue evocando posturas

que más bien parecen tener un cimiento ideológico y hasta visceral en lugar de ser el resultado de un análisis sobrio y objetivo en materia de políticas públicas. Por un lado, sigue habiendo críticos férreos que asumen que Calderón desató un conflicto que no era necesario y que ya no se ha podido contener; la metáfora utilizada es "darle palos al avispero". Por otro, sigue habiendo defensores enérgicos que piensan que era necesario enfrentar al crimen organizado, el cual se apoderaba de regiones y de ciudades en el país cooptando políticos y funcionarios, y constituyéndose en un gobierno paralelo en varias partes del territorio. Y así, muchos de los críticos de Calderón siguen el problema no con una pauta propia ni con el problema en sus dimensiones reales en mente, sino con el legado del presidente Calderón atravesado.

Este lugar tan central en materia de seguridad que se le da a Calderón, tanto por sus partidarios como por sus detractores, es lo que nos llevó directamente a considerar la importancia del legado calderonista sobre las acciones de sus sucesores. Cierto, a veces los políticos se definen de cara a sus antecesores. Esto no está fuera de lo normal en la política. Un sucesor, sobre todo en un juego democrático electoral, muchas veces se define de cara a lo inmediatamente anterior, y determina lo que cree que estuvo bien y que hay que seguir y lo que cree que estuvo mal y que se debe cambiar. Pero en el caso de Calderón, el legado tiene un peso muy particular. Peña Nieto, por ejemplo, dio un giro significativo en materia de seguridad de cara a ese legado, con consecuencias propias, aunque no mejores. Y la sombra del legado calderonista llega también hasta hoy.

Un presidente puede decir, por ejemplo, que "se acabó la guerra", y haber prometido el fin de la militarización de la seguridad pública, incluso en franca referencia a un antecesor, pero "la realidad se impone" (Hope). Así pues, curiosamente, las políticas públicas en seguridad del postcalderonismo parecen ser reacciones directas, aunque diferentes, a las de éste. Y por ello se puede argumentar que la figura de Calderón sigue teniendo tracción en el imaginario colectivo y en las entrañas del propio gobierno mexicano en el tema de seguridad. Justamente o no, Calderón parece ser un trauma histórico no superado.

## El peso del legado de Calderón

Lo que es cierto es que la importancia y lo controvertido del legado calderonista tiene mucho que ver con el hecho de que la seguridad pública sigue siendo el gran reto pendiente en México y el consenso sobre cómo resolver este problema aún nos elude.

Se sabe que no se quiere repetir la experiencia calderonista, la cual irónicamente ya fue rebasada. Sin embargo, Calderón sigue siendo el referente sobre lo que no hay que hacer. Extrañamente, y a pesar de la experiencia de Calderón, el simple hecho de no querer "repetir" aquello no ha habilitado a sus sucesores a pensar en sus propias alternativas. Tal es el jalón gravitacional del momento calderonista que proyecta su sombra sobre la actuación de sus sucesores. Pero obsesionarse con un legado, aunque sea para evitar sus errores, desde nuestra perspectiva, es un desatino. A veces se aprenden mal las lecciones o no se aprenden, o se subaprenden, o se sobreaprenden. De hecho, creemos, la obsesión con Calderón representa un riesgo importante para futuros esfuerzos en materia de seguridad.

Por ejemplo, como Calderón arremetió contra la delincuencia organizada de manera firme, provocando una reacción sangrienta, la lección parece ser que, para detener la ola de violencia, es mejor no enfrentar a la delincuencia. Aquí posiblemente se malinterpretó lo aprendido. Pero si ésta es la convicción de un sucesor, lo que se pasa por alto entonces son las enseñanzas de la negligencia de los gobiernos anteriores, quienes no quisieron enfrentar el problema abiertamente y permitieron que creciera. Pero, al final, parece que lo que no se desea es pagar el precio de combatir la delincuencia cuando esto implica un aumento en la tasa de homicidios y otros delitos y en exponerse a una visibilidad extrema de la posible violencia que viene aparejada con una confrontación abierta a la delincuencia. Pero, por otro lado, tampoco parece haber dividendos en la no confrontación. Al contrario, a veces se deja crecer el problema hasta que no queda otro remedio que el uso de la fuerza.

Es posible entonces que la lección mal aprendida del sexenio calderonista es el falso dilema de la confrontación *versus* la no confrontación. Y es muy probable que, como dijeron algunos entrevistados, lo que se pierde con la obsesión con Calderón es que la seguridad es un factor de instituciones fuertes, con una lógica transexenal, dejando los resentimientos políticos y las reacciones viscerales a un lado.

Pero, por otro lado, si la ruta es por la vía de la construcción de instituciones que apuntalen el Estado de derecho, México y sus liderazgos parecen no tener la paciencia requerida para edificar instituciones, en parte porque todo mundo se preocupa por su legado o, peor aún, porque toma decisiones basadas en la necesidad de distanciarse de un legado no deseado, en este caso, el calderonista. Ahora bien, esto se entiende en parte porque a veces los líderes no quieren esperar pacientemente resultados de los que no hay, ni puede haber, recompensas inmediatas. Pero, ante la lógica de las fobias políticas y del cortoplacismo, el país se consume en delitos y violencia. Así pues, Calderón y su guerra contra el crimen organizado —su legado— continúan siendo el meollo del debate a la fecha, con grandes riesgos para el país.

Con base en estas reflexiones, en el resto del capítulo se pretenden lograr dos objetivos. El primero es recoger las hipótesis de los entrevistados con respecto al legado del sexenio calderonista y su peso sobre las acciones en materia de seguridad que le han sucedido; el segundo es aventurar que cualquier gobierno mexicano que se defina bajo la sombra calderonista y permita que su legado lo persiga, puede, sin duda, estar sembrando la semilla de un potencial fracaso nacional en materia de seguridad, lo cual es ya una posibilidad.

A fin de cuentas se argumenta que la experiencia calderonista es digna de un estudio muy profundo porque encierra en sí misma muchas lecciones, unas buenas y otras malas, y que minar su legado sin aprender sobre seguridad es un error. Apostar primordialmente a poner distancia entre el presente y el legado de Calderón es privarse de la capacidad de aprender a forjar una propia ruta en el tema. No basta con saber lo que se quiere hacer y lo que no se quiere hacer. Es necesario aprender del pasado con la cabeza fría y el corazón caliente. Lo opuesto es una receta para un mayor desastre.

### La seguridad antes de Calderón: ¿pactos con la delincuencia?

El Estado de derecho ha sido todo un reto en México desde sus inicios. Sin embargo, durante la segunda mitad del siglo xx y hasta los primeros años del xxi, las tendencias en materia de seguridad pública fueron positivas, por lo menos en las estadísticas.

Esto, creemos, se debió a la capacidad del Estado mexicano de imponerse sobre los intereses delincuenciales durante el siglo pasado, a lo largo del cual México permaneció bajo un régimen unipartidista con un esquema de centralización de poder en una magna figura en cada periodo presidencial. Con base en esto, algunos entrevistados consideran que la delincuencia y el crimen organizado durante el llamado "priato" (nombre tomado del PRI, Partido Revolucionario Institucional) existían bajo un esquema de administración política. A través de agencias gubernamentales como la Dirección Federal de Seguridad, vigente entre 1947 y 1985, el gobierno mexicano negociaba los términos de una especie de *pax mafiosa* con el crimen organizado.

La transición democrática destruyó esta capacidad de negociación política. Carrillo Olea, por ejemplo, dice que parte del problema comenzó en la década de 1990 con la transición; afirma que fue "Zedillo [el que] destruyó el Cisen... Todo el aparato sofisticado [para la seguridad] lo destruyeron". Así pues, Carrillo Olea sugiere que el problema de la seguridad venía desde antes de Calderón. Y no es que México no tuviera instituciones capaces de combatir la delincuencia. Hubo algunas. El mismo Carrillo Olea, por ejemplo, asevera que: "El proyecto arquitectónico de la administración de justicia en México no es nuevo... Tenemos desde la administración de Miguel de la Madrid Hurtado queriendo construir un aparato para combatir la delincuencia, pero nadie lo ha logrado". Genaro García Luna coincide argumentando que los varios modelos policiales desde los años noventa fueron ensayos importantes, incluyendo la integración de la inteligencia, servicio al cual pertenecía él mismo en los inicios de su carrera.

Pero ante esfuerzos institucionales tan magros, lo mejor que se logró fue administrar la delincuencia, lo que fue posible gracias a la centralización del poder bajo un presidencialismo fuertemente apuntalado por el partido gobernante. Esta modalidad —la administración política de la delincuencia, según algunos de los entrevistados— tuvo un impacto importante y redujo la violencia en México alcanzando niveles relativamente bajos en la década de 1990 e incluso hasta principios de la década de 2000.

Eduardo Medina Mora coincide con este análisis histórico: "Es imposible plantearse el tema fuera del contexto de la definición histórica de la seguridad pública y de quiénes eran responsables... El presidente tomaba una decisión de diseño institucional, la cual no estaba pensada desde la perspectiva de la seguridad pública, sino de la estabilidad política y el fortalecimiento de la presidencia". Medina Mora agrega que la policía del entonces Distrito Federal fue particularmente utilizada para servir a la protección del poder central y no tanto a la ciudadanía, el D.F. era, después de todo, la sede del poder central. De esta manera, dice Medina Mora, "el presidente tenía cuatro grandes fuerzas independientes entre sí [el Ejército, la Marina, el Estado Mayor Presidencial y la Policía del Distrito Federal] en línea de mando... para defender a la institución presidencial". Ése era el diseño institucional, con la Presidencia en el centro, no con la seguridad pública como prioridad.

Dentro de este esquema, "había reglas de acción para con la ciudadanía y para con la delincuencia... y había una serie de conductas toleradas, como cuotas de pago a los jefes policiales [pero también había] conductas prohibidas... y los que entraban en éstas enfrentaban las consecuencias... El secuestro era [una de estas conductas prohibidas]. Y la consecuencia era la muerte... Esto funcionó hasta los años ochenta" (Medina Mora). La corrupción policiaca, sin embargo, alcanzó niveles muy altos en esa década. "Arturo Durazo, por ejemplo, se salió de estas conductas [toleradas]", dice Medina Mora.

En este mismo tenor, García Luna recuenta que el sistema, con capacidad de negociación y coacción para con el crimen organizado, cambia en la década siguiente, cuando el poder político comenzó a desbandarse y tuvieron que ensayarse otras modalidades de control de la delincuencia. Estos cambios históricos y estructurales fueron descritos también por otro de nuestros entrevistados, uno de los más sólidos especialistas en temas del narcotráfico en México, Luis Astorga.

Éste menciona que Calderón hereda ambas cosas: instituciones débiles e incapacidad del Estado de administrar políticamente la delincuencia, entre otras limitantes más coyunturales. Esta conclusión es de un peso enorme porque significa que, de los presidentes del siglo XXI, ninguno ha tenido realmente la capacidad y los medios de administrar políticamente la delincuencia organizada. Ante esto, la confrontación se hace casi insoslayable y el uso de la fuerza casi inevitable. Esto entonces nos lleva a preguntarnos: ¿qué otros medios tenía Calderón ante el desborde de la delincuencia y el retroceso en la capacidad del Estado de imponer límites al crimen organizado?

Es innegable entonces que la capacidad del Estado de negociar con —o de administrar políticamente— la delincuencia organizada como en la era del PRI, es decir, la posibilidad de controlarla por medio de ciertos entendimientos que corrían por la propia policía, comenzó a disolverse en los años noventa. Así, se entra en un proceso de descomposición e inestabilidad social ante la fragmentación política del país, que se acelera en el año 2000 con la llegada del PAN a la Presidencia de la República.

Esto tiene sentido, aunque también hay quienes dicen que este deterioro "comienza con el cambio democrático [que] implicó una transformación del poder, del juego, que comienza desde 1968 y luego [en los años setenta] por las crisis económicas..." (Medina Mora). Es decir, la crisis de capacidad institucional *vis-à-vis* la delincuencia organizada pudo haber comenzado mucho antes de 2000. Esto es debatible, pero su ausencia es notoria en las últimas dos décadas. Así pues, este deterioro institucional no es algo que Calderón no hubiese percibido; de hecho lo mencionó muchas veces pero falló rotundamente en su intento por resolver dicha problemática. Y hoy por hoy, la capacidad de las instituciones que se supone deben controlar la delincuencia sigue minada.

Carrillo Olea coincide con esta narrativa, queriendo también encontrar el momento de quiebre, aunque la personaliza en Vicente Fox. Esta capacidad de administración de la delincuencia se deteriora más rápidamente con el presidente Fox, dice Carrillo Olea: "Si la disciplina se rompió, fue con Fox. Zedillo todavía era autoritario, centralizador y capaz de castigar". Medina Mora abona a este argumento: Con Fox, "la Presidencia, como figura central de equilibrio, incluso de seguridad pública, como poder articulador, ya no funciona".

Y fue en ese escenario, ante la pérdida de capacidad de control del Estado y la ausencia de instituciones de seguridad, que Calderón considera que la confrontación era ya impostergable. García Luna coincide: "Calderón tenía una genuina preocupación. El problema existía". Así pues, para 2006, quizá la delincuencia organizada sí era entonces una amenaza pero —según algunos— ya no sólo a la seguridad pública, sino a la seguridad nacional, y ponía ya al mismo Estado en jaque.

Alternativamente, también hay quienes dicen que la confrontación pudo haber esperado y en tal sentido se trató de una guerra, a lo mínimo improvisada, a lo máximo atroz e innecesaria. Es decir, pudo haberse lidiado con la delincuencia de otra manera, con otros métodos y con mayor paciencia. Hay incluso quienes argumentan que la lógica fue más política: "Calderón detectó que sí había un problema… y que había una preocupación de la población sobre el tema de seguridad… y brotes de violencia espectaculares, como las cabezas de Michoacán", pero la decisión fue política (Castañeda). Se presume que Calderón requirió de un apuntalamiento político ante el cuestionamiento de su triunfo electoral. Aguayo coincide: "Calderón llega debilitado, con una sociedad dividida y con una necesidad de legitimarse". La guerra contra el crimen organizado parecía ser una oportunidad.

Y todo esto puede ser cierto; aunque muy pocos niegan que el problema de la seguridad era real. Tampoco contradicen que la lógica de administración política de la delincuencia del siglo xx ya no funcionaba, que ya no había instituciones para hacerle frente. La evidencia empírica da para ambas conclusiones. Calderón requería de legitimidad, y la delincuencia ya no era administrable políticamente por el Estado mexicano. Ése fue el coctel.

Muchos entrevistados coinciden en que, para enfrentar a la delincuencia, la mejor manera era "construir instituciones" (García Luna). Y Calderón lo intentó (Valdés y Hope), pero ya no le dio tiempo. A pesar de la reforma judicial de 2008 y de la construcción de la Policía Federal bajo el mando de Genaro García Luna, a quien Medina Mora reconoce como un "constructor de instituciones", independientemente de los muchos "asegunes" y acusaciones de delitos graves que hay que considerar, el propio acercamiento de Calderón pudo haber hecho que la situación se deteriorara al punto que no hubo marcha atrás. Así, el expresidente terminó aislado y finalmente opacado en su desempeño en otras áreas por el tremendo saldo negativo en seguridad. El modelo calderonista en su conjunto pasó entonces a ser visto —con toda razón— como un rotundo fracaso, y ese sexenio como uno de los periodos más sangrientos en la historia de México.

## El regreso y segundo fracaso del PRI

El olfato político de los priistas, incluyendo a Peña Nieto en 2012, les sugería que el tema de la seguridad era el talón de Aquiles de Calderón. Había que aprovecharlo y luego buscar regresar a un esquema de administración política de la delincuencia organizada.

A esto, creemos, se debe el hecho de que devolvieron el problema de la seguridad a la Secretaría de Gobernación —ente de control político *par excellence*— y a querer controlar el mensaje público y mediático y la interacción con Estados Unidos. Para algunos, como García Luna, sin embargo, esto fue un error; los antecedentes históricos inmediatos no se podían ignorar. El país "ya no era lo que era" cuando dejaron el poder. Pero para el neopriismo el tema de la seguridad era tóxico. No iban a permitir que los hundiera como a Calderón.

Estas acciones eran la forma de deshacerse del legado calderonista; había que distanciarse del acercamiento a la seguridad de su antecesor. Así, Peña Nieto intentó regresar a ese viejo modelo de administración política de la delincuencia y quitarle atención política, pública y mediática, y controlar las interacciones con las agencias de Estados Unidos. Se quería invisibilizar el problema. Peña Nieto no quería la confrontación con la delincuencia (Flores y Hope); no quería pagar el precio. Pero no pudo con el paquete. Al final, su aproximación a la seguridad —con las lecciones del calderonismo tomadas en cuenta— también fracasó. La violencia siguió su curso ascendente.

Darse cuenta de esta situación tomó algún tiempo. En 2013 y 2014, los homicidios disminuyeron y hay también dos versiones del por qué. Peña Nieto y su equipo atribuyeron los altos números de homicidios a la estrategia fallida de Calderón y la disminución a su propia estrategia. Parecía que poner distancia con Calderón les funcionaba. Pero los números comenzaron a subir otra vez.

García Luna ofrece su propia explicación. Él atribuye el descenso en homicidios de 2013 y 2014 a un incipiente éxito de las acciones realizadas durante el periodo de Calderón. "Nuestros esfuerzos estaban dando resultados", afirmó. Lo que Peña Nieto debió haber hecho, dijo García Luna, era continuar, no dar marcha atrás. Ignorar el problema, o meterlo a lo oscuro, era un error. Los "logros" se perdieron.

Y lo cierto es que al final también Peña Nieto falló en el tema de la seguridad. Había leído mal las lecciones del calderonismo y al país mismo: la transformación del poder político y del propio crimen organizado ya no podían ser contenidos mediante un esquema administrativo desde la Presidencia; ni la Presidencia ni las endebles instituciones daban ya para eso. Calderón había tenido éxito en modificar el panorama criminal de tal manera que la nueva estructura fragmentada de la delincuencia organizada imposibilitaba el manejo político de la misma como se había hecho en la era priista. Ni la sociedad mexicana ni la delincuencia organizada podían ser contenidas en un modelo autocrático y presidencial. Si esto era así, García Luna tenía algo de razón. La única ruta era someter a la delincuencia organizada de forma eficaz (no como lo intentaron hacer), procurar justicia y simultáneamente construir instituciones.

Vale la pena detenerse aquí para reflexionar un poco acerca de la importancia de todo esto para los gobiernos futuros. Si no se entiende que el Estado mexicano ya no es lo que era, que la sociedad mexicana ya no puede ser contenida en un esquema político autoritario y que el crimen organizado tiene ya otras características que requieren de nuevos acercamientos, cualquier administración se va a ver enmarañada en estrategias fallidas. El México del futuro no puede ser gobernado a partir de confrontaciones belicosas o de modelos militaristas, pero tampoco se presta a exhortaciones morales, y ya no es posible administrar la delincuencia. Lo que se requiere es construir instituciones que realicen un trabajo técnico en la persecución del delito y la administración de la justicia. Si el sexenio de Calderón dejó una lección es ésa: la confrontación por sí sola lleva a mayor violencia, pero la lección de Peña Nieto es que ignorar el problema también lleva a mayor violencia.

Lo que se requiere es la construcción de instituciones como un proyecto transexenal, lo cual es una obra de gran consenso, que precisa de pericia, honestidad y paciencia. Edificar estrategias sobre el rechazo visceral del pasado inmediato es condenar al país a treguas con la delincuencia organizada que sólo pueden darle un resuello para que se recomponga y vuelva a arremeter contra y someter a la sociedad. Marcar distancia por marcar distancia de un gobierno anterior es, en general, una mala idea.

Y he ahí por qué la obsesión con Calderón es problemática, pues da pie a la improvisación a partir de una fobia política. En esto hay algo que une a Calderón y sus sucesores: mucha improvisación, el pecado original del calderonismo. Lo que no se ha intentado aún es construir instituciones, hacer justicia y reducir la desigualdad. Las estrategias de seguridad se siguen construyendo a partir del deseo de alejarse de la aproximación al problema de la seguridad de Calderón, pero también sin considerar como lección positiva los errores propios del calderonismo, y finalmente en reacción negativa a éste. Y a años del calderonismo no se han podido dar resultados. Se sigue operando con el calderonismo en mente. Esto se ha convertido en un trauma.

Aquí cabe otra observación. En esta investigación aprendimos que el diagnóstico de Calderón fue bastante deficiente, por no decir que errado en su mayor parte. Se improvisó la estrategia porque falló el diagnóstico. Pero las administraciones posteriores tampoco han hecho un diagnóstico mejor: han insistido en ubicar el problema de la criminalidad en nociones como los defectos de la política pública del calderonismo, el uso de los militares, el papel de Estados Unidos, el neoliberalismo, la pobreza y la desigualdad. La referencia sigue siendo Calderón.

Ahora bien, sin duda, podrían encontrarse correlaciones con estos fenómenos, pero éstas no se han establecido de manera contundente; siguen siendo especulaciones. Lo más probable es que los gobiernos posteriores a Calderón tengan el mismo problema del calderonismo: la ausencia de un diagnóstico certero, es decir, la falta de un análisis del estado de la cuestión que permita establecer marcadores de acción y de medición, lo que constituye un riesgo serio como lo fue para Calderón. Peor aún, no es que no haya datos o teoría o hipótesis importantes. Los hay. Simplemente se ignoran, a veces en favor de otras prioridades, sin pensar que sin seguridad la sociedad se queda vulnerable a una crisis social de gran envergadura. Y ya no es tiempo de diagnóstico. Ese momento ya pasó. A lo más, es tiempo de dar golpes de timón o de cambiar elementos de la estrategia, lo cual es ya una postura reactiva ante un problema que se agrava.

## La respuesta y el fracaso del gobierno de Peña Nieto

Vamos de regreso a 2012, cuando se plantean dos hipótesis sobre la intencionalidad de Peña Nieto al romper con el esquema calderonista en materia de seguridad.

Por un lado, hay quienes argumentan que éste no tuvo interés en combatir la delincuencia. Flores Pérez dijo, por ejemplo, que llegó con mucho "entusiasmo a ignorar el problema". No quería que el asunto de la seguridad consumiera su administración, no quería pagar el precio político, pues advierte que hay un desgaste público con el tema y no quiere que le pase lo que le sucedió a Calderón. En este sentido, muy posiblemente Peña Nieto pensó que el problema de la seguridad en México era, en gran parte, ocasionado por las acciones de Calderón; es decir, generado y sostenido por las mismas operaciones del gobierno federal contra la delincuencia organizada. Por lo tanto, debió haber calculado que replegar al Ejército y a la Policía Federal sería suficiente para desacelerar la ola delincuencial y de violencia, lo que parece haberle funcionado en 2013 y 2014. Sin embargo, posteriormente la violencia arreció y no ha podido ser contenida. "El problema se impone" (Flores Pérez). Pero incluso esta hipótesis es cuestionada. García Luna atribuye, como ya se dijo, este descenso en los números de homicidios y delitos en el periodo no al repliegue en los años del gobierno de Peña Nieto, sino a los primeros dividendos de la estrategia de Calderón. Este debate es prácticamente irresoluble.

Por otro lado, no todo mundo está de acuerdo con que el problema fue simplemente ignorado por Peña Nieto. Hay otra versión. Es posible que sencillamente haya querido retornar a un esquema de administración política del delito: "Éste era el sello de los gobiernos priistas: administrar políticamente el problema" (Fernández de Castro). Esta percepción se entiende a partir del hecho de que Peña Nieto envió a Alfredo Castillo a negociar con las autodefensas en Michoacán en 2013 y 2014. La negociación como vía para la pacificación fue la ruta priista antes y seguramente Peña creyó que todavía lo era en ese momento. Pero el país ya era diferente. Al final, "esto se volvió un problemón", el país ya había cambiado (Fernández de Castro).

Es decir, Peña Nieto buscó distender políticamente el problema de la seguridad y no verse enmarañado por él, como le había pasado a Calderón. Wilkinson, del rotativo *Los Angeles Times*, apoya esta hipótesis, pero la matiza y dice: "Peña Nieto mete el problema a Gobernación", pero sigue cooperando con Estados Unidos. No termina con la confrontación, pero la hace más silenciosa (Hope). Prueba de ello es que la Iniciativa Mérida continuó, así como los operativos, incluso bajo la lógica del descabezamiento de los cárteles. Pero Peña Nieto no tuvo éxito. Había leído mal la realidad del país.

Estos puntos son relevantes para los gobiernos subsecuentes. Al igual que con Peña Nieto, hoy no se quiere hablar del problema de la seguridad, no se quiere la confrontación de Calderón. Hay un deslinde de estrategias del pasado, pero la realidad es terca. A la manera de Peña Nieto con las reformas estructurales, el presidente actual parece traer otra agenda: la atención a los pobres y el combate a la corrupción con la esperanza de que la seguridad se resuelva sola. Reconocer que existe un problema de seguridad es distraerse, lo que Peña Nieto también pensó. Pero la gran lección del sexenio de Peña Nieto es que ignorar el problema de la seguridad es también altamente riesgoso. A éste no le funcionó. Y no parece haberse pensado en la construcción de instituciones como solución al problema. La creación de la Guardia Nacional parece ser, de hecho, una manera de evadir el asunto de la discusión, más que un intento por construir una institución efectiva contra la delincuencia organizada.

Es decir, en las administraciones que le siguen a Calderón, y en reacción al propio calderonismo, la improvisación es patente en la política de seguridad. De Calderón se toma el hecho de que no hay que confrontar abiertamente a la delincuencia organizada, pero tampoco se retoma la construcción de instituciones ni se construye la capacidad política para enfrentar al problema. Ante esta realidad, se permite que la sociedad se organice para la autodefensa, y luego se le critica por esto.

Lo anterior no quiere decir que no haya alternativas, pero hay una confusión de elementos. Se insiste hoy en día, por ejemplo, en "atender las causas de la violencia, no los síntomas". Pero los síntomas carcomen a la sociedad y atender las causas, como la pobreza y la desigualdad, es un tema de muy largo plazo y no siempre guarda una relación directa o inmediata con el problema. Y claro, es posible que se puedan atender estas causas con programas sociales, pero pudiera ser que no haya presupuesto que alcance ante la enormidad de ambos fenómenos.

Además, no se sabe qué relación guarda el bienestar socioeconómico con la delincuencia organizada. Son correlaciones que no han sido explicadas de manera satisfactoria, puesto que hay muchos pobres que no delinquen. Después de todo, la pobreza estaba ahí antes, pero la delincuencia y ciertos niveles de violencia no necesariamente. Así pues, igual que con el calderonismo, no parece haber un diagnóstico adecuado. Además, esta premisa es de largo plazo y pudiera no abonar a una reducción inmediata de la delincuencia y la violencia, y este acercamiento no constituye la construcción de instituciones de administración y procuración de justicia, lo que hace de la seguridad la vulnerabilidad más importante del Estado mexicano.

Es decir, que el tema de la seguridad continúe a la deriva es muestra también de que el calderonismo sigue presente. Calderón nos enseñó que una confrontación a rajatabla no sólo no es conveniente, sino que es contraproducente; Peña Nieto dejó claro que la administración política de la delincuencia ya no es posible. El país es demasiado plural y las visiones de Estado y sus funciones están demasiado fragmentadas para permitir un canal único y lo suficientemente asertivo para la negociación con la delincuencia. Pero reducir el problema de la seguridad a un asunto de desigualdad social o de moral contiene también trampas claras y no es una solución probada. La vía más efectiva es realmente una institucional que se vincule a la justicia social. Y esto es lo que no se ha hecho. Como dijo Astorga, los marcos institucionales son la solución y éstos "fueron un intento importante de Calderón; [aunque] los logros son otra cosa".

El fracaso del PRI ante el tema de la seguridad es particularmente sorprendente. En un principio los priistas vieron que el asunto podría resultarles políticamente rentable y lo explotaron. De hecho, los gobernadores del PRI, según Óscar Aguilar, sabían que todo era cuestión de "acotar a la administración [de Calderón]... tenían en mente el 2012... se imponía la lógica del ciclo sexenal". Valdés agrega que "sí hicimos propuestas, pero el PRI nos las frenó... en 2008 con un pacto, y en 2010 con la iniciativa de Mando Único... pero los gobernadores no apoyaron". Bruce Bagley agrega a este punto que "los gobernadores priistas se opusieron a Calderón y a sus reformas". Por consecuencia, Calderón nunca pudo construir un consenso nacional para articular el aparato nacional de seguridad con los de los estados. El sistema permaneció en una situación de desarticulación grave.

Pero, el problema, dice Arturo Sarukhán, es que: "Peña Nieto le echó tanta 'cacayaca' a la estrategia de seguridad de la administración anterior que no articuló la suya... la descalificó tanto en su campaña... que [se perdió] la oportunidad de formar una mancuerna de administración con Estados Unidos que trabajara bien con ellos en ese tema", presumiblemente porque ya existía toda una relación con Washington que Peña Nieto sólo tenía que haber continuado. Seguramente Sarukhán se refirió a la ventanilla única en Segob, concepto que forzaba a los actores estadunidenses a trabajar con un solo actor, Gobernación, en una especie de cuello de botella. Al final, "lo que Calderón dejó sin hacer, Peña Nieto tampoco [pudo] hacerlo" y el problema continúa (Sarukhán).

No todos los problemas fueron políticos. Hay quienes argumentan que el propio Calderón no tuvo realmente control de la burocracia ni pudo cooperar con el Poder Judicial para llevar a la justicia ni a los delincuentes ni a los políticos que colaboraron con ellos. El llamado "Michoacanazo" es ilustrativo, dice Medina Mora. "Eran cuarenta y dos o cuarenta y tres personas —el procurador, algunos presidentes municipales, jefes de policías municipales, unos del PRD, unos del PAN y unos del PRI—, más del PRD, porque Leonel

233

Godoy era el gobernador, y el compadre del padre de Godoy era la Tuta (por eso le decían tío y era uno de los líderes de La Familia Michoacana). Entonces el hermano de Leonel Godoy estaba metido hasta el copete en esto. El procurador, bueno…"

Al final, sin embargo, todos quedaron libres porque el Poder Ejecutivo y el Poder Judicial cometieron una serie de errores que no permitieron que fueran castigados conforme a la ley. Éste es un error muy común, pero que muestra que el sistema no funcionó y que todavía no funciona adecuadamente. La liberación de estos funcionarios al final abonó a la idea de que el sistema de procuración de justicia no estaba listo, por mucho que se hubiese deseado que lo estuviera. Al final, esta deficiencia sigue siendo importante, incluso hoy en día.

El Estado mexicano no ha podido judicializar y llevar exitosamente a buen puerto muchos de los casos de delincuencia organizada y corrupción. Esta lección no se aprendió en la administración de Peña Nieto. Sin embargo, fueron muy disciplinados con el mensaje y con los datos (Carrillo Olea). La tentación de manipular los datos sigue presente. Ahora bien, todos los gobiernos del siglo XXI han tenido ya varios encontronazos con la capacidad de generar y diseminar información dentro del propio gobierno federal. Esta situación constituye un gran obstáculo, pues no permite, al final, medir las dimensiones del problema ni crear estrategias bien calibradas, cualitativa y cuantitativamente, para dar respuesta al problema mismo. El problema de los datos y las cifras, como insumo para una política pública clara, sigue siendo un reto; lo tuvo Calderón y lo han seguido teniendo sus sucesores.

En general, de este importante debate sobre la transición del acercamiento calderonista al acercamiento peñanietista se puede aprender que el Estado mexicano no ha podido responder al problema de la seguridad pública, porque las instituciones no existen (o son endebles) y están sujetas a los designios de quien ocupa la Presidencia, de quien las crea y las recrea a su arbitrio. Además, lo que debe quedar claro es que el problema de la violencia y el crimen organizado en México no es una cuestión que se pueda manejar políticamente, el Estado ya no tiene esa capacidad.

Así pues, para cualquier gobierno actual o futuro aquí también hay varias lecciones. La primera es que ningún presidente puede ya tener, sin duda, a todos los gobernadores de su lado, sin importar el partido. Hasta este momento se sabe que todos han expresado su deseo de coordinarse en materia de seguridad pública con el gobierno federal. Pero siempre hay obstáculos en la articulación federalista. Hoy, por ejemplo, este problema es inverso a lo que enfrentó Calderón. Mientras que a él, según algunos entrevistados, lo saboteaban los gobernadores priistas, a otros gobiernos se les contraponen los actuales gobernadores de oposición por alguna razón u otra; por una profunda desconfianza, por ejemplo, con una resultante importante ya antes vista: la desarticulación considerable en materia de seguridad. Lo que Calderón no pudo hacer, esto es, construir consensos políticos para la seguridad, nadie lo ha podido hacer. Ésta es otra gran lección perdida. Cualquier estrategia de seguridad puede quedar frenada por intereses político-partidistas, especialmente cuando no se desea integrar para combatir el crimen, sino imponer visiones centralistas.

La segunda lección es que el mejor legado de una administración se encuentra en las instituciones que construye para resolver problemas nacionales. Pero Peña Nieto prácticamente desmanteló la Policía Federal. Ésta se redujo a una fracción de lo que fue bajo el calderonismo. Y hoy, hasta este momento, la única institución en materia de seguridad, la Guardia Nacional, se antoja insuficiente ante la magnitud del problema de seguridad. Ahora bien, construir una institución toma tiempo. Se debe cocinar a fuego lento.

La Policía Federal no se hizo así, y la Guardia Nacional no se va a hacer así. En una entrevista, García Luna detalló todos los aspectos materiales, legislativos, regulatorios, de recursos humanos, de equipamiento, entre otros, que tuvieron que concertar para crear y fortalecer a la Policía Federal. Fue un esfuerzo de seis años, y aun así, los resultados dieron muchísimo que desear, por decir lo menos.

Una tercera lección es el problema de la militarización. Aunque se le criticó a Calderón mucho el uso de las fuerzas armadas, al final, sus sucesores no han podido prescindir de ellas. Peña Nieto las utilizó, aunque con mejor visibilidad. Y hoy, construir la Guardia Nacional sobre la base de elementos militares con enormes defectos en personal, entrenamiento y preparación, es riesgoso, especialmente si no se les habilita para responder a la delincuencia organizada. En este sentido, pudiera resultar ser un "tigre sin dientes", comprometiendo al final no sólo su potencial efectividad, sino también su moral. Y nada indica que sus elementos sean invulnerables a la corrupción, simplemente porque ya no son la Policía Federal. En materia de instituciones de seguridad no hay atajos. Hay largos caminos, todos atravesados por individuos que sólo permanecen un tiempo breve en ellos.

Finalmente, cabe destacar que los gobiernos del postcalderonismo parecen tener una estrategia para reclutar a la ciudadanía en la coproducción de la seguridad pública (Payan, 2016). Ya hemos explorado cómo Calderón no se dio cuenta de la importancia de involucrar a la ciudadanía hasta después de la masacre de Salvárcar; demasiado tarde para su estrategia. Peña Nieto tampoco tuvo una estrategia para con la sociedad y hasta buscó reducir el flujo de información. Las acciones de hoy —como soslayar la importancia de los números— se antojan similares. A la ciudadanía no se le ha consultado y se continúa sin consultar. Reducir la importancia de los datos duros, de las cifras ante los medios de comunicación, es otra lección del calderonismo que se perdió. No fue un éxito. Y no puede serlo. Al final, como dijeron nuestros entrevistados, la realidad se impone.

## El saldo del legado calderonista

El saldo, por así decirlo, de la administración calderonista y cómo éste se leyó en la administración de Peña Nieto están también sujetos a importantes debates, relevantes, sin duda, para el gobierno actual y aquellos que le sigan. Existen dos hipótesis con respecto al legado de Calderón.

En un primer corte, Jorge Castañeda argumenta que: "No hay logros. Al principio [Calderón] crea una situación que restablece la seguridad en Michoacán, pero ¿por qué Peña Nieto tiene que volverlo a hacer?". Al parecer fue "lo mismo en Ciudad Juárez y en Tijuana, donde había disminuido la violencia". Y si hay logros, agrega Castañeda, "¿A qué costo? ¿Cuánto tuvimos que pagar? Si vemos los costos, son monumentales: un número jamás visto de muertos, desaparecidos, recursos perdidos, deterioro de la imagen de México en el mundo, corrupción, por mencionar algunos. Al hacer un balance costo-beneficio, entonces no estoy seguro".

Por otro lado, Astorga sostiene que hubo un esfuerzo importante en la construcción de instituciones y piensa que se buscó crear "marcos institucionales"; que no se hayan consolidado es otra cosa. Joaquín Villalobos, inspirador intelectual de la estrategia, aun cuando esto haya sido posterior, argumenta que los costos eran algo que se tenía que pagar. Incluso considera, por implicación, que el esfuerzo valió la pena y que hubiera resultado exitoso si se hubiera continuado. Todo esto es cuestionable, pero no es posible desestimar dichas opiniones.

Lo cierto es que el problema y la estrategia eran (y son) en sí extremadamente complejos, y por eso se prestan a diferentes interpretaciones. Samuel González, por ejemplo, argumenta que "si alguien te dice que hay un elemento que te explica el problema, se equivoca. Éste es un fenómeno multifactorial que, además, se acelera". Y no hay solución clara. Peña Nieto sencillamente tuvo otro acercamiento: "Sacó a los policías de Los Pinos y llevó a los verdaderos políticos. Sacó a García Luna y no tuvo el odio de la izquierda y tenía un consenso político mayor" (González). Pero este punto tampoco es resoluble. Peña Nieto "apaciguó al Estado" un tiempo; pero la violencia y el crimen organizado regresaron, lo que muestra que este problema nunca es tan sencillo como los calderonistas pensaron ni como sus críticos creyeron. Al final, como argumenta Benítez Manaut, "la presidencia de Calderón se puede ver como un vaso medio lleno y medio vacío. Logró sostener la Ciudad de México, en acuerdos muy buenos, muy secretos, con Ebrard. El caso de la Ciudad de México estuvo más o menos… [Pero] esos diagnósticos de Estado fallido… no operan. Cuando se le ocurre a [alguien] comparar a México con Irán, olvídalo, no".

Lo que sí es notable es el consenso entre muchos de los entrevistados acerca de que el legado de Calderón fue, en gran parte, la pulverización del crimen organizado (Shirk). El sexenio comienza con un puñado de grupos delincuenciales que controlaban el país territorialmente en forma de corredores y termina con una fragmentación sustancial del crimen organizado y una diversificación de los giros de la delincuencia que acaban en altos niveles de violencia. Si la intención era desmantelar los grupos delincuenciales grandes y bien estructurados —y convertirlos en una serie de bandas más pequeñas con las que se pudiera lidiar más fácilmente por medio de la Policía Federal en coordinación con las policías estatales— la estrategia fue relativamente exitosa.

Para otros, esto es parte del actual desastre: el sexenio terminó y las instituciones no estaban listas, pero el número de grupos criminales había crecido y el problema se estaba saliendo de control. Al llegar Peña Nieto, esta situación impidió, en parte, la posibilidad de administración política y de capacidad institucional para combatir a esos grupos —empezando por el mismo hecho de que la Policía Federal fue desmantelada poco a poco (Hope), lo cual indica también que un importante problema de México es la discontinuidad de proyectos de seguridad—; sencillamente no es un proyecto de Estado, es un proyecto presidencial.

Para efectos de futuros gobiernos, éstas son advertencias importantes. El saldo negativo hasta el momento, bajo estrategias de confrontación, ha sido alto, pero estrategias de no confrontación también han tenido saldos bastante negativos. Esa falta de resultados podría también sellar el destino de esta administración y otras en el futuro. Si la estrategia de no confrontación no da resultados, el gobierno será juzgado de la misma manera que los gobiernos de Calderón y Peña Nieto: por su fracaso. Al final lo que cuenta es si la estrategia funcionó y, para mal o para bien, su éxito se mide en cadáveres.

## Instituciones y justicia

Es necesario también abordar otro debate sobre el legado de Calderón: el estado de las instituciones de justicia. Éste es uno de los temas más importantes al respecto y tiene que ver con sus supuestos esfuerzos para construir instituciones, fundamentalmente la Policía Federal y la reforma judicial de 2008. Hay quienes argumentan que sí hizo esfuerzos en este rubro. Astorga, profesor de la UNAM, argumenta que:

Varias de las iniciativas de ley prosperaron, como juicios orales, derechos humanos, juicio de amparo, y el crecimiento y la profesionalización de la Policía Federal. Una de las cosas de las que se enorgullecía García Luna era de que la Policía Federal fuera civil. Se forma desde el Ejército, pero luego es civil en su carácter. Y pasa de 6,000 efectivos a alrededor de 35,000. Lo mejor es un esquema mixto: policía única, mando único. Se usan intercambiablemente, pero no lo son.

Sin embargo, Astorga debate consigo mismo: "Por los resultados, no parece haber [habido] mejor inteligencia. Ahora existen varios servicios al respecto. La pregunta es: ¿cómo se coordinan? Teóricamente hay un esquema de coordinación [pero no parece funcionar]. Los militares no comparten inteligencia con las agencias civiles. Lo hacen con el presidente directamente, pero están debilitados".

Astorga evidencia un debate importante sobre el papel de las instituciones en el legado de Calderón. Hacen falta instituciones, pero no todas son lo mismo. Una cosa son las de impartición de justicia, otra las de procuración de la misma y otra los insumos, como los servicios de inteligencia. Todas son importantes y hace falta examinarlas por separado, porque no en todos los casos se hizo lo pertinente. Además, que haya instituciones no significa que funcionen bien. Por eso, continúa Astorga: "Los marcos institucionales: ése es un intento importante de Calderón. Los logros son una cosa, pero la intención es importante. Hay que ver cuántas iniciativas prosperaron y cuántas se quedaron atoradas".

Guillermo Valdés también debate este punto: "Cuando llegó Calderón había 7,000 policías. Era necesaria la generación de una Policía Federal… de este tamaño", dice abriendo los brazos, "más las policías estatales". Y recalca que Genaro García Luna, como policía, era de diez. "Como policía no hay uno mejor en este país… Él sabía. Él diseñó la Policía Federal. Hacer una policía era tan importante... y aunque el Ejército decía que no quería estar... estaban fascinados... presupuestalmente crecieron muchísimo". El problema fue el Cisen. Genaro García Luna "quería que fuera un apéndice de la Policía Federal... e hizo muchos enemigos" (Valdés). Y Valdés concluye, como premonición de lo que está ocurriendo hoy: "El Ejército no se va a salir, mientras no haya una policía de a de veras".

Es claro, pues, que el Estado mexicano sigue haciendo uso del Ejército para funciones de seguridad pública, y lo sigue haciendo precisamente porque las instituciones no funcionan. Este uso, sin embargo, constituye un riesgo moral, como ya se dijo. Mientras se cuente con el Ejército no habrá presión sobre el gobierno para crear instituciones que lo reemplacen, pues estas funciones serán siempre fácilmente delegadas en el Ejército. Esto sigue sucediendo a pesar de las críticas por el uso de las fuerzas armadas por parte de Calderón. Sus sucesores siguen recurriendo al Ejército, el cual se ha erguido como la panacea para muchos problemas que enfrenta el gobierno, con el consiguiente riesgo moral: mientras las fuerzas armadas quieran "entrarle" no se tienen que construir las instituciones (Valdés). El legado final podría ser tan desastroso como el de Calderón.

## La seguridad pública: el reto que continúa

Ciertamente hay una conclusión ineludible acerca del legado de Calderón: el tema de la seguridad no se ha resuelto. Pero querer resumirlo en una persona o en una estrategia es un error, por mucho que sea el presidente y que éste haya errado. Nuestro análisis apunta a fallas históricas, institucionales, de liderazgo, operativas y al hecho de que el problema es también regional y no tiene

241

una sola solución y menos una solución desde el centro. Se requieren muchas piezas de diversa índole para resolver este complejo asunto.

Casi todos los entrevistados coinciden, por ejemplo, en que Michoacán es y continúa siendo un punto neurálgico para la seguridad pública en México. Todos los presidentes recientes han enfrentado una situación difícil en ese estado y los resultados han sido también difíciles de interpretar. Escalante, de El Colegio de México, por ejemplo, habla de Tierra Caliente, la región de la costa y de la región colindante con el estado de Guerrero, como un "infiernillo". Es en esa zona donde Calderón ve un aumento de la delincuencia y la violencia, y tiene dos efectos sobre él: lo convence de que la seguridad se está saliendo de las manos y, ante un éxito inicial en Michoacán, queda convencido de que su estrategia es la correcta; una estrategia que finalmente termina en rotundo fracaso.

Peña Nieto enfrenta un reto importante también al inicio de su administración: el paramilitarismo en la forma de las llamadas *autodefensas*. Las autodefensas y el problema de seguridad en Michoacán surgen al principio de la administración de Peña Nieto e inmediatamente se convierten en un distractor importante en su agenda. Ante esta situación, la reacción del presidente es negociar con ellas; el equivalente, según Escalante, a un intento de administrar políticamente el problema, lo que coincide con su reacción inicial de subsumir el problema de la seguridad en la Segob. Sin embargo, la situación en Michoacán se deteriora rápidamente y la seguridad en esa entidad sigue sin solución. "El problema de Michoacán nunca se acabó de resolver... es un problema federación-Estado. Sí hubo casos de éxito, pero Michoacán nunca lo fue" (Hope).

Valdés abona a este debate al afirmar que "con Peña Nieto... decían que lo que desataba la violencia era la presencia del Ejército... y lo retiraron... eso lo hizo Peña. Entraron haciendo lo que la mala crítica decía que debía hacerse. ¿Qué pasó? Surgen las autodefensas, pues dejas a la población indefensa. En Michoacán encuartelaron al Ejército, retiraron a la Policía Federal y pactan con la Tuta. Le regalan el estado y van como Juan por su casa, sin ningún freno" (Valdés). Pudiera incluso argumentarse que Michoacán es el proverbial "canario en la mina de carbón". Por donde va Michoacán seguramente van los retos de la administración en turno.

Es importante entonces hacer notar también que el problema de Michoacán ya se asomó recientemente en la administración actual, la cual reconocidamente no ha encontrado todavía su propia fórmula para lidiar con el tema de la seguridad. En Uruapan, por ejemplo, aparecieron nueve personas colgadas el 8 de agosto de 2019. Pero este incidente se ignoró. Sinaloa es un caso mucho más fuerte: el gobierno liberó a Ovidio Guzmán ante los ataques del Cártel de Sinaloa. De esto también se investigó poco y ha habido declaraciones confusas al respecto. Es claro que cada caso es diferente, pero acumulativamente todo habla de que el problema continúa.

Es claro pues que, a pesar de estos incidentes y muchos otros, se ha preferido no hablar de la seguridad, quizá por miedo a empantanarse en el tema. Peña Nieto fue disciplinado con el mensaje hacia los medios y hacia la población. Evitó hablar de "guerra", una lección que el propio Calderón aprendió al final: las palabras importan y tienen consecuencias. Sin embargo, "los medios se dieron cuenta… son interlocutores de la sociedad… registramos y dimos cuenta" (Marín). Al final, no se puede controlar la narrativa pública: así como nunca pudieron hacerlo Calderón y Peña Nieto, es muy probable que tampoco pueda hacerlo el presidente López Obrador ni sus sucesores. La realidad se impone. La gente vive la delincuencia día a día, y ésta no se puede ignorar fácilmente.

Ésta es también una importante lección para futuros gobiernos, sobre todo porque hoy se pretende construir una realidad de paz cuando las cifras no la muestran. La realidad como construcción social tarde o temprano choca con las estadísticas. Hoy, como en el sexenio de Calderón, el enorme reto sigue siendo el mismo: en grupos delictivos, en giros y actividades criminales, en poder de fuego, en control territorial. En cierta manera, el problema se ha transformado, pero no se ha acabado. Lo diferente es la respuesta: es necesario darle tiempo a los programas sociales y megáfono a las exhortaciones del liderazgo. Pero no se han construido instituciones y algunas se han desmantelado. El 31 de diciembre de 2019 desapareció la Policía Federal, en parte para integrarse a la Guardia Nacional, pero fundamentalmente porque se le vio como a una institución calderonista. Así pues, el referente de lo que no hay que hacer sigue siendo el sexenio de Calderón y el desmantelamiento (o la construcción) de las instituciones tiene también al calderonismo como punto de referencia. Esa obsesión con el pasado, sin contrapesos, puede ser una enorme debilidad para cualquier gobierno.

En este mismo sentido, cabe mencionar que algunos de los entrevistados coincidieron en que Ayotzinapa fue un evento crucial en el relato de la administración de Peña Nieto. Después de este incidente, ocurrido el 26 de septiembre de 2014, el presidente ya no pudo recuperar el discurso inicial sobre el tema de la seguridad ni argumentar que la crisis de seguridad del calderonismo fue creada por las propias acciones de Calderón y su gabinete. El incidente demostró de manera fehaciente que el problema de la seguridad continuaba. Ayotzinapa enterró gran parte de la credibilidad de los argumentos centrales de la administración de Peña Nieto en materia de seguridad, sobre todo su capacidad de culpar a su predecesor. Es decir, culpar a un antecesor es fácil, y puede resultar muy rentable. Calderón es ideal para esta táctica. Pero seguramente toda capacidad de culpar a un gobierno anterior también se va acabando con el tiempo.

Además, el legado de Calderón implica otra cuestión que también surgió entre los entrevistados, pero que es igualmente especulativa y difícil de resolver. Este tema tiene que ver con los elementos que distienden una situación violenta en una ciudad o región: o son una acción gubernamental, basada en las acciones de las fuerzas policiacas en la aplicación de la fuerza del Estado, o sencillamente se deben a reacomodos e incluso a acuerdos con y entre el crimen organizado. Este planteamiento es real. Bagley, por ejemplo, dijo que él estaba convencido de que en "muchas ciudades, las mejoras en la seguridad no vinieron con la limpia de la policía, sino de la pacificación de las rivalidades entre cárteles y el avance del Cártel de Sinaloa en ciudades como Tijuana y Ciudad Juárez". Es muy difícil demostrar esto, lo cual apunta a la complejidad de encontrar causas y efectos en este tema: éstos siguen siendo materia altamente especulativa, casi improvisada.

Lo cierto es que hasta este momento no ha habido planes especiales para regiones o ciudades específicas; aunque cuarenta por ciento de la Guardia Nacional fue desplegada para atender el problema migratorio en Chiapas, en parte bajo presión del presidente Donald Trump. López Obrador parece sentirse mucho más cómodo atendiendo las necesidades de comunidades y localidades remotas por todo el país (a las que acude cada que puede); sin embargo, al final, la presión política real siempre sale de las clases medias, de las ciudades. Su estrategia política, hasta este momento, sigue apostando a su contacto personal con las comunidades marginadas, lo que le ha sido de enorme utilidad. Sin embargo, se comienzan a vislumbrar las brechas entre la confianza hacia él como presidente y sus programas como acciones efectivas para resolver problemas.

## Un punto final: la herencia de Peña Nieto a López Obrador

Así pues, el problema de la seguridad sigue castigando fuertemente a todos los gobiernos de México. A pesar de que la violencia disminuyó a principios de la administración de Peña Nieto, sin haber atajado los problemas de fondo, ésta pronto volvió a incrementarse y ha seguido aumentando, incluso en el primer año (y más) de la actual administración.

Como dice Hope: "El problema sigue irresuelto". Bagley, académico experto en seguridad, también asegura: "Había un problema de crimen organizado muy severo también con Peña [Nieto]." El primero afirma que el problema es igualmente político, como lo fue durante la administración de Calderón: "No se ponen de acuerdo acerca de quién se hace cargo de qué cosas y quién paga". El factor fundamental, dice, sigue siendo institucional. Bagley también argumenta que "México no ha resuelto sus problemas estructurales institucionales".

Óscar Aguilar coincide con ambos, pero agrega que el asunto tiene además connotaciones políticas: "Para que el Estado sea eficaz en el tema de seguridad [se requiere de] un acuerdo político", lo cual no existe, incluso hoy en día. El mismo Aguilar agrega que el problema de la seguridad no puede resolverse sin un pacto previo. El tema no se puede centralizar: "¿Qué hizo Peña? Centralizar". Y eso, reitera, no funciona: "sin los gobernadores, sin pacto político previo... no hay seguridad".

Casi todos los entrevistados apuntan al persistente problema de la falta de instituciones y de coordinación efectivas; este problema fundamental no se ha resuelto. Se sigue sin prestar atención suficiente a todas las piezas y actores clave, así como a los requisitos indispensables para terminar con la inseguridad pública. Tanto Calderón como Peña Nieto dejan un legado complejo y muy problemático, cuyas dimensiones no se pueden perder de vista hoy.

Las entrevistas que dieron origen a este capítulo se centraron fundamentalmente en la administración de Felipe Calderón Hinojosa. Sin duda, hay todavía un gran debate sobre sus resultados, errores fundamentales, supuestos pactos con la delincuencia organizada (sobre todo con el Cártel de Sinaloa) y las enormes consecuencias de sus decisiones. Sin embargo, es necesario reconocer también que los problemas de violencia, delincuencia organizada y falta de Estado de derecho en México continúan sin resolverse. Lo que Calderón hizo fue implementar una fórmula muy radical y no convencional de confrontación abierta con la delincuencia organizada, así como una especie de guerra campal por ciudades y campo. Y al final, el problema no sólo no se resolvió, sino que se agravó con consecuencias inesperadas y mortales para la sociedad mexicana, las cuales se arrastrarían en años subsecuentes.

Pero esta enorme problemática tampoco se resolverá sin una confrontación hábil y estratégica que desarticule de forma efectiva al crimen organizado. Leyes, políticas y operativos van y vienen; reorganizaciones del andamiaje institucional alrededor de la seguridad pública van y vienen; depuraciones de cuerpos policiacos van y vienen; el uso del Ejército para cuestiones de seguridad pública continúa; y nada ha podido resolver el problema de la seguridad en México. No se ha podido dar con las fórmulas para resarcir este gran tema pendiente en México. Y no hay hasta ahora nada nuevo. Al contrario, se siguen ensayando los mismos métodos con diferentes modalidades, sin resultados. Y lo que hay es un relativo deterioro del problema de la seguridad en México. Las instituciones necesarias para resolver este problema no parecen estar hoy mejor que antes ni parecen existir planes de construirlas de manera transexenal. Cada presidente le apuesta a lo que piensa, siempre improvisando.

En este sentido, es importante que las lecciones de la administración de Calderón no se pierdan. México no puede continuar

247

improvisando en materia de seguridad. Sin instituciones encargadas de dar resultados en ese rubro, el país seguirá sin dar certidum-
bre a la inversión y retrasando su desarrollo; castigando el bolsillo
de los mexicanos que deberán invertir mayores recursos en proteger su persona y su propiedad, y desperdiciando un bono demo-
gráfico importante debido a la creciente emigración empresarial y
profesional que busca lugares seguros para desarrollar sus talentos.
Asimismo, la inseguridad y el crimen organizado ensanchan la bre-
cha entre ricos y pobres. Es por tanto imprescindible vincular las
posibles soluciones al tema de la justicia social.

Como lo menciona Escalante, "no se trata sólo de cambiar de
percepción o de estrategia de comunicación, como hizo Peña", o
de discurso, como parece suceder hoy. Se trata de hacer justicia, reducir la desigualdad y construir instituciones de largo alcance histórico, a manera de proyecto de Estado, no de proyecto personal y
sexenal. Sin duda, el legado de Calderón es complejo y problemático; pero echarlo todo por la borda, sin examinar lo que puede de-
cirnos del futuro sería, sin duda, un error.

# Comentarios finales:
## lecciones para la Cuarta Transformación

---

### Las grandes lecciones de una "guerra improvisada"

Más de trece años después de que Felipe Calderón Hinojosa declarara su guerra contra las drogas —con el aval y el apoyo de Estados Unidos y en el marco de la Iniciativa Mérida— la situación de seguridad en México no ha mejorado.

Sólo en el año 2019 se registró el mayor número de homicidios de todo el siglo XXI, alrededor de 36,500 asesinatos, y la mayor parte de los indicadores sobre violencia y giros negros continúan creciendo. El panorama de 2020 y 2021, con la pandemia del COVID-19, no parece nada alentador. La administración del presidente López Obrador, después de más de una tercera parte de su sexenio ya transcurrida, no ha podido encontrar la fórmula para detener la creciente inseguridad en el país. Ante este panorama, es importante reflexionar acerca de las grandes lecciones que dejó el sexenio calderonista. Ello con la finalidad de plantearnos: ¿hacia dónde va México en materia de seguridad? Y sobre todo: ¿qué deben saber el actual presidente de México y su gabinete de seguridad para no cometer los errores del pasado?

## La guerra y por qué las palabras importan

La primera lección que no se puede perder de vista a futuro acerca de la seguridad pública en México se refiere a la retórica; específicamente el uso de ciertas palabras que, para bien o para mal, envían mensajes a veces claros y a veces subrepticios a los ciudadanos, pero también a los grupos criminales. En este sentido, una reflexión importante al pensar en la estrategia de seguridad durante el periodo 2006-2012 es la referente al concepto de lo que el expresidente Calderón llamó "guerra contra la delincuencia organizada", aun cuando después haya negado que utilizó el término o que así concibió su estrategia de seguridad.

De hecho, a muchos les sorprende que Calderón haya utilizado el término *guerra* para referirse a su lucha contra narcotraficantes y otros grupos que, organizados, se dedican a lo ilícito y a la extracción de rentas. Quienes saben bien del tema y quienes pertenecen a las fuerzas armadas han criticado el uso de la palabra *guerra*. Haberse comprometido con esta palabra claramente obligó a Calderón a ofrecer una solución de corte militar. Sin duda, el uso del término tuvo consecuencias claras para la estrategia y los grupos criminales lo entendieron así y aceleraron su propia paramilitarización, contribuyendo a una escalada de violencia que no se ha podido detener.

La importante lección sobre el uso de las palabras parece no haberse aprendido y la administración del presidente López Obrador debería prestar mayor atención a ello. Desde que era candidato, señaló que su estrategia de seguridad consistiría en "abrazos, no balazos", y en "atender las causas de la violencia, no los síntomas". Sin cuestionar el éxito mediático que puedan tener estas frases, su contenido pierde de vista varios puntos importantes con respecto al uso de la retórica.

Su mensaje pudiera parecer confuso y no abona al problema de la seguridad. En primer lugar, porque transmite un mensaje de tregua a la delincuencia organizada. Segundo, porque se requiere de un diagnóstico de largo alcance sobre el deterioro del tejido social en el país, el estado de las instituciones, la cultura de la legalidad, el papel del Estado en todas sus dimensiones, el gasto público en seguridad y, sí, también sobre lo que se pueda aprender del pasado con todos sus errores, quizás aciertos, y con todas sus controversias.

En un primer plano, la relación de la actual administración con las fuerzas armadas es ambigua y genera confusión. Por un lado, se les asignan tareas ajenas a sus funciones, como la construcción de un aeropuerto, la contención de los flujos migratorios hacia Estados Unidos, la repartición de medicamentos y hasta el reparto de libros de texto a las escuelas públicas. Por el otro lado, cuando se trata de funciones relacionadas con su misión actual —coadyuvar a la producción de la seguridad—, se les agravia impidiéndoles hacer su labor al instruirlos a no confrontar a la delincuencia organizada o con operaciones como la liberación de Ovidio Guzmán, el hijo del Chapo Guzmán, en Culiacán, Sinaloa, al grado de exhibir públicamente a la persona responsable de la fallida operación. El mensaje es confuso precisamente porque, por una parte, se militarizan aspectos importantes del país y, por otra, no se les empodera para realizar su labor, al mismo tiempo que se les comunica a los delincuentes que las fuerzas armadas no los van a confrontar.

Tal y como lo refirieron varios de los entrevistados, en materia de seguridad pública las palabras —y las posturas retóricas— importan y más cuando provienen de la autoridad máxima en materia de seguridad del país. El que dicha autoridad utilice un lenguaje ambiguo y adornado de figuras retóricas se presta a que las autoridades responsables de la seguridad y los ciudadanos interpreten el

251

mensaje en favor de sus propios intereses y que los delincuentes lean el mensaje como uno de permisividad de sus actividades. Esto se exacerba debido a exhortaciones a los valores y a la moral con frases como "pórtense bien" y "los voy a acusar con sus mamás" que no parecen ser los antídotos para contrarrestar el problema creciente de inseguridad que afecta al país.

Las palabras comprometen y viniendo de la máxima autoridad del país, obligan. Es por ello que en materia de seguridad es imperativo que exista precisión en el uso de las palabras y claridad en el mensaje, además de que éste quede alineado con las instituciones mismas y sus misiones formales.

### Carencia de un diagnóstico adecuado de la situación de seguridad en México

Otra lección que se puede tomar del gobierno calderonista es lo riesgoso y costoso de comprometerse con una estrategia sin tener un diagnóstico preciso y certero sobre la situación de seguridad en el país. A lo largo de la investigación aprendimos que el diagnóstico de Calderón fue azaroso y finalmente deficiente y se improvisó la estrategia porque falló evaluarla bien *a priori*.

Calderón optó por hacer énfasis en el tema de la delincuencia organizada, especialmente en el narcotráfico, al definir su estrategia. Una primera experiencia exitosa contra estos grupos en Michoacán no permitió reflexionar sobre el uso de operativos militares en otros contextos y animó al uso del Ejército para el combate a la delincuencia organizada en una ruta singular y, por lo menos al principio, sin matices. Aprendimos que fue a raíz de la petición del exgobernador de Michoacán, Lázaro Cárdenas Batel, que Calderón ordenó un despliegue militar en ese estado, y lo que fue percibido un éxito inicial lo alentó a repetir este tipo de operaciones, con muchos menos resultados y consecuencias no previstas, en otras zonas del país. Esta primera experiencia en Michoacán puede compararse con un empuje inicial en un tobogán, el cual precipitaría al presidente Calderón en una caída vertiginosa con pocas posibilidades de frenar el curso.

El gobierno del presidente López Obrador tampoco parece estar leyendo bien el país. La estrategia no es siempre consistente y en ocasiones parece variar según los estados de ánimo del presidente. El documento inicial sobre seguridad pareciera ser incompleto, poco preciso en algunas partes y hasta reaccionario dada la aparente obsesión de la actual administración con Calderón. Su relación con ese sexenio provoca que se improvise a partir de una fobia política y no a partir de un diagnóstico serio. Su gabinete de seguridad, a pesar de reunirse todas las mañanas, no parece estar brindando respuestas efectivas al problema y por ahora se encuentra en un modo de reacción.

Es evidente que el largo periodo de transición (cinco meses) se desperdició, dado que nunca se dio a conocer de forma clara cuál fue el diagnóstico al que se llegó. Y esto sorprende, porque sucedió a pesar de que se conocía con anterioridad quién iba a ser el siguiente secretario de Seguridad Pública y Protección Ciudadana. La nueva administración parece no haber comprendido que la delincuencia organizada ha experimentado una notable transformación en los últimos años. La nueva criminalidad organizada se diversifica y se fragmenta aún más, se empieza a dedicar a todo lo que es ilícito y se extiende incluso hacia algunas áreas de la economía formal (sobre todo cuando hablamos de lavado de dinero).

México no tiene un problema de drogas que se resuelve con un enfoque en el narcotráfico o con una política de drogas o incluso de delincuencia organizada, sino un problema de seguridad pública y en última instancia un problema de Estado de derecho. Un diagnóstico de éste, en general, debería ser el arranque obligado de cualquier estrategia porque compromete a un actor a una política pública. Sin esa pauta, un gobierno improvisa, y a veces reacciona, pero se vuelve incapaz de una reflexión crítica, la cual requiere tiempo. En su segundo año de gobierno, el presidente López Obrador todavía no define con claridad el rumbo de su estrategia de seguridad y esto se debe probablemente a la falta de un diagnóstico certero del cual partir. La improvisación es, pues, patente también en el actual gobierno.

Pero desafortunadamente parece ser que el momento de elaborar un diagnóstico ya pasó. A lo más, es tiempo para dar golpes de timón o de cambiar elementos de la estrategia, lo cual es ya una postura reactiva ante un problema que persiste. El tiempo se agota y pareciera que la única estrategia que se tiene es la proclamación de que "se acabó la guerra" iniciada por Calderón, esperando que con ello se resuelva el problema.

## Instituciones de seguridad pública

Durante el sexenio de Calderón parecía haber existido, por lo menos al principio (y entre la clase gobernante), un consenso relativo sobre la dimensión y la definición del asunto de la seguridad pública. Como hemos visto, algunos de los entrevistados argumentan que la idea inicial era transformar un problema de seguridad nacional —en el cual el Estado mexicano mismo estaba supuestamente en jaque por el crimen organizado— en un problema de seguridad pública. Se asumía entonces que la policía podía construirse lo suficientemente rápido como para atajar los remanentes de la delincuencia organizada de gran envergadura.

Sin embargo, una consecuencia no prevista, pero importante, fue que mediante la participación de las fuerzas armadas y aplicando las técnicas de descabezamiento de bandas criminales recomendadas por los estadunidenses (*kingpin strategy*) se acelera la transición histórica de la delincuencia organizada en México, la cual se vuelve más violenta y aprende a diversificar sus giros. Así pues, pasamos más rápidamente de un modelo criminal enfocado en el tráfico de drogas con cabezas identificables a un modelo criminal paramilitar más extractivo en esencia. Éste es el México al cual se enfrenta la administración actual (2018-2024).

Los tiempos erraron debido al mal cálculo estratégico; el cual implicaba un periodo muy corto para la construcción de instituciones, algo imposible de lograr, pero no necesariamente a causa de la inversión en seguridad. Los miles de millones de dólares que se invirtieron en la estrategia, y que incrementaron significativamente los presupuestos en materia de seguridad y procuración de justicia, no resolvieron el problema de fondo. En México no se construyen ni se fortalecen de manera adecuada las instituciones; aunque es obvio que construir instituciones es una tarea transexenal y es difícil hacerlo cuando no se cuenta con las herramientas precisas y, además, se está en medio de una guerra ya en marcha.

Lo que en México no se ha logrado es hacer de la seguridad pública —y del mismo Estado de derecho— un proyecto de Estado. Ésta siempre ha estado sujeta a proyectos cortoplacistas, meramente sexenales, con un presidente llegando a desbaratar lo que ha hecho el anterior, sin entender que seis años no son suficientes para construir y consolidar instituciones de administración y procuración de justicia y de seguridad pública.

Y este error parece haberlo cometido la Cuarta Transformación también al crear una nueva institución, la Guardia Nacional, casi de forma improvisada y desbaratando otras, como la Policía Federal, e incluso intentando reformar un sistema judicial cuando la misma reforma de 2008 ni siquiera ha madurado. La administración del presidente López Obrador no parece aceptar que no se puede tener un país desarrollado sin instituciones. El país no podrá traer justicia sin trascender individuos o lógicas político-electorales, y menos sin trascender fobias personales o buscar aprender de los errores de sexenios anteriores. Es absolutamente impostergable construir las instituciones necesarias para garantizar la justicia y la paz.

La seguridad es un factor de instituciones fuertes y de un Estado de derecho con una lógica transexenal ajena a resentimientos políticos. Las instituciones de justicia no deben estar condicionadas a reacciones viscerales. La ruta más efectiva para reducir la inseguridad en el país es la de crear instituciones, con tiempo y paciencia, que puedan ir cerrando espacios al delito y la violencia.

### Los "gringos" y el descabezamiento de los cárteles (*the kingpin strategy*)

A lo largo de esta investigación, varios de los entrevistados repitieron que durante la administración de Calderón "los gringos se metieron hasta la cocina". No es fácil comprobar hasta qué punto el resultado de la estrategia estuvo determinado por la asesoría, financiamiento, entrenamiento y operación directa o indirecta de los estadunidenses. Pero sí hubo una cooperación cercana con Estados Unidos en muchos frentes y sobre todo en lo que corresponde al diseño y operación de la estrategia de seguridad en México.

Aunque no se hable mucho de esto y aunque los diplomáticos estadunidenses sean muy discretos y digan que la cooperación fue resultado de una iniciativa y petición directa de México (alegando "responsabilidad compartida"), las agencias de seguridad del vecino país participaron de manera directa y tuvieron una enorme influencia en la implementación de la estrategia de seguridad mexicana. La Iniciativa Mérida muestra que no sólo afianzaron una colaboración a nivel estratégico mediante este acuerdo, sino que participaron también de manera extensa en lo operacional en el combate contra la delincuencia organizada (Thompson, 2011; Pope, 2016; Seelke y Finklea, 2017).

Así pues, ha sido notable el papel de los "gringos" en el desarrollo de la política de seguridad pública en México. El país vecino no sólo impuso la estrategia de descabezamiento de los cárteles —algo que obedece a sus objetivos, no a los objetivos de seguridad de los mexicanos—, sino que también entrenó a aproximadamente 4,500 agentes de la Policía Federal; ayudó a capacitar jueces para posibilitar la transformación del sistema de justicia penal mexicano; facilitó equipo sofisticado y armamento (incluyendo helicópteros Black Hawk, vehículos aéreos no tripulados o drones, entre otros); brindó capacitación técnica para hacer investigación criminal, y compartió con las agencias mexicanas información precisa de objetivos o narcotraficantes, entre otras acciones que formaron la nueva estrategia de seguridad o de "guerra" contra las drogas (Thompson, 2011).

Entre 2008 y 2017, el congreso estadunidense destinó más de 2.8 mmdd de dólares[*] a los programas de la Iniciativa Mérida, de los cuales alrededor de 1.6 fueron entregados hasta junio de 2017 (Seelke y Finklea, 2017). El gobierno de Estados Unidos, además, logró un factor multiplicador extraordinario por su inversión. México, por ejemplo, a cambio de la inversión de Washington, gastó

---

[*] En Estados Unidos los billones son miles de millones; en México un billón equivale a un millón de millones. Las cifras que se manejan en esta sección provienen de reportes producidos en Estados Unidos, lo que en el original se reporta como billones, aquí lo anotamos como miles de millones de dólares (mmdd).

cerca de 100 mmdd de sus propios recursos en su estrategia de seguridad durante el mismo periodo, de acuerdo con algunos cálculos. Al final, muchos de los entrevistados hablan sobre la muy importante participación que tuvieron las agencias de seguridad estadunidenses en la primera fase de la estrategia con Calderón al mando. También cuentan cómo esta cooperación no terminó (pero sí cambió un poco) en la siguiente administración y cómo se extendió la venta de armamento para continuar con la militarización de la seguridad en México.

Es interesante escuchar a los exembajadores estadunidenses, quienes celebran la colaboración y el acceso que tuvieron a las agencias de seguridad mexicanas, pero al mismo tiempo son los más críticos de los errores y limitaciones del gobierno y las autoridades a los que asesoraron y con los que compartieron estrategias e información clave de inteligencia. Llama también la atención su amplísimo conocimiento de la situación en México en ese momento y el reconocimiento de los principales problemas del país.

Lo que no reconocieron los diplomáticos estadunidenses que entrevistamos fue la responsabilidad compartida que existe cuando se colabora de forma tan cercana como lo hicieron Estados Unidos y México en el marco de la Iniciativa Mérida. Pero, por lo que cuentan nuestros entrevistados extranjeros, pareciera que todos los errores y limitaciones en la implementación y diseño de la estrategia recaen en México. Estados Unidos nunca acepta tales responsabilidades, aun cuando reconozcan que el problema es, como dijo Hillary Clinton, "corresponsabilidad de los dos países".

Los diplomáticos estadunidenses fueron especialmente críticos en lo que se refiere a la capacidad y efectividad de las autoridades mexicanas con las que colaboraron. No sorprende entonces la frustración que mostró Calderón al enterarse, por medio de WikiLeaks, de los cables que mandaba el personal de la embajada de Estados

Unidos a Washington criticando sus esfuerzos, así como la capacidad de las agencias mexicanas.

Lo que más llama la atención es la falta de reconocimiento de que si Estados Unidos participó fue porque le resultaba conveniente, y que apareciera todo como una iniciativa de México. En los testimonios del personal de la Embajada de Estados Unidos no hay reconocimiento de la influencia tan importante que ejercieron ellos mismos. Es conocido que la fragmentación del crimen organizado derivada de la estrategia de cortar cabezas (*kingpin strategy*) es una práctica alentada por las agencias estadunidenses, en particular por la DEA.

Al fragmentarse los grupos que una vez mantuvieron el control de grandes regiones de México, algunas de las células resultantes se quedan sin recursos derivados del tráfico de drogas, pero tienen acceso a entrenamiento especializado y a armas de alto calibre. Esto les permite extorsionar y llevar a cabo su modelo criminal basado en la extracción de rentas, lo que eleva los niveles de violencia y criminalidad.

Otro importante problema con la estrategia de descabezamiento, de acuerdo con algunos de los entrevistados, es que los estadunidenses se enfocan demasiado en la persona —el capo— sin entender la violencia que se origina hacia dentro de una organización criminal o entre organizaciones criminales y sin aceptar que los capos son reemplazables fácilmente. Si el combate se enfocara en impedir la parte operacional de las organizaciones delincuenciales, reemplazar esa capacidad sería más difícil.

Algo que el presidente López Obrador parece entender es que la cooperación con Estados Unidos sale cara y es por eso que se ha pronunciado en el sentido de rechazar en cierta forma la Iniciativa Mérida o en su caso reorientarla hacia programas de desarrollo. López Obrador busca que la cooperación se enfoque en el desarrollo económico y social del sur de México y de la zona de Centroamérica, y no en el uso de la fuerza dentro del territorio mexicano; parece estar consciente de que los gringos observan, critican, aprovechan el acceso, pero no reconocen esfuerzos. Sin embargo, los autores estamos convencidos de que la presión para aceptar los mismos condicionamientos ha comenzado.

Y a juzgar por el tema migratorio, es muy posible que la administración de López Obrador termine cediendo ante Washington y acepte la participación de Estados Unidos en el tema, comprometiendo finalmente los objetivos de la seguridad pública de los mexicanos a las prioridades de ellos. Hay indicios de que este importante error ya está en marcha en función de las visitas clave de altos funcionarios estadunidenses a la Ciudad de México y la alta probabilidad de que éste sea un esfuerzo por retomar una injerencia importante en el tema de la seguridad en México por parte de la Casa Blanca.

## La militarización

Otra lección trascendente se refiere al uso de las fuerzas armadas y la militarización de la seguridad pública en México. Aquí también se siguen ignorando los aprendizajes. Para comenzar, es importante destacar el papel de las fuerzas armadas en la estrategia de seguridad no convencional que inicia en el sexenio de Calderón, dado que su análisis brinda una línea de acción fundamental para la actual administración.

Los efectos de la militarización de la estrategia de seguridad mexicana han sido muy perversos: destrucción física de comunidades; brutalidad de operativos y enfrentamientos con el crimen organizado; los efectos colaterales; las decenas de miles de desaparecidos, la tortura y las varias decenas de miles de muertos que se aprecian como características generales de este proceso. Ciertamente, Calderón parece haber estado consciente de algunos de los riesgos que conllevaba su proyecto y se anticiparon algunos de esos efectos destructivos desde un inicio, pero en realidad no se calculó bien la magnitud del problema ni se anticiparon muchas de las tragedias que reflejarían el fracaso real de la estrategia.

Es decir, es importante destacar, e imposible negar, los múltiples errores y abusos que cometieron las fuerzas armadas, así como las violaciones graves a los derechos humanos perpetradas por éstas. No obstante el reconocimiento otorgado por parte de los estadunidenses a la Marina Armada de México por su supuesta gran capacidad de reacción, apertura y colaboración —en contraste con el Ejército—, al parecer dicha agencia cometió también grandes atropellos y participó en operaciones clave que resultaron fallidas.

La militarización de la estrategia de seguridad en México, que se fue alimentando de episodios de paramilitarismo, refuerza aún más la militarización de la delincuencia organizada y su acceso a armamento de alto calibre. Lo anterior genera un círculo vicioso dentro del cual se hace prácticamente imposible retirar a las fuerzas armadas de las labores de seguridad pública si no se generan en tiempo y forma las policías que se requieren. Y esto último no se pudo lograr en el periodo de Calderón. Lo que es peor, el esfuerzo se abandonó en la subsecuente administración de Enrique Peña Nieto y se mantuvo al Ejército en las calles. No ha sido posible retirarlo y, en algunas regiones del país no se cuenta con otro instrumento para hacer frente a grupos criminales fuertemente armados y que se dedican a la extracción de rentas (o extorsión) utilizando el terror y su acceso a armamento y técnicas militares sofisticados.

Desde un inicio, se plantearon propuestas para hacer frente al problema considerando que no se contaba con las policías adecuadas a todos niveles que el país necesitaba. La idea era fortalecer a la Policía Federal por medio de una brigada de la policía militar. Se proponía establecer un convenio para que empleados de la Sedena trabajasen de forma permanente en la Policía Federal bajo el mando del secretario de Seguridad Pública. El plan anterior es muy parecido al implementado por la administración de López Obrador con la Guardia Nacional. De hecho, uno de los elementos que más sorprenden de esta administración es su postura militarizante de la seguridad, la cual contrasta con su crítica a este mismo acercamiento durante las administraciones anteriores.

Por lo tanto, ante la continua militarización de la estrategia de seguridad, hoy la pregunta central es: ¿continuar con la militarización o desmilitarizar? Éste es el dilema. Para quienes proclaman la necesidad imperante de avanzar hacia la "seguridad sin guerra" —entre ellos, algunas ONG que hacen énfasis en la violación sistemática de derechos humanos por parte de las fuerzas armadas— la creación de la Guardia Nacional es absolutamente inaceptable, especialmente por su carácter militar. Así pues, su creación se asemeja a la gendarmería fallida de Peña Nieto o a propuestas específicas que plantearon los gobiernos anteriores. Pero si uno es consciente de la enorme magnitud del problema, de las grandes limitaciones de la policía actual y de la situación que viven algunas comunidades del país —con una fuerte presencia de paramilitares criminales o de grupos fuertemente armados que se dedican básicamente a la extorsión— la propuesta de la actual administración parece tener sentido.

Claro, existe el argumento de que en algunas regiones del país (Guerrero, Veracruz y Tamaulipas, por ejemplo) no se puede simplemente, de la noche a la mañana, retirar a las fuerzas armadas de las labores de seguridad pública. Los pobladores de algunas comunidades que viven en situaciones de extrema violencia piden la permanencia del Ejército y hacen patente su preocupación "de quedar indefensos ante grupos criminales que funcionan como ejércitos y que son empresarios". Lo anterior parece no entenderse "desde la comodidad de las oficinas de las organizaciones de derechos humanos en la Ciudad de México", dice enfático José Díaz Navarro, representante del colectivo Siempre Vivos, de Chilapa de Álvarez, Guerrero (el cual está integrado por familiares de desaparecidos). Para Díaz Navarro, "nadie puede defenderlos, sólo el Ejército". Pero evidentemente esto implica también un costo muy alto. He ahí el dilema.

Esto lo confirma Valdés quien dice respecto de este debate: "Con Peña, en un inicio, decían que lo que desataba la violencia era la presencia del Ejército… y lo retiraron de partes clave… eso lo hizo Peña. Entraron haciendo lo que la mala crítica decía que debía de hacerse: retirar al Ejército. Y no se creó entonces la gendarmería. Ahí tienes los resultados, ahí tienes Michoacán. ¿Qué pasó? Surgen las autodefensas, pues dejas a la población indefensa. En Michoacán acuartelaron al Ejército, retiraron a la Policía Federal y pactó con la Tuta el gobierno". Al mismo tiempo, Valdés destaca la importancia de contar con una policía eficiente y eficaz. Para él no fue buena la decisión de la administración pasada de desaparecer la Secretaría de Seguridad Pública y devolverla a la Segob. Al respecto dice:

> Tú necesitas un buen secretario de Seguridad Pública. En el caso de Genaro [García Luna] tiraron al niño recién nacido en el agua sucia. Deberían haber creado algo así como un Ministerio de Seguridad y un Ministerio del Interior. La Secretaría de Seguridad Pública es un ministerio tan poderoso que no lo puede manejar una sola persona. En tiempos de Genaro tuvimos dos ministerios en uno, [durante la administración de Peña Nieto] compraron todas las críticas falsas y

decidieron cambiar en función de eso, lo cual resultó ser al final un gran error.

La permanencia del Ejército en labores de seguridad pública es irónica para una administración que prometió sacarlo de las calles, pero es quizás a la vez realista. México no cuenta con la policía necesaria para hacer frente a las dimensiones del problema que el país enfrenta. En este momento, lo que está en juego son los plazos y la construcción de una verdadera policía que funcione. Para el profesor investigador de la UNAM, Raúl Benítez Manaut, "el tipo de proyecto no importa tanto como que se sepa y se pueda operar bien". Según el experto en seguridad y fuerzas armadas, "el secreto está en la implementación y efectividad de la estrategia, no importa si es Guardia Nacional con mando civil, gendarmería, o lo que sea".

El gobierno del presidente López Obrador argumenta que, por el momento, es difícil sacar al Ejército de las calles debido a la paramilitarización criminal imperante en varias regiones y la ausencia de una policía que pueda hacer frente al problema. Pero debe estar consciente de que la militarización constituye un riesgo moral: pospone la creación de instituciones fuertes para enfrentar a la delincuencia. La Guardia Nacional no es una mala idea, pero se debe operar pronto y bien, y esto al final debe servir para desmilitarizar la seguridad; en otras palabras, se debe buscar que el actual modelo sea un vehículo para la desmilitarización del país. México no podrá transitar a ser una democracia consolidada hasta que se cuente con un aparato de seguridad capaz de resguardar la seguridad pública sin recurrir al uso de las fuerzas armadas. Todo parece indicar que respecto al tema de la desmilitarización no veremos muchos avances durante este sexenio.

## Falta de consensos políticos

Uno de los principales obstáculos que enfrentó el gobierno calderonista para la implementación de su estrategia fue la falta de consensos políticos entre el gobierno federal y los gobernadores, algunos por oposición política y otros por falta de convocatoria del propio presidente.

Enrique Peña Nieto leyó bien la debilidad del gobierno calderonista: la inseguridad que imperaba en el país. Su instinto político, en ese entonces, les sugería a los priistas que si el problema seguía avanzando a lo largo del sexenio era muy probable que el costo político que Calderón estaba pagando por sus políticas en materia de seguridad les fuera favorable a ellos en las urnas. Su apuesta fue correcta. La principal razón por la cual el PRI regresó a la presidencia en 2012 de la mano de Enrique Peña Nieto fue el hartazgo de la sociedad respecto de la "guerra" de Calderón. La ciudadanía no soportó más los grados de violencia y la desarticulación en la estrategia de seguridad durante la administración de Calderón.

Los gobernadores desempeñan un papel clave en las políticas públicas en materia de seguridad, toda vez que sin ellos no existe implementación de las políticas en el ámbito subnacional. Esto pareciera evidente al ser México una república federal; sin embargo, nuestros gobernantes no lo tienen completamente entendido. A más de un año de empezar su mandato, el presidente López Obrador sigue viendo a los gobernadores de oposición como rivales políticos, impregnados de un tufo de corrupción, que no merecen ser parte de las políticas de Estado. Cabe destacar que ellos también le han tratado de hacer la vida imposible al actual presidente de México. Esto enrarece el ambiente y dificulta la coordinación en materia de seguridad.

La propia estructura normativa y operativa del Sistema Nacional de Seguridad Pública contempla la participación activa de los gobiernos estatales y municipales bajo un esquema de respeto a sus competencias constitucionales. Sin embargo, estos canales parecen ser insuficientes para articular una estrategia verdaderamente federalista. Por tanto, si no existe comunicación y coordinación efectiva entre las autoridades de los tres órdenes de gobierno es muy probable que nuevamente se fracase y la inseguridad siga creciendo, sin importar que el presidente López Obrador se reúna diariamente con su gabinete de seguridad.

Además, el presidente parece sentir una profunda falta de confianza en los gobernadores, especialmente los de oposición (a veces con mucha razón), de tal manera que el abono central de toda coalición —la confianza— no está presente. Esto queda, en cierta manera, ratificado por el hecho de que la solución tampoco implica un cambio normativo, como algunos sugieren o como se hizo reformando la Constitución para darle rango constitucional a la Guardia Nacional. Las leyes están bien diseñadas y no constituyen el problema. El andamiaje normativo es sólido, lo que no funciona es su operación. Para ello es fundamental que existan consensos políticos entre los diversos actores y la generación de capacidades entre sus implementadores, para lo cual se requieren pactos políticos que beneficien a la nación y no a intereses específicos.

## Involucramiento de la sociedad civil

Finalmente, cabe decir que el presidente Calderón se dio cuenta demasiado tarde —después de la masacre de Salvárcar— de la importancia de incorporar a la ciudadanía en la coproducción de la seguridad pública. Después de tan lamentable suceso, Calderón hizo numerosos llamados a los ciudadanos para involucrarse en la creación, planeación e implementación de estrategias en torno a la seguridad pública.

La coproducción se basa en el concepto de un ciudadano activo, participativo y competente en el ejercicio de su personalidad jurídica para aprovechar espacios que canalicen sus propios insumos hacia las estrategias de seguridad del Estado, que también está preparado para ejercer su personalidad aparte de y ante éste (Payan, 2016). En materia de seguridad la coproducción consiste en las acciones del ciudadano que colabora con las agencias gubernamentales para aumentar la calidad y la cantidad de bienes públicos en su comunidad (Payan, 2016).

Para Calderón, Todos somos Juárez, un plan de gobierno para involucrar a la sociedad que llegó después de Salvárcar, constituyó ese intento. Pero ya era demasiado tarde. Involucrar a una ciudad pudo ser relativamente fácil, y más aún con una inversión de más de 3,000 millones de pesos. Pero involucrar a un país no acostumbrado a participar por diversos motivos es una tarea de construcción y empoderamiento de la sociedad civil que no se ha logrado en México. Esto podría seguir siendo un gran error en la administración de López Obrador. De hecho, sus acciones han demostrado que su estrategia de seguridad no contempla directa y específicamente a la sociedad civil.

La falta de empatía hacia algunos movimientos ciudadanos ha quedado patente, trátese lo mismo de estudios realizados por la sociedad civil que reflejan el grave problema de inseguridad en el país o de movimientos de víctimas que exigen justicia en sus casos. Algunas organizaciones de la sociedad civil, sin embargo, insisten en confrontar al gobierno actual a como dé lugar, sin ofrecer soluciones, desestabilizando y sin afán alguno de colaborar. Entonces el compromiso debe venir de las dos partes y el gobierno de Andrés Manuel debe ejercer un liderazgo efectivo y conciliador. A nivel internacional, la sociedad civil organizada se ha erigido como uno de los contrapesos más importantes del poder. Políticas de seguridad exitosas contemplan su coparticipación. Deslegitimizar sus propuestas e ignorar sus causas sería un error por parte del presidente López Obrador.

## Improvisando una guerra

¿Cuál es el balance de los resultados en materia de seguridad durante la administración de Felipe Calderón Hinojosa? ¿Cómo queda el país después de doce años de una estrategia no convencional para combatir la delincuencia organizada?

El saldo es trágico. El número de homicidios y de desaparecidos habla de una catástrofe monumental. El estado de las instituciones no mejora visiblemente y presenta aún múltiples limitaciones, sobre todo en lo que se refiere a la impunidad y el combate a la corrupción. Además, México no cuenta con las policías necesarias. En resumen, la situación de seguridad en México terminó en estado lamentable, considerando los recursos que se invirtieron.

Para algunos, la de Calderón fue una guerra fallida desde que se declaró (Aguilar y Castañeda, 2009). Otros, más ambivalentes, reconocen que hubo de todo: errores, fracasos, malas y buenas intenciones, reformas incompletas, lecciones aprendidas y, quizás, hasta algunos logros (Astorga, 2015; Valdés, 2013). Pero el balance parece ser más bien negativo. A este respecto, Jorge Castañeda comenta lo siguiente:

> Al hacer un balance de beneficios o logros y costos, creo que lo malo pesó más que lo bueno, Joaquín Villalobos dice que los costos son inevitables y que había que pagarlos. Yo no estoy de acuerdo con eso.

Lo que queda claro es que los problemas no se han terminado y no es pertinente ignorarlos; ni el de la violencia y la delincuencia organizada, ni el de la construcción de instituciones.

El académico Sergio Aguayo es también crítico y señala: "El sexenio de Calderón fue... irresponsable e insensible a la tragedia humana". Por su parte, Jorge Carrillo Olea, creador y director general del Cisen a finales de los años ochenta —pionero en el estudio de la seguridad nacional y los servicios de inteligencia en México— reconoce que:

> Calderón llega a la presidencia cuestionado, raspado, deslegitimado y que había una intencionalidad por parte de la izquierda de no dejarlo gobernar... pudieron haber otros caminos para obtener legitimidad. Y el haber declarado su guerra posando como militar no lo legitimó, sino que lo ridiculizó... ¿Quién le vendió al presidente la idea de volcar todo el peso del Estado al delito?, ¿por qué no sabían que cada vez se importaban más granos; que el precio del petróleo se iba a caer; que el campo estaba entrando en crisis; que las mineras canadienses se estaban aprovechando del sector minero mexicano; que el sistema educativo no estaba cumpliendo con las expectativas? ¿Quién hace inteligencia real en México?

Lo opuesto, sin embargo, es la experiencia peñista: "Ignorar el problema o quitarle importancia tampoco ofrece una salida" (Carrillo Olea).

Para Luis Astorga, "la comunicación social de presidencia sobre la estrategia de seguridad en el periodo de Calderón fue muy ineficiente. No pudieron contrarrestar el ataque mediático. No lograron transmitir bien el mensaje". Además, resalta que hubo falta de acuerdos previos en materia de seguridad y justicia, y menciona:

Si tú transitas de un país autoritario a un país democrático, necesitas dos acuerdos centrales: el electoral y el de seguridad y justicia. Todos los demás acuerdos toman mucho tiempo. El de seguridad y justicia es crucial, pero aquí no lo hubo, lo que implica que, si hubo estrategia, no hubo acuerdo previo. O quizá no hubo ni siquiera estrategia.

Para el exgobernador Lázaro Cárdenas Batel, Michoacán:

> [...] es un ejemplo de que no funcionaron las cosas. Primero se da la penetración del crimen organizado en el gobierno y después, en la posterior administración, surge el tema de las autodefensas. Si así se dieron las cosas, pues la estrategia no resultó ser la correcta. Aquí, el éxito de Calderón fue pasajero, y al final, el Estado acaba cediendo. Ante la falta de capacidad del Estado, surgen las autodefensas.

Hay un relativo consenso entre nuestros entrevistados sobre el enorme problema que le causó al país esa estrategia. No obstante, hay quienes son más comprensivos. De acuerdo con Carlos Flores, por ejemplo, "no se puede decir que Calderón es el responsable único de toda la matazón. Hay muchos factores que intervinieron y todos ellos se relacionaron de una forma muy compleja". Por su parte, el general Tomás Ángeles Dauahare plantea que la "solución del problema requiere de tiempo y hay que trabajar con lo que hay, aunque haya sido viciado". Carlos Marín, por otro lado, opina "que los errores de Calderón en el combate a la delincuencia organizada fueron errores de forma, no de fondo":

> Era lo que era, y había que hacer lo que había que hacer. Uno se defiende con lo que puede defenderse. Yo quiero pensar que el diagnóstico del Ejército era, y sigue siendo, el mismo. Para eso están los operativos. Y con Calderón hubo golpes eficaces y efectivos a la delin-

cuencia organizada… No puede borrarse el pasado ni es tan simple. Yo creo que la delincuencia organizada es un problema estructural. Para que cambien las estructuras deben pasar generaciones. Cuando empezó la mal llamada "guerra de Calderón", muchos supusieron que era cuestión de años. Tenemos un problema transexenal. El binomio corrupción y delincuencia organizada es complejo y es de largo alcance.

Sobre lo que todos parecen coincidir es en la tragedia humana de lo que Calderón llamó su "guerra": más de 100 mil muertos, decenas de miles de desaparecidos y violaciones flagrantes a los derechos humanos. Todo esto en el marco de un presupuesto millonario para combatir el narcotráfico y a la delincuencia organizada en general. "Los éxitos fueron pasajeros, basta con ver la realidad del país. Parte del problema que tenemos hoy en materia de seguridad, no sólo responde a la falta de seguimiento o de profundización de ciertas políticas, sino también a que el problema no se enfrentó con la estrategia adecuada" (Cárdenas Batel).

Para muchos otros, todo fue un error: la militarización de la seguridad en México causó, por sí misma, la violencia y un círculo vicioso de militarización formal y criminal del que hasta ahora parece prácticamente imposible salir. Algunos culpan a los gringos. Un exmiembro de las fuerzas armadas, que prefirió mantenerse anónimo, comenta: "Y todo fue porque Calderón confió en los gringos y los gringos lo 'chamaquearon'. México perdió la oportunidad de ser un país soberano". Y tomando esta última idea en consideración, sería bueno citar a Jorge Tello cuando dice: "México siempre ha sido así: un lugar de oportunidades perdidas. Hemos tenido muchas posibilidades, pero por una cosa o por otra, se desvanecen".

Muchos de los entrevistados para este trabajo estaban convencidos de que cuando Calderón declaró su guerra, sí era necesario actuar. Cárdenas Batel explica que:

había problemas grandes en varios estados, como por ejemplo, Michoacán y Tamaulipas. También había una exigencia social… de que había un problema, había un problema, y la exigencia de algunos gobernadores ahí estaba. Algunos decidieron entrarle y otros decidieron simplemente cooperar con la delincuencia organizada. El crimen organizado tenía sus santuarios. Pero de que era necesario hacer algo, lo era… en ese sentido el presidente fue sensible a lo que le dijo mucha gente y a lo que vio… que la estrategia no fue la mejor. Fue una estrategia incompleta, fue poco sustentable, fue en mucho improvisada. No se tuvo mucho tiempo para responder ni tampoco se tuvieron muchos instrumentos, pero de que [la guerra de Calderón] fue improvisada, fue bastante improvisada.

Nada de esto merece ignorarse y perderse, dada la inversión material y humana del país en materia de seguridad en las últimas dos décadas. Pero somos pesimistas, en cierta manera porque creemos que estas lecciones históricas parecen seguir sin aprenderse y entretanto el país se consume. Por esto, es importante que el presente gobierno estudie la administración de Calderón con la cabeza fría y no simplemente que reaccione visceralmente sin considerar que incluso en una guerra improvisada —y hasta fallida para muchos (quizá para la mayoría)— puede haber lecciones importantes para el futuro del país.

# Epílogo:
## sobre el caso de Genaro García Luna

La investigación para este proyecto se completó en noviembre de 2019, sólo unos días antes del arresto de Genaro García Luna, uno de los más importantes arquitectos de la estrategia de seguridad del calderonismo y uno de los personajes clave en este libro. Todos y cada uno de nuestros entrevistados mencionaron y reconocieron, para bien y la mayoría de las veces para mal, su papel protagónico durante los años 2006-2012, aunque su paso por las agencias de seguridad en México data de mucho antes. El exjefe de la Policía Federal y exsecretario de Seguridad Pública fue el villano favorito de muchos, pero en privado algunos lo respetaban por considerarlo un buen estratega y un hombre bastante hábil en el manejo del poder.

El arresto de este personaje parecería confirmar las sospechas de algunos y alimentaría las fobias de muchos otros; hoy prácticamente nadie sale en su defensa. Pero las opiniones de Genaro García Luna —a quien entrevistamos durante tres días completos— son importantes para entender el complejo sexenio del presidente Calderón y están presentes a lo largo del libro. Por lo tanto, nos parece necesario finalizar esta obra con algunas reflexiones que se originan a partir de su arresto en Dallas, Texas, el 9 de diciembre de 2019.

La idea central que queremos proponer es que los tiempos de la detención de García Luna resultaron, en el contexto político del momento en México y Estados Unidos, un tanto sospechosos. Primero que nada, fue un arresto muy oportuno para los propósitos políticos del entonces ocupante de la Casa Blanca. En efecto, se avecinaban elecciones presidenciales en la Unión Americana. El proceso prometía ser extremadamente competido y el tema del "narco" mexicano parecía representar un útil instrumento para un controvertido presidente que representaba al Partido Republicano y que deseaba reelegirse. El arresto de Genaro García Luna parecía entonces servir dos propósitos en este sentido: el de utilería para un gran espectáculo mediático-electoral y el de excusa para cristalizar, ante un público estadunidense, la imagen de México como un país que representa una amenaza para el americano común, de la cual sólo Trump podría defenderlo.

En cierto sentido, el tema del "narco" en México, un instrumento político recurrente para Donald Trump, serviría el mismo propósito que los migrantes mexicanos sirvieron en 2016. Así pues, esta historia se enmarcaba perfectamente en la plataforma electoral conservadora estadunidense de 2020. El episodio apoyaba además, de manera contundente, la narrativa de la guerra fallida y el Estado narco, que involucra a las principales figuras de las altas esferas de la política mexicana, incluidos los tres primeros presidentes de este siglo, jefes policiacos y cabezas de gobiernos estatales. Y para rematar, el caso de Genaro García Luna dejaría exhibidos, como ingenuos o incapaces, a funcionarios clave durante la administración de Barak Obama que habrían trabajado de la mano con el "narcogobierno" de Felipe Calderón. Así, el destinatario de esta maniobra judicial parecía ser el candidato demócrata a la presidencia de Estados Unidos: Joe Biden.

Lo más importante parecía ser el mensaje de fondo: sólo una

guerra operada desde la Unión Americana podría proteger a los estadunidenses de los "*bad* hombres" mexicanos. Y esta estrategia parecía estar implícita en las propuestas trumpistas desde que comenzó esa administración y en el proceso electoral de 2020. Se sospechaba también que el arresto de Genaro García Luna podría servir de puente para aumentar la presión de Washington sobre la administración de López Obrador para reabrir canales de "cooperación" entre las agencias policiacas y de inteligencia de Estados Unidos y México; canales que habían quedado desarticulados en cierta manera por diversas razones.

Esta presión viene además acompañada de una atención mediática. El arresto de Genaro García Luna embona con la cultura popular que hoy presenta a México como un país dominado por el narco. La saga de Joaquín, el Chapo, Guzmán Loera, presentada por la popular serie de Netflix y Univisión es el más nítido reflejo del pensamiento "americano" sobre lo que es y "no debiera ser" México (para ellos). Para muchos en la Unión Americana, nuestro país es un lugar peligroso, violento, medio salvaje, donde reina la corrupción y gobierna el narco. Estados Unidos, por su parte, "tierra de los libres y hogar de valientes", es un lugar donde rigen las leyes y el orden. Pero esa gran nación, que es Estados Unidos de América, vive amenazada por los cárteles mexicanos.

Los narcos de México, según el imaginario estadunidense, tienen un poder extraordinario: manejan miles de millones de dólares, corrompen a todos los políticos (incluidos presidentes mexicanos) y contaminan a sus ricos (pero inocentes) vecinos del norte con sustancias mortales que se producen en tierras enemigas de Asia y el sur del continente. Según esta visión posmoderna del "México narco" y del "gringo" simultáneamente víctima y justiciero, a Estados Unidos no le queda más que "hacer justicia por su propia mano".

Genaro García Luna se convierte en la prueba más contundente de la necesidad de la intervención de Estados Unidos en México. Así, Estados Unidos justifica declarar una guerra contra sus enemigos operando del otro lado de su frontera sur. Las armas, el equipo, los tribunales, los jueces, las prisiones, es decir, gran parte de la estrategia antinarco, correría por cuenta de ellos. De hecho, como medida extrema, alguien podría incluso llegar a plantear una intervención *sin* la autorización o la cooperación del gobierno de México: una guerra de drones, controlados desde lejos, con objetivos bombardeados desde las alturas, estilo Afganistán.

Al mismo tiempo, la detención de García Luna parecería beneficiar al gobierno de López Obrador. Genaro es quizás uno de los personajes políticos más odiados, más villanos y más corruptos en el imaginario mexicano de los últimos tiempos. Enfocar la atención en el caso podría resultar, por el tema de la gobernabilidad, bastante conveniente, además de ser un oportuno distractor de un problema de seguridad que sigue siendo extremadamente complicado. No es sorprendente entonces que, en medio de un escándalo por el tema de la seguridad en México, y ante la aparente incapacidad para solucionar efectivamente este importante problema nacional, el gobierno actual —a través de su Unidad de Inteligencia Financiera— informe sobre una investigación de enormes dimensiones que implicaría al exjefe de la Policía Federal y otros políticos de gran envergadura en sexenios anteriores en la triangulación de recursos y otras actividades ilícitas. Esto es aún más notable si se considera que la investigación mexicana no surge sino hasta después de su arresto en Estados Unidos. Sospechamos que cuanto mayores problemas enfrente el gobierno de López Obrador en el marco de la pandemia por el COVID-19, mayor podría ser la utilidad de inflar el caso de Genaro García Luna.

Estas sospechas quedaron apuntaladas por el simple hecho de

que Genaro resultó ser —al momento en que se finalizó esta obra— "presunto culpable" de delitos graves que lo vinculaban directamente al narcotráfico y a actos de corrupción sin precedentes, pero contra los que nadie actuó hasta que resultó conveniente hacerlo. Por nuestra parte, no quisimos, en un principio, aventurarnos a establecer juicios definitivos o afirmar culpabilidades. Nuestra larga trayectoria en el estudio de este tema nos da la sensibilidad que nos llevó entonces a suspender cualquier juicio adelantado a la evidencia, especialmente porque bajo el sistema judicial mexicano y el estadunidense, todo acusado es "inocente hasta que se demuestre lo contrario". Pero mientras esperábamos los resultados del juicio, pensamos que era conveniente hacer esta reflexión sobre el "complejo" caso de quien fuera el "hombre fuerte de Calderón".

Así pues, estábamos convencidos de que era prematuro llegar a conclusiones en ese momento, aun cuando todo parecía hacer ver que Genaro era culpable y en la *tuiteresfera* ya se le había condenado. Y así como en un principio rehusamos condenar a García Luna sin tener acceso a la evidencia, ahora rehusamos descartar la posible presencia de motivos subrepticios y dobles que pudieran existir en su arresto; un arresto del que muchos tienen mucho que ganar. Al terminar de escribir este libro, aún existía un juicio por realizarse en el que supuestamente se presentarían pruebas contundentes y se ventilaría información importante sobre culpas, sociedades y complicidades. Las investigaciones sobre el caso García Luna arrojaban importantes preguntas. Faltaba entonces ver las pruebas que demostraran, sin lugar a duda, la culpabilidad del exsecretario de Seguridad Pública.

Hasta ese momento, lo único que se conocía eran los testimonios de narcotraficantes en el juicio del Chapo en Nueva York. Nos parecía pertinente dudar de las declaraciones de delincuentes convictos que tienen sus propios motivos para arrastrar a quien sea necesario con el fin de reducir sus propias penalidades. La credibilidad de un caso depende también de la credibilidad de los testigos, quienes, ya en problemas, se someten a un *quid pro quo* con los fiscales estadunidenses. Y en México, como era también de esperarse, justo cuando se anuncia el arresto, el gobierno dice investigar el caso también y se anuncia —con bombo y platillo— el congelamiento de las principales cuentas bancarias del exsecretario.

Queremos repetir: no estamos pronunciándonos sobre la inocencia o culpabilidad de Genaro García Luna. Eso se dirime en los tribunales. Pero sí nos estamos pronunciando sobre el *cui bono* de su detención. El arresto de García Luna parece darse en un momento pertinente para la causa de dos presidentes. Por su parte, los fiscales estadunidenses alegaban que tenían grabaciones y un cúmulo de evidencias que inculpaban claramente al exsecretario de Seguridad Pública mexicano. Pero esto, lejos de convencernos, nos hizo preguntarnos por qué las sacaron hasta ahora, años después de haberle dado a este exfuncionario una residencia permanente en Estados Unidos. Cabe señalar que este último es un proceso riguroso del cual es difícil ocultar casi cualquier cosa, y mucho menos habiendo desempeñado un papel tan importante en un sexenio tan controvertido.

Nos pareció sumamente extraño, entonces, que quien fue quizás el aliado más leal de las agencias de seguridad estadunidenses durante todo el sexenio de Felipe Calderón hubiera estado todo el tiempo trabajando con el cártel del Chapo y que ellos (los "americanos") no lo hubieran detectado. Y si realmente lo sabían, vale la pena entonces cuestionar las razones por las cuales le otorgaron la residencia permanente, algo que niegan a muchos por infracciones mucho menores. En efecto, García Luna operó de forma masiva y a la perfección la estrategia preferida de la DEA de "cortar cabezas a los cárteles", denominada en inglés *The Kingpin Strategy*. Decenas de fuentes periodísticas, trabajos académicos, investigaciones propias y entrevistas con expertos confirman la gran cercanía del exsecretario de Seguridad Pública y las agencias de seguridad estadunidenses. Y en los últimos años, Genaro García Luna viajó extensamente entre ambos países, viviendo sin problemas en Miami, Florida.

Que no se culpe entonces a nadie de pensar que podría haber motivos mucho más profundos y perversos en su arresto y en el desarrollo del juicio. Que el propio Genaro García Luna decidió no negociar con los fiscales y enfrentar los cargos, convencido de poder probar su inocencia, agrega al escepticismo natural alrededor del caso, y quizá le añade hasta una buena dosis de cinismo. De hecho, esto confirma que, en la guerra contra el narco, la ficción y la realidad se fusionan.

El espectáculo del Chapo y Conrado Sol (quien parece personificar a García Luna en la serie coproducida por Netflix y Univisión) podría ser benéfico para la administración de Trump y sus objetivos. En este caso, lo que menos importa son la verdad y la justicia. Lo importante es la óptica y la manipulación de las percepciones del público; después de todo estamos en la era de la posverdad.

Con este nivel de escepticismo vivimos un año electoral clave para Estados Unidos y un periodo crucial para el gobierno de la Cuarta Transformación. Somos espectadores de un juicio complejo que durará mucho más allá del horizonte de este libro, y mientras no haya un veredicto nos mantenemos a la expectativa, pero con el deseo de que se conozca la verdad. Si García Luna resulta culpable, enfrentará todo el peso de la ley en la Unión Americana. Si es así, esperamos que se siente un precedente para casos futuros de corrupción en México a los más altos niveles de gobierno.

Resulta casi imposible que Genaro pueda ser absuelto. Por su parte, ninguno de los dos gobiernos puede ser absuelto de sus propios errores. Para los gobiernos no hay, y no debe haber, absoluciones de ningún tipo. Pero sí es importante para nosotros reconocer que el veredicto en este complejo caso podría cambiar la narrativa sobre la guerra contra las drogas en México. Por otro lado, podría reforzar ciertos prejuicios o juicios preconcebidos en el exterior —y en especial en Estados Unidos— sobre México y los mexicanos.

En todo caso —y al cierre de este libro no sabemos aún qué vaya a pasar— confiamos en que las autoridades estadunidenses, en el juicio que supuestamente llevarán a cabo, mostrarán las evidencias correspondientes. Esperamos lo mismo de las investigaciones realizadas en México. Dudamos, sin embargo, que la verdad se conocerá en su totalidad. Sería una pena que en Estados Unidos el caso terminara en un acuerdo extrajudicial o resolución fuera de tribunales. Al día de hoy, esto no se ha dado; García Luna insiste en que se prosiga con el juicio. Las únicas víctimas de un acuerdo extrajudicial serían la verdad y la justicia. El público en general no tendría la oportunidad de conocer exactamente con qué pruebas contaron los fiscales estadunidenses para arrestar a Genaro García Luna, y el conocimiento al que todos los ciudadanos tienen derecho quedaría truncado. Todo quedaría basado en dichos de delincuentes y la legitimidad de todo el proceso estaría fuertemente cuestionada. Sería también ignominioso que se desestimara la investigación en México por ineptitud o integración incorrecta del expediente, algo que ocurre con demasiada frecuencia. El desenlace en este sentido no lo sabemos aún (17 de octubre de 2020). Ambas posibilidades se sustentan en experiencia pasada, es decir, en realidades de los sistemas de administración de justicia de ambos países.

Finalmente, nos gustaría destacar que mientras los votantes mexicanos y estadunidenses se encuentran entretenidos en la sociedad espectáculo, leyendo libros de "señores del narco" y disfrutando de series de Telemundo, Univisión y Netflix, la realidad dibuja miles y miles de muertos. Los políticos, por su parte, siguen manipulando la realidad, privando a sus electorados de los elementos para hacer juicios certeros sobre su propio entorno. Entretanto, la guerra contra el narco en Estados Unidos y México, que ha dejado ya centenares de miles de muertos y decenas de miles de desaparecidos, continuará sin tregua ni reflexión sobre sus costos reales. Y lo que es peor, las adicciones en Estados Unidos están en su máximo esplendor. De hecho, el acceso a estupefacientes es el más alto en toda la historia de esa nación. Y ojo: muchas de las drogas que ahí se consumen no provienen de, ni se producen en México (*They Are Not "Made in Mexico"*)... al igual que las series de Netflix.

Ciudad de México y Houston, Texas
17 de octubre de 2020

Nota: el 15 de octubre de 2020, el exsecretario de la Defensa Nacional, Salvador Cienfuegos Zepeda, fue detenido en el aeropuerto de Los Ángeles, California. Los cargos que le imputan se relacionan con narcotráfico y lavado de dinero. Este caso apenas comienza, pero la lógica del mismo y sus posibles consecuencias nos remiten al caso de Genaro García Luna. Éste es un golpe brutal a las fuerzas armadas de México y las posibles implicaciones para nuestro país pueden ser funestas. La presente discusión sobre el caso de Genaro y el análisis contenido en este libro parecen ser más pertinentes que nunca.

## Apéndice 1
### Lista de entrevistas

En las adscripciones de los entrevistados se precisa el cargo que ocuparon durante la administración del presidente Felipe Calderón Hinojosa (1 de diciembre de 2006 a 30 de noviembre de 2012) y el cargo que ocupan en la actualidad. Hay algunos casos donde el cargo sigue siendo el mismo y otros donde, en la actualidad, el entrevistado ya se encuentra retirado o no ocupa ningún cargo relevante para esta investigación.

1. **Sergio Aguayo Quezada.** Profesor investigador de El Colegio de México. *Entrevista telefónica, 13 de mayo de 2014.*
2. **Óscar Aguilar Ascensio.** Subdirector de Estudios Políticos del Centro de Investigación y Seguridad Nacional, Cisen (2007-2011). Profesor y socio fundador de Priva Data, S.C. *Entrevista personal, 2 de marzo de 2014.*
3. **Gral. Tomás Ángeles Dauahare.** Subsecretario de la Defensa Nacional, Sedena (2006-2008). *Entrevista personal, 10 de septiembre de 2015.*
4. **Sigrid Arzt Colunga.** Secretaria técnica del Consejo de Seguridad Nacional (2006-2009). Comisionada del Instituto Federal de Acceso a la Información y Protección de Datos, IFAI (2009-2012). Directora de Priva Data, S.C. *Entrevista personal, 2 de marzo de 2015.*
5. **Luis Alejandro Astorga Almanza.** Profesor investigador del Instituto de Investigaciones Sociales de la Universidad Nacional Autónoma de México, UNAM. *Entrevista personal, 12 de septiembre de 2015.*
6. **John Bailey.** Profesor emérito del Departamento de Gobierno y director del Proyecto México, Universidad de Georgetown. *Entrevista telefónica, 2 de octubre de 2014.*
7. **Bruce Bagley.** Profesor del Departamento de Estudios Internacionales, Universidad de Miami. *Entrevista telefónica, 10 de septiembre de 2015.*
8. **Raúl Benítez Manaut.** Profesor investigador del Centro de Investigaciones sobre América del Norte, UNAM, y expresidente del Colectivo de Análisis de la Seguridad con Democracia (Casede). *Entrevista personal, 14 de julio de 2016.*
9. **Edgardo Buscaglia.** Académico y analista político. *Entrevista personal, 28 de febrero de 2014.*

10. **Lázaro Cárdenas Batel.** Gobernador de Michoacán (2002-2008). Jefe de asesores del presidente Andrés Manuel López Obrador en la Presidencia de la República. *Entrevista personal, 27 de febrero de 2017.*

11. **Jorge Carrillo Olea.** Gobernador de Morelos (1994-1998). Fundador y director general del Cisen (1988-1990). *Entrevista personal, 14 de julio de 2016.*

12. **Jorge G. Castañeda Gutman.** Profesor y secretario de Relaciones Exteriores (2000-2003). *Entrevista telefónica, 10 de septiembre de 2015.*

13. **Alfredo Corchado.** Corresponsal en temas de frontera y jefe de la Oficina de México en *The Dallas Morning News. Entrevista personal, 2 de julio de 2014.*

14. **José Díaz Navarro.** Representante del colectivo Siempre Vivos, de Chilapa de Álvarez, Guerrero. *Entrevista personal, 17 de enero de 2018.*

15. **Fernando Escalante Gonzalbo.** Profesor investigador de El Colegio de México. *Entrevista personal, 9 de julio de 2014.*

16. **John D. Feeley.** Jefe de misión adjunto, Embajada de Estados Unidos en México (2009-2012) y encargado de la Embajada de Estados Unidos en México (2011). *Entrevista telefónica, 1 de octubre de 2014.*

17. **Rafael Fernández de Castro Medina.** Asesor principal de política exterior del presidente Felipe Calderón (2008-2011). Profesor de la Escuela de Política Global y Estrategia y director del Centro de Estudios Estados Unidos-México, usmex, Universidad de California, San Diego. *Entrevista personal, 3 de marzo de 2014.*

18. **Carlos Flores Pérez.** Profesor-investigador del Centro de Investigaciones y Estudios Superiores en Antropología Social, ciesas. *Entrevista personal, 28 de febrero de 2014.*

19. **Genaro García Luna.** Secretario de Seguridad Pública (2006-2012). *Entrevista personal, 19 y 20 de noviembre de 2017.*

20. **Antonio O. (Tony) Garza.** Embajador de Estados Unidos en México (2002-2009). *Counsel* en la firma de abogados White & Case. *Entrevista personal, 14 de julio de 2016.*

21. **Samuel González Ruiz.** Exdirector de la Unidad Especializada en Delincuencia Organizada de la Procuraduría General de la República (1995-1999). Asesor jurídico de la organización no gubernamental Alto al Secuestro. *Entrevista personal, 9 de julio de 2014.*

22. **Eduardo Guerrero Gutiérrez.** Consultor en seguridad pública y analista político gubernamental en Lantia Consultores. *Entrevista personal, 8 de julio de 2014.*

23. **Alejandro Hope Pinson.** Asesor y director de Asuntos Internacionales, Cisen (2008-2011). Analista y experto en temas de seguridad nacional. *Entrevista personal, 28 de febrero de 2014.*

24. **Carlos Marín.** Exdirector general editorial de Grupo Editorial Milenio (2001-2018). Periodista. *Entrevista personal, 9 de julio de 2014.*

25. **Eduardo Medina Mora.** Procurador general de la República (2006-2009). Embajador de México en Reino Unido (2009-2013). Embajador de México en Estados Unidos (2013-2015). Ministro de la Suprema Corte de Justicia de la Nación (2015-2019). *Entrevista personal, 20 de junio de 2018.*

26. **Eric Olson.** Director de la Plataforma Centroamérica-DC de la Fundación Seattle International y consultor del Programa de América Latina y el Instituto México, Woodrow Wilson Center. *Entrevista telefónica, 30 de septiembre de 2014.*

27. **Carlos Pascual.** Embajador de Estados Unidos en México (2009-2012). *Entrevista personal, 15 de abril de 2016.*

28. **Arturo Sarukhán Casamitjana.** Embajador de México en Estados Unidos (2007-2013). *Entrevista personal, 27 de febrero de 2017.*

29. **Andrew Selee.** Director del Instituto México del Woodrow Wilson Center (2003-2012). Presidente del Instituto de Políticas Migratorias. *Entrevista telefónica, 1 de octubre de 2014.*

30. **David Shirk.** Director del Trans-Border Institute, Universidad de San Diego (2003-2013). Profesor. *Entrevista personal, 30 de septiembre de 2014.*

31. **Jorge Tello Peón.** Director general del Cisen (1994-1999) y asesor en materia de seguridad pública de Felipe Calderón (2006). Presidente y director general de Madison Inteligencia México. *Entrevista personal, 13 de julio de 2016.*

32. **Guillermo Valdés Castellanos.** Director general del Cisen (2006-2011). *Entrevista personal, 11 de septiembre de 2015.*

33. **Earl Anthony Wayne.** Embajador de Estados Unidos en México (2011-2015). Investigador y co-presidente del Consejo de Asesores del Instituto México del Woodrow Wilson Center. *Entrevista personal, 27 de febrero de 2017.*

34. **Tracy Wilkinson.** Jefa de la Oficina de México de *Los Angeles Times* (2008-2015). Corresponsal en Asuntos Internacionales en Washington, D.C. *Entrevista personal, 10 de julio de 2014.*

## APÉNDICE 2
## Cronología (2006-2012)

| | |
|---|---|
| 1 de diciembre de 2006 | Felipe Calderón Hinojosa toma protesta como presidente de los Estados Unidos Mexicanos. |
| 11 de diciembre de 2006 | El presidente Calderón decreta la guerra al narcotráfico y al crimen organizado. Se anuncia la realización de la Operación Conjunta Michoacán, liderada por el gabinete de Seguridad y dirigida por el presidente Calderón. Más de 5,000 efectivos federales son enviados con el propósito de terminar con los plantíos ilícitos, efectuar cateos, girar órdenes de aprehensión y desmantelar puntos de venta de drogas. |
| 19 de enero de 2007 | Osiel Cárdenas Guillén, líder del Cártel del Golfo y los Zetas, es extraditado a Estados Unidos. |
| 15 de febrero de 2007 | Una persecución de autos termina en una balacera que le quita la vida a cinco policías. El enfrentamiento tiene lugar en las inmediaciones de la Universidad del Valle en Aguascalientes y resulta en la captura de diez delincuentes. Autoridades encuentran armas de alto calibre y uniformes de policías en los autos de los sospechosos. |
| 14 de marzo de 2007 | Mueren abatidos el coordinador operativo de la Secretaría de Seguridad Pública de San Pedro Garza García y su esposa tras ser perseguidos por tres sicarios. Otras siete personas también mueren en Nuevo León en hechos relacionados con actividades ilícitas. |
| 18 de abril de 2007 | Un grupo armado irrumpe en un hospital en la ciudad de Tijuana, Baja California, desatando un enfren- |

tamiento entre sicarios y policías. El grupo trató de rescatar a uno de sus cómplices, quien había sido herido en un enfrentamiento esa mañana. La balacera causó la evacuación total del hospital. En los hechos murieron dos policías y un delincuente.

2 de mayo de 2007    Mueren cinco militares en Michoacán en una emboscada organizada por un comando armado. En respuesta, el presidente Calderón intensifica la presencia de militares en el estado y detienen a veinticinco sospechosos por la muerte de los oficiales.

16 de mayo de 2007    Un grupo de entre cuarenta y cincuenta sicarios irrumpen en Cananea, Sonora. El grupo secuestra y mata a cuatro policías y dos civiles. Más tarde se suscita un enfrentamiento entre los sicarios y la policía en la población de Arizpe. Quince de los criminales mueren y el resto logra escapar.

11 de septiembre de 2007    Hay seis explosiones intencionales en las instalaciones de Pemex en Veracruz y Tlaxcala. El grupo guerrillero, Ejército Popular Revolucionario, toma responsabilidad por los hechos que causan la evacuación de más de 15,000 personas. En respuesta, el presidente Calderón envía a 5,000 militares para proteger las instalaciones de la petrolera.

22 de octubre de 2007    El Departamento de Estado de Estados Unidos anuncia la firma de la Iniciativa Mérida. En el acuerdo, Estados Unidos se compromete a proporcionar ayuda financiera a México para combatir el narcotráfico, el crimen organizado transnacional y el lavado de dinero.

21 de enero de 2008        Los militares arrestan a Alfredo Beltrán Leyva (el Mochomo) en Culiacán, Sinaloa. El capo es uno de los fundadores del Cártel de los Beltrán-Leyva y fue extraditado a Estados Unidos en noviembre de 2014.

26 de abril de 2008        Un ajuste de cuentas entre Teodoro García Simental (el Teo) y Jorge Briceño deja a quince muertos en una plaza en Tijuana, Baja California.

1 de mayo de 2008        El director de Crimen Organizado de la Dirección General de Análisis Táctico de la Policía Federal, Roberto Velasco Bravo, es asesinado en la Ciudad de México.

8 de mayo de 2008        El comisionado de Seguridad Regional de la Policía Federal, Eusebio Millán Gómez, muere abatido a tiros en su domicilio de la Ciudad de México. Autoridades sospechan que el asesinato fue en represalia por la captura de Alfredo Beltrán Leyva.

Agosto de 2008        La organización no gubernamental IKV Pax Christi declara a México "el país con más secuestros a nivel mundial". En 2006, fueron reportados oficialmente 25,000 secuestros, aunque en la realidad podría tratarse de alrededor de 100,000.

15 de septiembre de 2008        Ocurre un ataque con granadas contra la población civil durante la ceremonia del Grito de Independencia en Morelia, Michoacán. Mueren ocho personas y más de cien sufren heridas.

26 de octubre de 2008        Capturan a Eduardo Arellano Félix (el Doctor), líder del Cártel de Tijuana o Cártel de los Arellano-Félix en Tijuana, Baja California. El Doctor es apresado

después de un enfrentamiento con la Policía Federal y extraditado a los Estados Unidos en septiembre de 2012.

| | |
|---|---|
| 7 de noviembre de 2008 | La Policía Federal arresta a Jaime González Durán (el Hummer) en Reynosa, Tamaulipas. El Hummer es uno de los fundadores y líderes de los Zetas. |
| 30 de noviembre de 2008 | Los Zetas irrumpen en una carrera de caballos organizada por el Cártel de Sinaloa en la zona fronteriza de Guatemala, en el departamento de Huehuetenango. La balacera deja a más de diecisiete muertos de ambos bandos. |
| 25 de enero de 2009 | La Procuraduría General de la República anuncia la captura de Santiago Meza López (el Pozolero) y otros dos criminales. El Pozolero fue teniente de varios cárteles y era conocido por disolver los cuerpos de sus víctimas en ácido. |
| 17 de febrero de 2009 | Se desata una balacera entre elementos del Ejército, la Policía Federal, los Zetas y el Cártel del Golfo en Reynosa, Tamaulipas. El ataque, que incluye el uso de granadas, dura más de tres horas y deja más de diez muertos, incluyendo civiles. La matanza marca el inicio del conflicto entre los Zetas y el Cártel del Golfo. |
| 24 de febrero de 2009 | La DEA realiza más de setecientos cincuenta y cinco arrestos en California, Minnesota y Maryland como parte de una operación en contra el Cártel de Sinaloa. La operación Xcellerator contó con el apoyo de las autoridades mexicanas y resultó en el decomiso de más de 20 toneladas de drogas, dinero en efectivo, automóviles, vehículos aéreos, barcos y armas. |

| | |
|---|---|
| 19 de marzo de 2009 | Es detenido el narcotraficante Vicente Zambada Niebla (el Vicentillo) en la Ciudad de México. El Vicentillo es hijo de Ismael Zambada (el Mayo), uno de los jefes del Cártel de Sinaloa. En febrero de 2010, el Vicentillo es extraditado a Estados Unidos. |
| 19 de abril de 2009 | La Policía Federal anuncia el arresto de cuarenta y cuatro miembros del cártel La Familia Michoacana. Autoridades realizaron una redada en Morelia, Michoacán, durante el bautizo de un familiar de los narcotraficantes. Entre los arrestados está Rafael Cedeño Hernández (el Cede), un lugarteniente de la organización. |
| 13 de julio de 2009 | Se descubren los cadáveres de doce policías federales en una carretera de Michoacán. El asesinato de los agentes es atribuido a La Familia Michoacana como venganza por el arresto de su líder, Arnoldo Rueda Medina. En la investigación del caso se descubre que Julio César Godoy, el representante estatal y hermano del entonces gobernador, era una figura poderosa dentro del cártel. |
| 15 de agosto de 2009 | La Policía Federal detiene a Héctor Manuel Oyarzabal (el Héctor) en el Estado de México. El Héctor, uno de los líderes de La Familia Michoacana, es arrestado junto a varios miembros del cártel. |
| 25 de agosto de 2009 | La Procuraduría General de la República anuncia la captura de Manuel Alejandro Sotelo Barrera (el Bolucho). El Bolucho era uno de los líderes de La Familia Michoacana y sobrino del capo Servando Gómez Martínez (la Tuta). |

2 de septiembre de 2009    A dos semanas de asumir el cargo, el subsecretario de Seguridad Pública de Michoacán, José Manuel Revuelta, es ejecutado junto a dos de sus guardaespaldas. Los sicarios pertenecen al cártel de La Familia Michoacana.

3 de septiembre de 2009    Un centro de rehabilitación en Ciudad Juárez, Chihuahua, es atacado por un grupo de hombres armados. Mueren ejecutados diecisiete pacientes y otros más resultan heridos.

3 de noviembre de 2009    Muere Braulio Arellano Domínguez, uno de los líderes de los Zetas, en un enfrentamiento con la Marina en Soledad de Doblado, Veracruz.

7 de noviembre de 2009    los Zetas asesinan y descuartizan al delegado de la Sexta Región de la Secretaría de Seguridad Pública, Casto Acevedo Manzano. El asesinato se da como venganza por la muerte de su líder Braulio Arellano Domínguez a manos de la Marina Armada de México.

17 de diciembre de 2009    Muere Arturo Beltrán Leyva después de un enfrentamiento con la Marina Armada de México en Cuernavaca. El capo era uno de los fundadores del Cártel Beltrán-Leyva. Como venganza, el cártel asesina a la familia de un marino que participó y falleció en el enfrentamiento.

12 de enero de 2010    La Policía Federal captura al capo Teodoro García Simental (el Teo) en Baja California. Un mes después, su hermano Manuel García Simental también es capturado por fuerzas federales.

291

| | |
|---|---|
| 31 de enero de 2010 | Un comando armado de veinte hombres asalta una fiesta de jóvenes en la colonia Villas de Salvárcar en Ciudad Juárez, Chihuahua. Los criminales abren fuego, matando a dieciséis e hiriendo a otros doce. En 2011 son condenados cuatro de los responsables y en 2012 se revela que tres de las armas utilizadas en el asesinato habían sido vendidas como parte de la operación Fast and Furious. |
| 19 de marzo de 2010 | Dos estudiantes del Instituto Tecnológico y de Estudios Superiores de Monterrey mueren abatidos a balazos después de supuestamente ser confundidos con sicarios por militares mexicanos. El Ejército se encontraba en medio de un enfrentamiento con narcotraficantes cuando ocurrió el accidente. Tras los hechos, los militares tratan de inculpar a los estudiantes. La investigación reveló que el Ejército confundió a los estudiantes con sicarios. |
| 24 de abril de 2010 | La secretaria estatal de Seguridad de Michoacán, Minerva Bautista Gómez, sufre un atentado en Morelia. Un grupo armado ataca el vehículo de la funcionaria y mueren cuatro personas en el enfrentamiento. Más tarde, un grupo armado atacó con granadas la sede policial en Morelia. |
| 26 de mayo de 2010 | La Secretaría de la Defensa Nacional confirma la muerte del capo Pedro Roberto Velázquez Amador después de un enfrentamiento con fuerzas federales en Monterrey, Nuevo León. Velázquez Amador había sido policía antes de convertirse en uno de los líderes del Cártel Beltrán-Leyva. |

29 de mayo de 2010

Las autoridades de Guerrero exhuman cincuenta y cinco cadáveres en una fosa clandestina en el municipio de Taxco. La fosa es localizada tras la confesión de quince sospechosos con vínculos con el crimen organizado. Entre los cuerpos, autoridades logran identificar los restos del director del penal de Iguala, Daniel Bravo Mota.

11 de junio de 2010

Un comando armado irrumpe en un centro de rehabilitación en la ciudad de Chihuahua y mata a diecinueve pacientes. Los sicarios habían alineado a las víctimas antes de ejecutarlas a quemarropa. Se cree que el asalto se trataba de un ajuste de cuentas entre narcotraficantes.

14 de junio de 2010

Un convoy de la Policía Federal es atacado en una carretera de Michoacán por treinta y cinco miembros de La Familia Michoacana. La emboscada fue orquestada por Nazario Moreno y cobró la vida de doce oficiales.

Julio de 2010

Autoridades locales hallan los restos de más de cincuenta y un personas en una "narcofosa" localizada en la zona metropolitana de Monterrey, Nuevo León. En meses previos, oficiales habían encontrado aproximadamente otras siete fosas, sumando por lo menos setenta el número de víctimas.

18 de julio de 2010

Reos del Centro de Readaptación Social de Gómez Palacio, Durango, llevan a cabo una matanza en la Quinta Italia Inn. Los reos, quienes salieron con permiso de los custodios, llevaban armamento y vehículos oficiales. Son asesinados diecisiete individuos en lo que autoridades denominan "un acto de venganza entre pandillas".

| | |
|---|---|
| 29 de julio de 2010 | La Marina y el Ejército mexicanos se enfrentan y matan a Ignacio Coronel Villarreal (Nacho Coronel) en Zapopan, Jalisco. Nacho Coronel fue uno de los fundadores y líderes del Cártel de Sinaloa y cómplice del Chapo Guzmán. |
| 24 de agosto de 2010 | Un equipo de la Marina encuentra los restos de setenta y dos inmigrantes en San Fernando, Tamaulipas, después de ser alertado por un sobreviviente. Se determina que los inmigrantes centroamericanos y sudamericanos habían sido secuestrados, torturados y ejecutados por los Zetas. |
| 30 de agosto de 2010 | La Procuraduría General de la República confirma la captura del narcotraficante Édgar Valdez Villarreal (la Barbie) en el Estado de México. La Barbie, quien era lugarteniente del Cártel Beltrán-Leyva, es arrestado por agentes de la Policía Federal. En 2015, el capo fue extraditado a Estados Unidos, país de donde es originario. |
| 12 de septiembre de 2010 | La Marina Armada de México captura al capo Sergio Enrique Villareal (el Grande) durante un operativo en el estado de Puebla. El Grande era el segundo en mando del Cártel Beltrán-Leyva. |
| 2 de octubre de 2010 | La Procuraduría General de la República confirma que veinte turistas mexicanos fueron secuestrados en Acapulco, Guerrero. El grupo de víctimas fue interceptado por un comando armado y trasladado en camionetas. En noviembre, Carlos Montemayor |

González, líder del Cártel de Acapulco, confirma que los turistas fueron asesinados por error ya que fueron confundidos con integrantes del cártel La Familia Michoacana.

27 de octubre de 2010

Un comando armado balacea un establecimiento de lavado de autos en Tepic, Nayarit. Mueren quince civiles incluyendo clientes de los establecimientos vecinos. Reportes policiacos revelan que los trabajadores del lavado eran miembros de un centro de rehabilitación.

Noviembre de 2010

Más de la mitad de la población de Ciudad Mier, Tamaulipas, se desplaza para otros pueblos por cuestiones de seguridad. Los enfrentamientos entre los Zetas y el Cártel del Golfo desatan una ola de violencia insoportable.

5 de noviembre de 2010

Caos estalla en el estado de Michoacán después de la captura de dos miembros del cártel La Familia Michoacana. Se desata una balacera entre el grupo criminal y la Policía Federal por más de veinticuatro horas en las calles de Morelia. El cártel bloquea las calles con camiones incendiados y organiza ataques en otras ciudades del estado.

5 de noviembre de 2010

Se enfrentan las fuerzas federales y miembros del Cártel del Golfo en una de las batallas más sangrientas. El enfrentamiento en Matamoros, Tamaulipas, cuenta con la participación de 660 miembros del Ejército y Marina y resulta en la muerte del capo Antonio Cárdenas Guillén. El tiroteo incluye el uso de granadas y resultó en aproximadamente cien muertes, aparte de causar el cierre temporal de la frontera entre Matamoros y Brownsville, Texas.

14 de noviembre de 2010     Es asesinado el empresario de setenta y siete años Alejo Garza Tamez en su rancho en Tamaulipas. los Zetas le exigen que les ceda su rancho, a lo que se niega. Garza Tamez se enfrenta al grupo de criminales y mata a dos antes de morir.

9 de diciembre de 2010     El gobierno del presidente Calderón anuncia la muerte de Nazario Morena González (el Chayo), después de un enfrentamiento con militares. La muerte no se logra comprobar. El Chayo era uno de los fundadores y líderes del cártel La Familia Michoacana. Después de la supuesta muerte del Chayo, el cártel La Familia Michoacana se fragmenta. La mayoría del grupo se reorganiza y forma el cártel de Los Caballeros Templarios.

28 de diciembre de 2010     Una comunidad indígena en Tierras Coloradas, Durango, es arrasada por sesenta hombres armados que queman las viviendas del pueblo. Los doscientos pobladores logran expulsar a los criminales, pero tienen que huir días después por amenazas.

17 de enero de 2011     La Policía Federal anuncia la captura del criminal Flavio Méndez Santiago en la ciudad de Oaxaca, Oaxaca. Méndez Santiago había sido sicario del Cártel del Golfo antes de convertirse en uno de los fundadores de los Zetas.

15 de febrero de 2011     Dos agentes estadunidenses de ICE son atacados por un grupo armado en el norte del estado de San Luis Potosí. Un agente muere baleado y el otro logra es-

capar seriamente herido. Se sospecha que los Zetas son responsables por los hechos.

23 de febrero de 2011

Militares arrestan a seis miembros de los Zetas en San Luis Potosí. Entre ellos está Julián Zapata Espinoza (el Piolín), uno de los responsables del ataque contra los dos agentes de ICE.

1 de marzo de 2011

La Policía Ministerial de Guerrero descubre dos fosas en el municipio de San Miguel Totolapan. Autoridades recuperarán por lo menos diecisiete cadáveres.

7 de marzo de 2011

La Policía Federal captura a Marcos Carmona Hernández (el Cabrito) en Oaxaca. El Cabrito era uno de los líderes de los Zetas y encargado de todas las actividades del grupo en Oaxaca.

10 de marzo de 2011

El cártel de Los Caballeros Templarios informa a la población que continuará con las actividades del cártel La Familia Michoacana. El cártel de Los Caballeros Templarios está al mando de los capos Servando Gómez Martínez (la Tuta) y Enrique Plancarte Solís.

18 de marzo de 2011

Un comando de los Zetas saquea la ciudad de Allende, Coahuila. El grupo realiza una balacera, destruye viviendas y secuestra a más de trescientos civiles. La investigación oficial no da resultados y el gobierno sólo reconoce las desapariciones o muertes de menos de cien civiles.

28 de marzo de 2011

La policía encuentra siete cadáveres en un vehículo estacionado en el estado de Morelos. Los cuerpos muestran señales de tortura y son hallados con un narcomensaje. Entre los fallecidos está el hijo del poeta Javier Sicilia, quien ahora encabeza un movimiento social en nombre de las víctimas, en favor de la paz.

1 de abril de 2011

Autoridades encuentran la primera de cuarenta y siete fosas en San Fernando, Tamaulipas. El gobierno anuncia la recuperación de ciento noventa y seis cuerpos, pero periodistas reportan una cifra alrededor de los quinientos cuerpos. La mayoría de las víctimas son migrantes que habían sido secuestrados en camiones que se dirigían a Estados Unidos; subsecuentemente fueron asesinados y enterrados. Los hechos han sido atribuidos a los Zetas, cuyos miembros confiesan secuestrar a los pasajeros por miedo de que fueran a unirse al Cártel del Golfo. Se estima que todos los asesinatos tomaron lugar en un periodo de tres días.

16 de abril de 2011

La Marina captura a un líder de los Zetas, Martín Omar Estrada Luna (el Kilo) en Tamaulipas. El Kilo es uno de los sospechosos detrás de las fosas clandestinas que fueron descubiertas en San Fernando, Tamaulipas.

Mayo de 2011

Se descubren las primeras fosas en Durango. La Policía Federal empieza a exhumar los cuerpos y continúa encontrando más fosas en diversos municipios del estado. Para febrero de 2012, la suma de cuerpos recuperados superaba los trescientos cuarenta.

8 de mayo de 2011

Mueren doce miembros del cártel de los Zetas y un marino en un enfrentamiento en el Lago Falcón en Tamaulipas. Los marinos patrullaban el área cuando detectaron un campamento. Al investigar, un bando armado empezó a dispararles.

26 de mayo de 2011      Tras una balacera entre bandas de narcotraficantes en una carretera en Ruiz, Nayarit, mueren veintinueve personas incluyendo miembros de los grupos delictivos y civiles.

17-20 de junio de 2011      Se desata una ola de asesinatos en Michoacán. Se encuentran veintiséis cuerpos con narcomensajes de grupos rivales al cártel de La Familia Michoacana.

21 de junio de 2011      José de Jesús Méndez Vargas (el Chango) es capturado en un punto de control en Aguascalientes. El Chango era uno de los últimos líderes del cártel La Familia Michoacana.

Julio de 2011      Agentes americanos de la Agencia de Alcohol, Tabaco, Armas de Fuego y Explosivos testifican que más de 1,400 armas se perdieron en México como resultado de la operación Fast and Furious. La intervención consistía en vender armas ilegales a organizaciones mexicanas para rastrear sus compradores.

3 de julio de 2011      La Policía Federal captura a Jesús Enrique Rejón Aguilar (el Mamito) en el Estado de México. El Mamito era uno de los fundadores de los Zetas y uno de los criminales responsables del ataque contra los agentes de ICE en febrero de 2011.

15 de julio de 2011      Mueren doce policías y un civil en una emboscada en una carretera de Guasave, Sinaloa. Un comando armado instala un retén falso y le abre fuego al convoy policiaco. Los agentes eran parte del programa de seguridad Comercio Seguro.

30 de julio de 2011      La Policía Federal captura a José Antonio Acosta Hernández (el Diego) en Chihuahua. El Diego era líder de La Línea, el brazo armado del Cártel de Juárez. Al ser arrestado, confiesa haber ordenado el asesinato de más de 1,500 personas.

1 de agosto de 2011      La Policía Federal detiene a Moisés Montero Álvarez (el Coreano) en Acapulco, Guerrero. El Coreano era el líder del Cártel Independiente de Acapulco y uno de los responsables por la muerte de los veinte turistas en octubre de 2010.

25 de agosto de 2011      Mueren quemados cincuenta y dos civiles en Monterrey, Nuevo León, después de que el Casino Royale es incendiado por un grupo armado. Los actos son atribuidos a los Zetas, quienes supuestamente buscaban pagos de extorsión del casino. Son arrestados cinco miembros del cártel y el policía, Miguel Ángel Barraza Escamilla, por su participación en el asesinato.

13 de septiembre de 2011      Los cadáveres torturados de dos jóvenes son colgados en un puente de Nuevo Laredo, Tamaulipas. Autoridades encuentran un rótulo junto a los cuerpos que indica que fueron asesinados por denunciar actividades de los Zetas en sus redes sociales. El mensaje incluye una amenaza contra cualquiera que haga lo mismo.

20 de septiembre de 2011      Autoridades descubren dos camionetas abandonadas con los cadáveres de treinta y cinco jóvenes en una plaza comercial de Boca del Río, Veracruz. Las víctimas habían sido torturadas, asfixiadas y quemadas. Autoridades vinculan a unos de los fallecidos con los Zetas.

| | |
|---|---|
| 20 de septiembre de 2011 | Los Mata Zetas, un brazo del Cártel Jalisco Nueva Generación, se vuelven más visibles. Su notoriedad empieza cuando matan a treinta y cinco supuestos miembros del cártel de los Zetas y tiran los cuerpos en una calle de Boca del Río, Veracruz. En sólo dieciocho días se reportan más de cien asesinatos, lo que enciende una guerra de control entre los cárteles. |
| 27 de septiembre de 2011 | La policía de Acapulco, Guerrero, recibe un aviso sobre un paquete ubicado afuera de una escuela. De acuerdo con testigos, el costal fue abandonado por un grupo de hombres armados. Autoridades encuentran cinco cabezas humanas junto a un mensaje en la bolsa. Días después autoridades descubren los restos calcinados de cinco cuerpos sin cabeza en una camioneta. |
| 12 de octubre de 2011 | Elementos del Ejército capturan a Carlos Oliva Castilla (la Rana) en su vivienda en Saltillo, Coahuila. La Rana era tercero en mando de los Zetas y responsable por ordenar el incendio del Casino Royale. |
| 23 de noviembre de 2011 | Autoridades descubren dos camionetas en Culiacán, Sinaloa, con dieciséis cuerpos calcinados. Autoridades interpretan los actos como mensajes entre cárteles. Adicionalmente se encuentran otros nueve cuerpos en las ciudades de Mocorito y Escalera, ambas del estado de Sinaloa. |
| 24 de noviembre de 2011 | Autoridades encuentran tres camionetas con los restos de veintiséis jóvenes en Guadalajara, Jalisco. Los cuerpos son hallados con un mensaje firmado por el Cártel Milenio-Z. El cártel es un grupo de alianza entre los Zetas y los Milenio. |

301

5 de mayo de 2012         Autoridades de Tamaulipas anuncian el hallazgo de dieciséis cuerpos. Los hechos ocurren una semana después de que el gobierno federal lanza un plan de seguridad contra el narcotráfico.

13 de mayo de 2012        La policía encuentra cuarenta y nueve cuerpos mutilados en la carretera de Reynosa, Tamaulipas. Algunas autoridades atribuyen los hechos a los Zetas y aseguran que las víctimas eran miembros del Cártel del Golfo. Sin embargo, otras autoridades reconocieron el origen hondureño de algunos de los muertos y sospechan que los fallecidos eran inmigrantes.

7 de junio de 2012        Un vocero de la Fiscalía de Ciudad Mante, Tamaulipas, anuncia el hallazgo de por lo menos catorce cuerpos mutilados. Los restos de las víctimas fueron abandonados en una camioneta estacionada enfrente de la alcaldía junto a una manta con un narcomensaje.

23 de junio de 2012       La policía descubre un camión abandonado en el estacionamiento de una tienda de autoservicio con otros catorce cuerpos en Ciudad Mante, Tamaulipas. Los cadáveres fueron hallados junto con un narcomensaje dirigido al Cártel del Golfo.

12 de agosto de 2012      La Procuraduría General de la República anuncia la captura de Óscar García Montoya (el Compayito). El Compayito era el líder de la organización criminal Mano con Ojos y socio de varios cárteles. El Compayito es acusado de cientos de asesinatos por todo México.

4 de septiembre de 2012     La Marina captura a Mario Cárdenas Guillén (el Gordo) en Tamaulipas. El Gordo se convirtió en el líder del Cártel del Golfo después de la muerte de su hermano Ezequiel Cárdenas en 2010.

14 de septiembre de 2012     La Procuraduría General de Tamaulipas anuncia el hallazgo de dieciséis cuerpos sin vida. Nueve de los cuerpos son encontrados en un puente en Nuevo Laredo y los otros siete en la carretera a San Fernando.

7 de octubre de 2012     El capo Heriberto Lazcano muere después de un enfrentamiento con la Marina Armada de México en Coahuila. Lazcano era fundador y líder del cártel paramilitar los Zetas y reconocido como una de las figuras más violentas. Un grupo armado roba su cuerpo de la funeraria.

13 de octubre de 2012     Muere abatido el narcotraficante Manuel Torres Félix (el Ondeador) después de un enfrentamiento con elementos del Ejército en Culiacán, Sinaloa. El Ondeador era uno de los líderes del Cártel de Sinaloa.

1 de diciembre de 2012     Enrique Peña Nieto toma protesta como presidente de los Estados Unidos Mexicanos.

## APÉNDICE 3
### Desertores

| Año | Generales | Jefes | Oficiales | Tropa |
|---|---|---|---|---|
| 2000 | 0 | 8 | 350 | 21,847 |
| 2001 | 0 | 3 | 155 | 15,712 |
| 2002 | 0 | 10 | 154 | 15,339 |
| 2003 | 0 | 8 | 151 | 14,585 |
| 2004 | 0 | 11 | 191 | 18,065 |
| 2005 | 0 | 5 | 223 | 19,996 |
| 2006 | 0 | 3 | 116 | 16,286 |
| 2007 | 0 | 2 | 139 | 16,500 |
| 2008 | 0 | 1 | 61 | 9,050 |
| 2009 | 0 | 1 | 38 | 6,840 |
| 2010 | 0 | 1 | 55 | 4,342 |
| 2011 | 0 | 0 | 40 | 3,411 |
| 2012 | 0 | 5 | 54 | 2,446 |
| 2013 | 0 | 2 | 37 | 1,983 |
| 2014 | 0 | 1 | 26 | 1,149 |
| 2015 | 0 | 0 | 17 | 1,235 |
| 2016 | 0 | 1 | 23 | 1,181 |
| 2017 | 0 | 1 | 41 | 1,105 |

### Desertores: rango de jefe

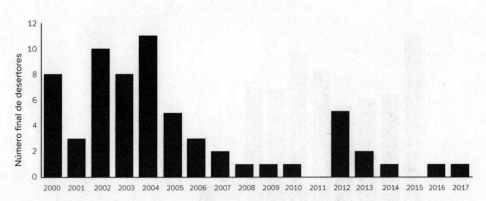

### Desertores: rango de oficial

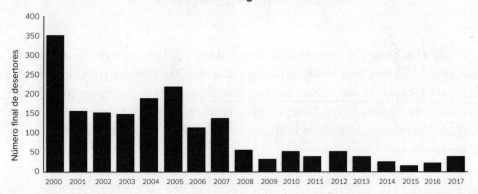

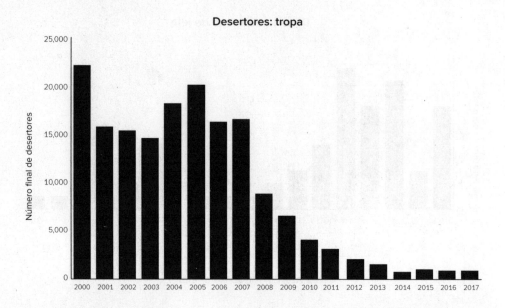

Desde el sexenio del presidente Felipe Calderón, el número de desertores del Ejército y Fuerza Área ha bajado sustancialmente. De 2006 a 2012, la cifra disminuyó 84.73 por ciento, con el cambio más marcado ocurrido entre 2007 y 2008 cuando el número bajó a 7,450. Durante el sexenio del presidente Enrique Peña Nieto, las cifras continuaron reduciéndose y en 2017 se vio una baja nueva con un mínimo de 1,147 desertores.

## Posiciones relevantes para el tema de la seguridad
### (sexenio de Calderón)

*Oficina de la Presidencia*

JEFE/A DE LA OFICINA DE LA PRESIDENCIA
diciembre de 2006-enero de 2008
   • Juan Camilo Mouriño
enero de 2008-agosto de 2008
   • Gerardo Ruiz Mateos
agosto de 2008-julio de 2010
   • Patricia Flores Elizondo
julio de 2010-diciembre de 2012
   • Gerardo Ruiz Mateos

COORDINADOR/A DE GABINETES Y PROYECTOS ESPECIALES
diciembre de 2006-enero de 2008
   • Gerardo Ruiz Mateos
diciembre de 2008-diciembre de 2012
   • Sofía Frech López-Barro

COORDINADOR/A DE ESTRATEGIA Y MENSAJE GUBERNAMENTAL
diciembre de 2006-julio de 2010
   • Alejandra Sota Mirafuentes
julio de 2010-diciembre de 2012
   • Roberto Mourey Romero

COORDINADOR DE ASESORES
diciembre de 2006-enero de 2008
   • Dionisio Pérez Jácome
enero de 2008-febrero de 2011
   • Antonio Vivanco Casamadrid

febrero de 2011-junio de 2011
- Alexis Milo

junio de 2011-diciembre de 2012
- Demian Sánchez Yeskett

Jefe del Estado Mayor Presidencial
diciembre de 2006-diciembre de 2012
- General Jesús Javier Castillo Cabrera

Secretario particular del presidente de la República
diciembre de 2006-noviembre de 2008
- César Nava Vásquez

diciembre de 2008-diciembre de 2011
- Luis Felipe Bravo Mena

enero de 2011-diciembre de 2011
- Roberto Gil Zuarth

diciembre de 2011-diciembre de 2012
- Tarsicio Rodríguez Martínez

Coordinación Social
*Coordinador/a General de Comunicación Social*
diciembre de 2006-julio de 2010
- Maximiliano Cortázar Lara

julio de 2010-diciembre de 2012
- Alejandra Sota Mirafuentes
  Nombrada vocera del gobierno el 9 de septiembre de 2011

*Director/a General de Discurso*
diciembre de 2006-diciembre de 2012
- Tomislav Lendo Fuentes

*Director General de Medios Internacionales*
diciembre de 2006-noviembre de 2008
- José Miguel Monterrubio Cubas

diciembre de 2008-diciembre de 2012
- John Joseph Moody

*Director General de Medios Nacionales*
diciembre de 2006-octubre de 2007
  • Fernando Morales Aguilar
octubre de 2007-agosto de 2010
  • José Alfredo García Medina
agosto de 2010-diciembre de 2012
  • Alejandro Casa Niebla
*Director General de Estrategia de Comunicación*
diciembre de 2006-diciembre de 2012
  • Virgilio Alberto Muñoz Alberich

Vocero/a en Materias de Seguridad
agosto de 2010-septiembre de 2011
  • Alejandro Poiré Romero

Coordinador/a de Opinión Pública
enero de 2007-abril de 2012
  • Rafael Gerardo Giménez Valdés Román
mayo de 2012-diciembre de 2012
  • María Fernanda Vergara Audiffred

Coordinador/a General de Administración
diciembre de 2006-diciembre de 2012
  • José Víctor Valencia Zavala

Titular del Órgano Interno de Control en Presidencia de la República
noviembre de 2010-diciembre de 2012
  • Marytell Castellanos Rueda

### *Gabinete de Seguridad de la Administración de Calderón*

SECRETARIO DE LA DEFENSA NACIONAL (SEDENA)
diciembre de 2006-diciembre de 2012
- Guillermo Galván Galván

SECRETARIO DE MARINA (SEMAR)
diciembre de 2006-diciembre de 2012
- Mariano Francisco Sáynez Mendoza

SECRETARIO DE SEGURIDAD PÚBLICA (SSP)
diciembre de 2006-diciembre de 2012
- Genaro García Luna

PROCURADOR/A GENERAL DE LA REPÚBLICA
diciembre de 2006-septiembre de 2009
- Eduardo Medina Mora Icaza
septiembre de 2009-marzo de 2011
- Arturo Chávez Chávez
abril de 2011-diciembre de 2012
- Marisela Morales Ibáñez

CONSEJERO/A JURÍDICO DEL EJECUTIVO FEDERAL
diciembre de 2006-enero de 2008
- Daniel Francisco Cabeza de Vaca
febrero de 2008-diciembre de 2012
- Miguel Alessio Robles Landa

SECRETARIO DE GOBERNACIÓN
diciembre de 2006-enero de 2008
- Francisco Ramírez Acuña
enero de 2008-noviembre de 2008
- Juan Camilo Mouriño

noviembre de 2008-julio de 2010
- Fernando Gómez Mont

julio de 2010-noviembre de 2011
- José Francisco Blake Mora

noviembre de 2011-diciembre de 2012
- Alejandro Poiré Romero

Director General del Centro de Investigación y Seguridad Nacional (Cisen)
diciembre de 2006-septiembre de 2011
- Guillermo Valdés Castellanos

septiembre de 2011-noviembre de 2011
- Alejandro Poiré Romero

noviembre de 2011-diciembre de 2012
- Jaime Domingo López Buitrón

Secretaria de Relaciones Exteriores (sre)
diciembre de 2006-diciembre de 2012
- Patricia Espinosa

Secretario de Hacienda y Crédito Público (shcp)
diciembre de 2006-diciembre de 2009
- Agustín Carstens Carstens

diciembre de 2009-septiembre de 2011
- Ernesto Javier Cordero Arroyo

septiembre de 2011-diciembre de 2012
- José Antonio Meade Kuribreña

### Consejo de Seguridad Nacional (CSN)

Secretaría Ejecutiva del csn
La oficina está al mando del Secretario de Gobernación y está integrada por las Secretarías de la Defensa Nacional, Marina, Relaciones Exteriores, Función

Pública, Comunicaciones y Transportes, Hacienda y Crédito Público, en conjunto con la Comisión de Seguridad Pública, la Procuraduría General y el Cisen.

Secretaría Técnica del csn
*Titular de la Secretaría*
diciembre de 2006-abril de 2009
  • Sigrid Arzt Colunga
abril de 2009- septiembre de 2011
  • Monte Alejandro Rubido García
agosto de 2010-agosto de 2011
  • Alejandro Poiré Romero
octubre, 2011-diciembre, 2012
  • Jéssica Duque Roquero

### *Gobernadores*

Aguascalientes
Luis Armando Reynoso Femat (2004-2010) pan
Carlos Lozano de la Torre (2010-2016) pri

Baja California
Eugenio Elorduy Walther (2001-2007) pan
José Guadalupe Osuna Millán (2007-2013) pan

Baja California Sur
Narciso Agúndez Montaño (2005-2011) prd
Marcos Covarrubias Villaseñor (2011-2015) pan

Campeche
Jorge Carlos Hurtado Valdez (2003-2009) pri
Fernando Ortega Bernés (2009-2015) pri

Chiapas
Juan Sabines Guerrero (2006-2012) prd
Manuel Velasco Coello (2012-2018) Verde

Chihuahua
José Reyes Baeza Terrazas (2004-2010) pri
César Duarte Jáquez (2010-2016) pri

Jefe de Gobierno de la Ciudad de México
Marcelo Ebrard (2006-2012) prd
Miguel Ángel Mancera (2012-2018) prd

Estado de México
Enrique Peña Nieto (2005-2011) pri
Eruviel Ávila Villegas (2011-2017) pri

Coahuila
Humberto Moreira Valdés (2005-2011) pri
Jorge Torres López (2011) pri
Rubén Moreira Valdez (2011-2017) pri

Colima
Silverio Cavazos (2005-2009) pri
Mario Anguiano Moreno (2009-2015) pri

Durango
Ismael Hernández Deras (2004-2010) pri
Jorge Herrera Caldera (2010-2016) pri

Guanajuato
Juan Manuel Oliva Ramírez (2006-2012) pan
Héctor Germán René Santillana (2012) pan
Miguel Márquez Márquez (2012-2018) pan

GUERRERO
Zeferino Torreblanca (2005-2011) PRD
Ángel Aguirre Rivero (2011-2014) PRD

HIDALGO
Miguel Ángel Osorio Chong (2005-2011) PRI
José Francisco Olvera Ruiz (2011-2016) PRI

JALISCO
Francisco Ramírez Acuña (2001-2007) PAN
Gerardo Octavio Solís Gómez (2007)
Emilio González Márquez (2007-2013) PAN

MICHOACÁN
Lázaro Cárdenas Batel (2002-2008) PRD
Leonel Godoy Rangel (2008-2012) PRD
Fausto Vallejo Figueroa (2012-2015) PRI

MORELOS
Marco Antonio Adame Castillo (2006-2012) PAN
Graco Luis Ramírez Abreu (2012-2018) PRD

NAYARIT
Ney González Sánchez (2005-2011) PRI
Roberto Sandoval Castañeda (2011-2017) PRI

NUEVO LEÓN
José Natividad González Parás (2003-2009) PRI
Rodrigo Medina de la Cruz (2009-2015) PRI

OAXACA
Ulises Ruiz Ortiz (2004-2010) PRI
Gabino Cué Monteagudo (2010-2016) MC

PUEBLA
Mario Marín Torres (2005-2011) PRI
Rafael Moreno Valle Rosas (2011-2017) PAN

QUERÉTARO
Francisco Garrido Patrón (2003-2009) PAN
José Calzada Rovirosa (2009-2015) PRI

QUINTANA ROO
Félix González Canto (2005-2010) PRI
Roberto Borge Angulo (2011-2016) PRI

SAN LUIS POTOSÍ
Marcelo de los Santos Fraga (2003-2009) PAN
Fernando Toranzo Fernández (2009-2015) PRI

SINALOA
Jesús Aguilar Padilla (2005-2010) PRI
Mario López Valdez (2010-2016) PAN

SONORA
Eduardo Bours Castelo (2003-2009) PRI
Guillermo Padrés Elías (2009-2015) PAN

TABASCO
Manuel Andrade Díaz (2002-2006) PRI
Andrés Granier Melo (2007-2012) PRI

TAMAULIPAS
Eugenio Hernández Flores (2005-2010) PRI
Egidio Torre Cantú (2011-2016) PRI

TLAXCALA

Héctor Israel Ortiz Ortiz (2005-2011) PAN

Mariano González Zarur (2011-2016) PRI

VERACRUZ

Fidel Herrera Beltrán (2004-2010) PRI

Javier Duarte de Ochoa (2010-2016) PRI

YUCATÁN

Patricio Patrón Laviada (2001-2007) PAN

Ivonne Ortega Pacheco (2007-2012) PRI

Rolando Zapata Bello (2012-2018) PRI

ZACATECAS

Amalia García Medina (2004-2010) PRD

Miguel Alonso Reyes (2010-2016) PRI

### *Congreso y Comisión de Seguridad Pública durante el sexenio del presidente Calderón*

PRESIDENTE DEL SENADO

septiembre de 2006-agosto de 2007

• Manlio Fabio Beltrones (PRI)

septiembre de 2007-agosto de 2008

• Santiago Creel Miranda (PAN)

septiembre de 2008-agosto de 2009

• Gustavo Madero Muñoz (PAN)

septiembre de 2009-agosto de 2010

• Carlos Navarrete Ruiz (PRD)

septiembre de 2010-agosto de 2011

• Manlio Fabio Beltrones (PRI)

septiembre de 2011-agosto de 2012

• José González Morfín (PAN)

316

septiembre de 2012-agosto de 2013
- Ernesto Cordero Arroyo (PAN)

Presidente/a de la Cámara de Diputados
septiembre de 2006-junio de 2007
- Jorge Zermeño Infante (PAN)
junio de 2007-agosto de 2007
- María Elena Álvarez Bernal (PAN)
septiembre de 2007-agosto de 2008
- Ruth Zavaleta Salgado (PRD)
septiembre de 2008-agosto de 2009
- César Duarte Jáquez (PRI)
septiembre de 2009-septiembre de 2010
- Francisco Javier Ramírez Acuña (PAN)
septiembre de 2010-agosto de 2011
- Jorge Carlos Ramírez Marín (PRI)
septiembre de 2011-diciembre de 2011
- Emilio Chuayffet Chemor (PRI)
diciembre de 2011-mayo de 2012
- Guadalupe Acosta Naranjo (PRD)
mayo de 2012-agosto de 2012
- Óscar Martín Arce Paniagua (PAN)
septiembre de 2012-diciembre de 2012
- Jesús Murillo Karam (PRI)

Comisión de Seguridad Pública (2007, Legislatura lx)
- Presidente:
Ulises Ramírez Núñez (PAN)
- Secretarios:
  Alfonso Elías Serrano (PRI)
  René Arce Islas (PRD)
- Miembros: Alejandro González Alcocer (PAN)
  Héctor Pérez Plazola (PAN)
  Federico Döring Casar (PAN)

Rafael Moreno Valle Rosas (PAN)
Gabriela Ruiz del Rincón (PAN)
Ángel Heladio Aguirre Rivero (PRI)
Francisco Labastida Ochoa (PRI)
Jesús María Ramón Valdés (PRI)
Héctor Miguel Bautista López (PRD)
Ricardo Monreal Ávila (PRD)
Luis Walton Aburto (Convergencia)
Alejandro González Yáñez (PT)

Comisión de Seguridad Pública (marzo 2010, Legislatura lxi)
• Presidente: Felipe González González (PAN)
• Secretarios: Mario López Valdez (PRI)
  René Arce (PRD)
• Miembros: Alejandro González Alcocer (PAN)
  Blanca Judith Díaz Delgado (PAN)
  Federico Döring Casar (PAN)
  Gabriela Ruiz del Rincón (PAN)
  Ángel Heladio Aguirre Rivero (PRI)
  Francisco Labastida Ochoa (PRI)
  Jesús María Ramón Valdés (PRI)
  Héctor Miguel Bautista López (PRD)
  David Jiménez Rumbo (PRD)
  Francisco Javier Obregón Espinoza (PT)
  Luis Maldonado Venegas (Convergencia)

Comisión de Seguridad Pública (septiembre 2010, Legislatura lxi)
• Presidente: Felipe González González (PAN)
• Secretarios: Mario López Valdez (PRI)
  René Arce Islas (PRD)
• Miembros: Alejandro González Alcocer (PAN)
  Ramón Galindo Noriega (PAN)
  Blanca Judith Díaz Delgado (PAN)
  Federico Döring Casar (PAN)

Ángel Heladio Aguirre Rivero (PRI)
Norma Esparza Herrera (PRI)
Francisco Labastida Ochoa (PRI)
Jesús María Ramón Valdés (PRI)
Héctor Miguel Bautista López (PRD)
David Jiménez Rumbo (PRD)
Francisco Javier Obregón Espinoza (PT)
Eugenio Guadalupe Govea Arcos (Convergencia)

*Otras oficinas relevantes*

Embajador de Estados Unidos en México
noviembre de 2002-enero de 2009
  • Tony Garza
agosto de 2009-marzo de 2011
  • Carlos Pascual
agosto de 2011-julio de 2015
  • Earl Anthony Wayne

Embajador de México en Estados Unidos
enero de 2007-enero de 2013
  • Arturo Sarukhán

# Oficina de la Presidencia de la República

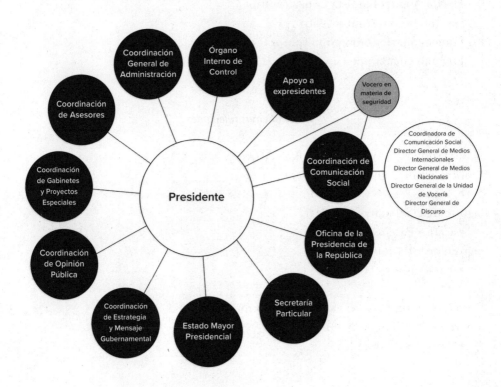

# APÉNDICE 6. Consejo Nacional de Seguridad Pública (CNSP)

## Consejo Nacional de Seguridad Pública

- Presidido por el Presidente de la República
- En su ausencia, toma cargo el Secretario de Gobernación

Integrado por:

- Secretarios de la Defensa Nacional, Marina y Seguridad Pública
- Procurador General de la República
- Gobernadores de los Estados y Jefe del Gobierno del Distrito Federal
- Secretario Ejecutivo del Sistema Nacional de Seguridad Pública

### Secretariado Ejecutivo

Centro Nacional de Información

Centro Nacional de Prevención del Delito y Participación Ciudadana

Centro Nacional de Certificación y Acreditación

### Conferencia Nacional de Procuración de Justicia

- Presidente: Procurador General de la República
- Titulares de las Instituciones de Procuración de Justicia del Distrito Federal y los Estados
- Secretario Técnico (nombrado por el Presidente de la Conferencia)

### Conferencia Nacional de Secretarios de Seguridad Pública

- Presidente: Secretario de Seguridad Pública federal
- Titulares de las dependencias de Seguridad Pública del Distrito Federal y los Estados
- Secretario Técnico (nombrado por el Presidente de la Conferencia)

### Conferencia Nacional del Sistema Penitenciario

- Presidente: Quien sea nombrado por el Secretario de Seguridad Pública federal
- Titulares de los órganos de prevención y de reinserción social de la Federación, del Distrito Federal y los Estados
- Secretario Técnico (nombrado por el Secretario de Seguridad Pública federal)

### Conferencia Nacional de Seguridad Pública Municipal

- Dos Presidentes municipales, de cada Estado, designados por el Consejo Local de Seguridad Pública correspondiente
- Dos titulares de los órganos político administrativos del Distrito Federal, nombrados por el Consejo Local de Seguridad Pública
- Secretario Técnico (nombrado por el Presidente de la Conferencia)

### Consejos Locales e Instancias Regionales

- Instituciones Policiales, de Procuración de Justicia, del Sistema Penitenciario y dependencias encargadas de la Seguridad Pública de la entidad de que se trata y de la Federación
- Representantes de los Municipios y titulares de los órganos político administrativos del Distrito Federal en los términos de la legislación de cada entidad federativa

# APÉNDICE 7
## Presupuesto de Secretarías de Seguridad (2000-2012)

Gasto neto devengado del sector público presupuestario
en clasificación administrativa, 2000-2012

| | | GASTO NETO DEVENGADO | | | | GASTO TOTAL |
|---|---|---|---|---|---|---|
| | Año | Procuraduría General de la República | Secretaría de Marina | Secretaría de Defensa Nacional | Secretaría de Seguridad Pública | Policía Federal Preventiva |
| Millones de pesos corrientes | 2000 | 4,409.80 | 8,396.80 | 20,830.50 | | |
| Millones de pesos constantes de 2012 | 2000 | 8,425.10 | 16,050.90 | 39,797.70 | | |
| Millones de pesos corrientes | 2001 | 5,451.20 | 8,852.50 | 22,031.10 | 5,156.80 | 3,229.28 |
| Millones de pesos constantes de 2012 | 2001 | 9,883.80 | 16,050.90 | 39,945.70 | 9,350.10 | |
| Millones de pesos corrientes | 2002 | 6,991.90 | 8,486.40 | 22,596.60 | 6,389.00 | 3,658.05 |
| Millones de pesos constantes de 2012 | 2002 | 12,348.50 | 14,988.00 | 39,908.20 | 11,283.70 | |
| Millones de pesos corrientes | 2003 | 7,267.00 | 9,201.40 | 24,203.40 | 6,259.60 | 2,932.34 |
| Millones de pesos constantes de 2012 | 2003 | 11,732.90 | 14,856.10 | 39,077.50 | 10,106.40 | |
| Millones de pesos corrientes | 2004 | 7,521.30 | 8,844.40 | 23,846.30 | 6,397.60 | 3,718.25 |
| Millones de pesos constantes de 2012 | 2004 | 11,134.10 | 13,092.80 | 35,300.70 | 9,470.60 | |
| Millones de pesos corrientes | 2005 | 7,572.30 | 9,528.80 | 25,271.00 | 6,976.90 | 3,629.50 |
| Millones de pesos constantes de 2012 | 2005 | 10,722.50 | 13,492.90 | 35,784.00 | 9,879.40 | |
| Millones de pesos corrientes | 2006 | 8,862.40 | 9,998.30 | 26,987.70 | 8,676.00 | 4,791.37 |
| Millones de pesos constantes de 2012 | 2006 | 11,762.30 | 13,269.90 | 35,818.50 | 11,514.90 | |
| Millones de pesos corrientes | 2007 | 9,439.50 | 12,166.40 | 34,157.40 | 17,626.90 | 7,889.51 |
| Millones de pesos constantes de 2012 | 2007 | 11,860.50 | 15,286.80 | 42,918.10 | 22,147.80 | |
| Millones de pesos corrientes | 2008 | 8,950.20 | 15,155.20 | 37,122.40 | 21,140.30 | 11,748.24 |
| Millones de pesos constantes de 2012 | 2008 | 10,575.80 | 17,907.80 | 43,864.90 | 24,980.00 | |
| Millones de pesos corrientes | 2009 | 10,833.40 | 16,322.00 | 44,956.10 | 33,557.20 | 18,101.77 |
| Millones de pesos constantes de 2012 | 2009 | 12,285.00 | 18,509.00 | 43,864.90 | 38,053.60 | |
| Millones de pesos corrientes | 2010 | 10,651.80 | 18,415.70 | 52,596.90 | 30,184.90 | 23,730.43* |
| Millones de pesos constantes de 2012 | 2010 | 11,625.00 | 20,098.20 | 50,979.80 | 32,942.70 | |
| Millones de pesos corrientes | 2011 | 11,553.50 | 20,052.50 | 63,978.90 | 41,056.90 | 27,134.86 |
| Millones de pesos constantes de 2012 | 2011 | 11,957.90 | 20,754.30 | 57,402.40 | 42,493.90 | |

| | | GASTO NETO DEVENGADO | | | | GASTO TOTAL |
|---|---|---|---|---|---|---|
| | Año | Procuraduría General de la República | Secretaría de Marina | Secretaría de Defensa Nacional | Secretaría de Seguridad Pública | Policía Federal Preventiva |
| Millones de pesos corrientes | 2012 | 14,905.10 | 19,679.70 | 55,611.00 | 40,536.50 | 25,999.16 |
| Millones de pesos constantes de 2012 | 2012 | 14,905.10 | 19,679.70 | 66,218.20 | 40,536.50 | |

* A partir del 2010, la Policía Federal Preventiva fue redesignada como la Policía Federal. De acuerdo con este cambio, los gastos desde ese año incluyen los gastos totales del organismo completo de la Policía Federal.

Fuente: Cámara de Diputados; http:// www.cefo.gob.mx/publicaciones/documento/2012/octubre/cefp0202012.pdf. http://www3.diputados.gob.mx/camara/001diputados/006centrosdeestudio/02centrodeestudiosdefinanzaspublic as 1/006presupuestoygasto/O cuenta publica/01cuentapublica

## Recursos humanos

| Año | Procuraduría General de la República* | Secretaría de Seguridad Pública | Secretaría de Defensa | Secretaría de Marina | Elementos de la Policía Federal |
|---|---|---|---|---|---|
| 2000 | 16,481 | | 182,329 | 55,223 | |
| 2001 | 19,813 | 16,305 | 185,143 | 49,165 | 10,241 |
| 2002 | 20,600 | 17,248 | 188,143 | 50,026 | 10,830 |
| 2003 | 22,112 | 19,174 | 191,143 | 47,304 | 12,535 |
| 2004 | 21,838 | 22,336 | 191,143 | 47,316 | 14,415 |
| 2005 | 20,697 | 11,756 | 191,143 | 47,644 | 11,756 |
| 2006 | 21,755 | 12,907 | 196,767 | 47,471 | 12,907 |
| 2007 | 22,268 | 21,761 | 196,710 | 50,032 | 21,761 |
| 2008 | 21,982 | 31,936 | 202,355 | 51,680 | 31,936 |
| 2009 | 24,725 | 32,264 | 206,013 | 52,979 | 32,264 |
| 2010 | 26,898 | 35,464 | 206,013 | 53,224 | 35,464 |
| 2011 | 25,383 | 36,995 | 209,716 | 53,997 | 36,995 |
| 2012 | 25,767 | 36,940 | 209,716 | 54,214 | 36,940 |

* Número de personal autorizado.

Fuente: Presidencia de la República, http://calderon.presidencia.gob.mx/informe/sexto/pdf/ANEXO_ESTADISTICO/02_ESTADISTICAS_NACIONALES/2_ESTADO_DE_DERECHO_Y_SEGURIDAD.pdf

## APÉNDICE 8
### Incremento anual en sueldos del Ejército y Fuerza Aérea (2007-2011)

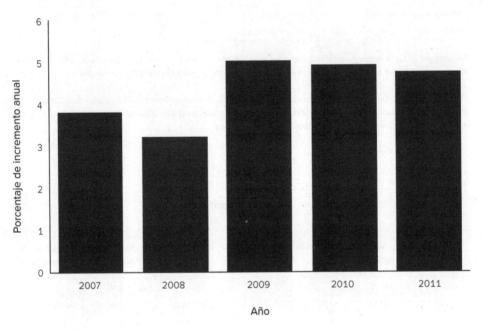

\* Igual entre todos los rangos.

El gobierno de Felipe Calderón buscó revitalizar las fuerzas armadas mexicanas a través de varias medidas, notablemente el incremento de salarios. Entre 2007 y 2012, los soldados obtuvieron un incremento en sus salarios acumulado de 21.64 por ciento. El gobierno también otorgó una "compensación extraordinaria" de fin de año al personal de tropa: 4,800 pesos en 2007 y 7,000 pesos en 2008, 2009, 2010 y 2011. Adicionalmente, 852 soldados en puestos de mando de Sedena recibieron un pago extraordinario.

*Fuente*: Sedena (http://www.sedena.gob.mx/pdf/informes/rendiciondecuentas.pdf)

## APÉNDICE 9
## Operativos de seguridad federales (2006-2012)

| | |
|---|---|
| 11 de diciembre de 2006 | El presidente Calderón ordena el Operativo Conjunto Michoacán. Dicho operativo inaugura la guerra contras las drogas en México. |
| 2 de enero de 2007 | El presidente Calderón pone en marcha el Operativo Conjunto Baja California (Plan Tijuana). El operativo cuenta con 2,620 efectivos y está enfocado en combatir los secuestros y el tráfico de drogas y personas en el área. Adicionalmente, se designa un equipo de agentes especiales para investigar delitos, desmantelar laboratorios y asegurar bienes. |
| 11 de enero de 2007 | Se anuncia el Operativo Conjunto Guerrero. La misión la integran las fuerzas conjuntas del Ejército mexicano, la Policía Federal, la Agencia Federal de Investigación y la policía estatal. El primer año el esfuerzo contó con 7,600 efectivos para exterminar las actividades relacionadas con el narcotráfico en el estado. Sin embargo, la violencia se incrementó y el gobierno se vio obligado a lanzar otro operativo en 2011. |
| Marzo de 2007 | Las fuerzas mexicanas reciben la "Directiva para el Combate Integral al Narcotráfico 2007-2012". El documento desarrolla y expone la visión presidencial para combatir el crimen organizado. |
| 1 de enero de 2008 | Comienza el Operativo Conjunto Tamaulipas-Nuevo León con el desplazamiento de aproximadamente 6,000 militares y agentes federales a los dos estados. La operación estaba enfocada en replegar los Cárte- |

les del Golfo, del Pacífico y los Zetas. En noviembre de 2010, la misión cambió de nombre a Operación Noreste, ya que incluiría los estados de San Luis Potosí y Coahuila. La expansión del operativo fue el resultado de la guerra entre los Zetas y el Cártel del Golfo que empezó a principios de 2010.

13 de mayo de 2008

El gobierno federal presenta el Operativo Conjunto Culiacán-Navolato. La misión se integra con 2,000 elementos de la Marina, el Ejército y la Policía Federal. La Sedena asegura que no hay militarización de la vida nacional y que las actividades militares contra el crimen organizado son de cooperación con las autoridades civiles correspondientes. El principal objetivo de la misión es desmantelar los cárteles del estado, principalmente el Cártel de Sinaloa, el Cártel Beltrán-Leyva y los Zetas.

2 de marzo de 2009

El presidente Calderón envía cerca de 1,800 soldados a Ciudad Juárez para combatir el narcotráfico. En los siguientes días se enviarán 5,000 militares más como parte del Operativo Conjunto Chihuahua. En total, la ciudad contaría con más de 10,000 elementos de la Policía Federal y el Ejército. La misión responde al aumento de asesinatos relacionados con el crimen organizado. En 2008 se reportaron aproximadamente 1,600 asesinatos en la ciudad y 2,206 en el estado. Sin embargo, el operativo no produjo resultados y sólo causó denuncias constantes contra los militares. En 2010, el operativo quedó únicamente en manos de la Policía Federal.

Noviembre de 2010

El Ejército en conjunto con la Policía Federal y la Marina ponen en marcha un operativo en el norte de Tamaulipas. Las autoridades buscan liberar del crimen organizado los municipios de Ciudad Mier y Miguel Alemán. Esta zona fronteriza se había convertido en el epicentro de la guerra entre el Cártel del Golfo y los Zetas.

| | |
|---|---|
| 12 de enero de 2011 | Da inicio el Operativo Triángulo de la Brecha en el Estado de México. |

5 de octubre de 2011   Se pone en marcha el Operativo Veracruz Seguro, encabezado por la Marina Armada de México con la asistencia del Ejército y la Policía Federal. Más de 1,500 elementos federales serían enviados a 191 municipios en el estado ese año. En 2012, se anunció que el operativo ya había realizado el arresto de más de seiscientos cincuenta delincuentes y rescatado a setenta personas secuestradas. Sin embargo, los homicidios continuaron y en 2013 el gobierno federal tuvo que coordinar otra operación.

7 de octubre de 2011   Inicia el Operativo Conjunto Guerrero Seguro. El gobierno federal manda otros 2,000 elementos de la Marina, el Ejército y la Policía Federal para reforzar sus operaciones en el estado. Adicionalmente, una unidad especial sería enviada a Acapulco para patrullar el puerto e investigar secuestros y extorsiones. El operativo buscaba cuatro objetivos: debilitar al crimen organizado, fortalecer las instituciones, proteger a los civiles de la delincuencia y reconstruir el tejido social. No obstante, el crimen continuó y el gobierno otra vez lanzó un operativo en 2014, después de la desaparición de los cuarenta y tres estudiantes de Ayotzinapa.

19 de octubre de 2011      La Secretaría de Gobernación anuncia la Operación Coordinada Laguna Segura en los municipios de Gómez Palacio, Lerdo y Torreón en los estados de Coahuila y Durango. El número de efectivos federales no sería anunciado por cuestiones de seguridad, pero se estima la participación de alrededor de 1,000 elementos. La operación tiene la finalidad de erradicar las actividades de los Zetas, el Cártel del Golfo y el Cártel del Pacífico. Para finales del año, la misión ya había producido resultados positivos en el número de arrestos y la disminución de crímenes reportados.

9 de mayo de 2012      Se anuncia el Plan Morelos Seguro para combatir el crimen organizado en el estado. El operativo contaría con más de 400 elementos federales para reforzar las actividades de la policía estatal. Adicionalmente incluiría la instalación de la Unidad Especializada de Combate al Secuestro. Durante los meses anteriores se había visto un incremento en el número de secuestros en el estado.

**APÉNDICE 10**

# Aseguramientos logrados en operaciones mixtas (2007-2011)

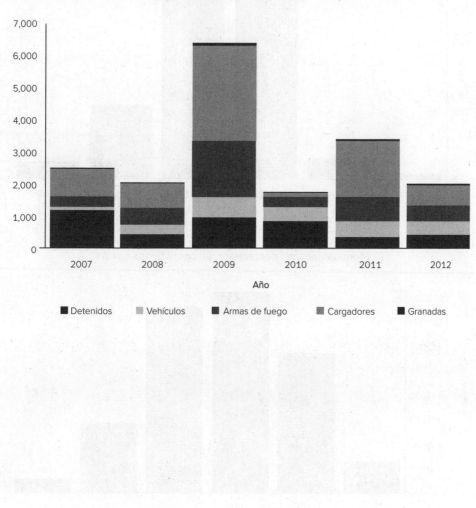

### Aseguramientos en operaciones mixtas

Año

■ Detenidos　▓ Vehículos　■ Armas de fuego　■ Cargadores　■ Granadas

329

## Plantíos de marihuana asegurados en operaciones mixtas

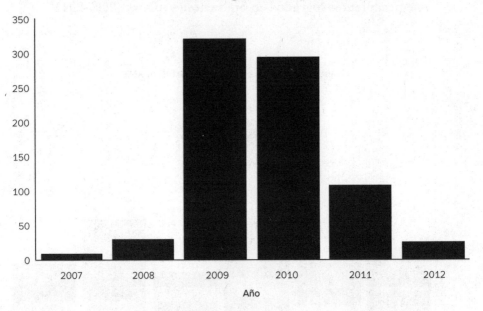

## Moneda nacional decomisada en operaciones mixtas

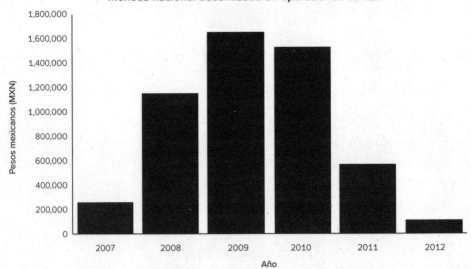

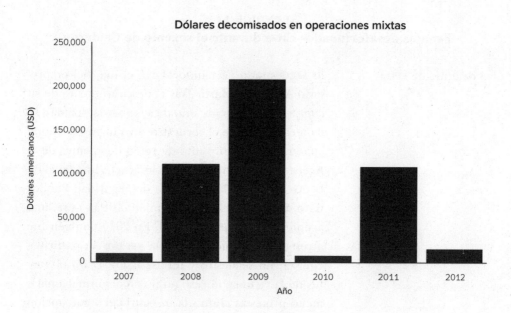

Las Bases de Operaciones Mixtas tienen como finalidad combatir los índices delictivos en zonas de alto riesgo —es decir, aquellas que presentan problemas relevantes de inseguridad pública—, mediante la realización de operaciones de vigilancia móvil o estacionaria. Se integran con tropas interinstitucionales de las unidades operativas jurisdiccionadas a las zonas militares, agentes del Ministerio Público Federal y Estatal, elementos de la Policía Federal Ministerial, policías ministeriales y agentes preventivos estatales. (Tomado directo de: http://www.politicadedrogas. org/PPD/index.php/observatorio/grafica/id/49.html)

Las operaciones mixtas durante el sexenio de Calderón resultaron en un incremento de decomisos. Las estadísticas muestran que en el año 2009, los operativos federales produjeron los resultados más sustantivos. En 2012, de nuevo se registró una caída drástica en decomisos federales.

## Eventos desafortunados clave durante el sexenio de Calderón

| 4 de junio de 2008 | Es secuestrado Fernando Martí, el hijo del empresario Alejandro Martí. Tras el descubrimiento de su cuerpo y el rescate de uno de sus guardaespaldas, se da a conocer que el secuestro tuvo lugar en lo que aparentaba ser un punto de retén de agentes de la Agencia Federal de Investigación (AFI). En medio de la investigación, la Secretaría de Seguridad Pública trató de ocultar el involucramiento de la Lore, una agente de la Policía Federal. En 2010 también fue arrestado otro miembro de la AFI por su participación en un secuestro y un asesinato. Dado el estatus de la víctima, el caso atrajo atención nacional e incitó protestas contra la inseguridad y corrupción policial. |
|---|---|
| 31 de enero de 2010 | Un comando armado de veinte hombres asalta una fiesta de jóvenes en la colonia Villas de Salvárcar en Ciudad Juárez, Chihuahua. Los criminales abren fuego, matando a dieciséis e hiriendo a otros doce. Durante la investigación se torturó a un supuesto culpable para forzar una confesión. En 2011, la Comisión Nacional de Derechos Humanos emitió una recomendación sobre la tortura de dicho hombre y en 2011 la Suprema Corte invalidó su confesión. En el mismo año fueron condenados cuatro de los responsables, y en 2012 se revela que tres de las armas utilizadas en el asesinato habían sido vendidas como parte de la operación Fast and Furious. La masacre atrajo atención mediática por la respuesta precipitada del presidente Calderón en la cual denominó a las víctimas "pandilleros". |

29 de junio de 2011 — Amnistía Internacional publica una carta dirigida al presidente Felipe Calderón exigiendo que abra una investigación en relación a seis hombres desaparecidos. Dichas víctimas fueron arrestadas por soldados de la Marina entre el 1 y 5 de junio en Nuevo Laredo. Según testigos, los hombres fueron llevados a una base militar. La Marina niega involucramiento en la desaparición de los hombres.

Noviembre de 2011 — La organización Human Rights Watch publica el reportaje titulado "Neither Rights Nor Security: Killings, Torture, and Disappearances in Mexico's 'War on Drugs'". El estudio encuentra evidencia de que las fuerzas federales estuvieron directamente involucradas en más de ciento setenta casos de tortura, treinta y nueve desapariciones y veinticuatro asesinatos extrajudiciales desde que Felipe Calderón asumió la presidencia de México. Además, investigadores encontraron evidencia de que las fuerzas federales en varios estados usaban tácticas de tortura para forzar confesiones.

25 de junio de 2012 — Se desata una balacera entre policías federales en el Aeropuerto Internacional de la Ciudad de México. La Secretaría de Seguridad Pública comunicó que tres policías fueron asesinados al intentar realizar las detenciones de personas vinculadas con el narcotráfico. Los agresores, quienes también eran miembros de la Policía Federal, fueron acusados de mantener relaciones con grupos criminales.

24 de agosto de 2012 — Catorce agentes de la Policía Federal atacan un vehículo de la Embajada de los Estados Unidos, hiriendo a dos agentes de la CIA. La Secretaría de Seguridad Pú-

blica argumentó que el accidente fue el resultado de una confusión, en la cual la camioneta fue confundida con la de unos secuestradores. Después de una investigación, la Procuraduría General de la República confirmó que se había tratado de un ataque directo. Los catorce agentes, más otros comandantes, fueron formalmente enjuiciados por homicidio. Los eventos revivieron las sospechas de infiltración de grupos narcotraficantes en la policía.

11 de junio de 2018

La Federación Internacional de Derechos Humanos entrega una denuncia contra militares en el estado de Chihuahua por crímenes cometidos entre 2008 y 2010. Se acusa a soldados de cometer actos de violencia, incluyendo tortura y desapariciones forzadas, contra aproximadamente ciento veinte civiles.

# Bibliografía

## 1. El contexto: un escenario complejo

Allison, Graham y Philip Zelikow. 1999. *Essence of Decision: Explaining the Cuban Missile Crisis*, 2ª ed. Nueva York: Longman.

Arribas, Eusebio Sebastián. 2010. *Enciclopedia básica de la vida*, Madrid: Cultiva Libros.

Booth, William. 2012. "Mexico's Crime Wave Has Left About 25,000 Missing, Government Documents Show", *The Washington Post*, 29 de noviembre. https://www.washingtonpost.com/world/the_americas/mexicos-crime-wave-has-left-up-to-25000-missing-government-documents-show/2012/11/29/7ca4ee44-3a6a-11e2-9258-ac7c78d5c680_story.html?noredirect=on&utm_term=.3cf4b27cdc0a

Calderón Hinojosa, Felipe. 2015. *Los retos que enfrentamos: los problemas de México y las políticas públicas para resolverlos (2006-2012)*. Ciudad de México: Debate.

Calderón, Laura, Octavio Rodríguez Ferreira y David Shirk. 2018. "Drug Violence in Mexico: Data and Analysis through 2017: Special Report", abril. https://justiceinmexico.org/wp-content/uploads/2018/04/180411_DrugViolenceinMexico-12mb.pdf

Córdoba, José de, y Juan Montes. 2018. "It's A Crisis of Civilization in Mexico. 250,000 Dead. 37,400 Missing", *The Wall Street Journal*, 14 de noviembre. https://www.wsj.com/articles/its-a-crisis-of-civilization-in-mexico-250-000-dead-37-400-missing-1542213374.

Cunjama López, Emilio Daniel y Alan García Huitrón. 2014. "Narcotráfico y territorios en conflicto en México", *El Cotidiano*, núm. 184, marzo-abril, Ciudad de México: Universidad Autónoma Metropolitana.

Lindblom, Charles E. 1959. "The Science of Muddling Through", *Public Administration Review* 19, núm. 2, primavera, pp. 79-88.

López Buitrón, Jaime Domingo. 2014. "Testimonios sobre el Cisen", Cisen. http://cisen.gob.mx/cisenTestLopezB.html.

López Obrador, Andrés Manuel. 2018. "Plan Nacional de Paz y Seguridad Pública 2018-2024". 14 de noviembre. https://lopezobrador.org.mx/wp-content/up loads/2018/11/PLAN-DE-PAZ-Y-SEGURIDAD_ANEXO.pdf

Moreno, Javier. 2008. "Entrevista: Felipe Calderón, Presidente de México", *El País,* 15 de junio. https://elpais.com/diario/2008/06/15/internacional/1213 480808_850215.html

Pérez Correa, Catalina. 2015. "México 2006-2012: Una revisión de la violencia y el sistema de justicia penal". CIDE*: Derecho en Acción,* 8 de diciembre. http://de rechoenaccion.cide.edu/mexico-2006-2012-una-revision-de-la-violencia-y-el-sistema-de-justicia-penal/

Ruiz Olazar, Hugo. 2013. "Infraestructura es la clave de Paraguay", entrevista a Felipe Calderón, *ABC Color,* 24 de noviembre. https://www.abc.com.py/edicion-impresa/politica/infraestructura-es-la-clave-para-paraguay-642709.html

Varese, Federico. 2011. *Mafias on the Move: How Organized Crime Conquers New Territories.* Princeton: Princeton University Press.

## 2. Personas y personalidades

Aguilar, Rubén y Jorge G. Castañeda. 2009. *El narco: la guerra fallida.* Ciudad de México: Santillana.

Camarena, Salvador. 2013. "La liberación del general Tomás Ángeles devasta la imagen de Felipe Calderón", *El País,* 18 de abril. https://elpais.com/interna cional/2013/04/18/actualidad/1366294807_945118.html.

Castillo, Gustavo y Rubicela Morelos. 2012. "En Tres Marías, los federales intentaron asesinar a los funcionarios de EU: PGR", *La Jornada,* 10 de noviembre. https://www.jornada.com.mx/2012/11/10/politica/016n1pol.

Ferreyra, Gabriel. 2015. "The Michoacanazo: A case-study of wrongdoing in the Mexican Federal Judiciary". *Mexican Law Review* 8, núm. 1, pp. 3-31.

Gutiérrez, Rodrigo. 2018. "Genaro García Luna: Los 5 escándalos del 'superpolicía' de Calderón", *La Silla Rota,* 20 de noviembre. https://lasillarota.com/ge naro-garcia-luna-los-5-escandalos-del-superpolicia-de-calderon/258468

Hernández, Anabel. 2011. *Los señores del narco.* Ciudad de México: Grijalbo.

Herrera Beltrán, Claudia. 2010. "Admite Calderón debate sobre legalizar drogas; él, en desacuerdo", *La Jornada*, 4 de agosto. https://www.jornada.com.mx/2010/08/04/politica/007n1pol

Nájar, Alberto. 2013. "El hombre detrás del montaje en el caso Florence Cassez", *BBC Mundo*, 25 de enero. https://www.bbc.com/mundo/noticias/2013/01/130125_garcia_luna_el_hombre_detras_montaje_cassez_mexico_narcotrafico_calderon_an

Rodríguez, Arturo. 2011. "Compara Calderón a criminales con 'cucarachas'", *Proceso*, 14 de diciembre. https://www.proceso.com.mx/291301/compara-calderon-a-criminales-con-cucarachas

## 3. Las fuerzas armadas

Aranda, Jesús y Claudia Herrera. 2007. "Militariza Calderón a sus hijos para el desfile", *La Jornada*, 7 de septiembre. https://www.jornada.com.mx/2007/09/17/index.php?section=politica&article=003n1pol

Astorga, Luis. 2015. *¿Qué querían que hiciera?: inseguridad y delincuencia organizada en el gobierno de Felipe Calderón*. Ciudad de México: Grijalbo.

Cámara de Diputados del H. Congreso de la Unión. 2017. "Ley de Seguridad Interior". Nueva Ley DOF 21-12-2017; declaración de invalidez total de la Ley 15-11-2018. Ciudad de México: Cámara de Diputados del H. Congreso de la Unión.

Mendoza Márquez, Héctor Eduardo y Juan Carlos Montero Bagatella. 2015. "Gobernanza para la gobernabilidad. La construcción de "Fuerza Civil", la nueva policía de Nuevo León", *Revista Mexicana de Análisis Político y Administración Pública* 4, núm. 1, pp. 103-28.

Nájar, Alberto. 2019. "Guardia Nacional: ¿se militarizará México con este nuevo cuerpo de seguridad?, *BBC Mundo*, México, 21 febrero. https://www.bbc.com/mundo/noticias-america-latina-47315137

Presidencia de la República. 2005. "Ordena Presidente Vicente Fox puesta en marcha del 'Operativo México Seguro' contra el crimen organizado", *Página Oficial de Presidencia de la República*, 11 de junio. http://fox.presidencia.gob.mx/actividades/orden/?contenido=18872. http://calderon.presidencia.gob.mx/2006/12/anuncio-sobre-la-operacion-conjunta-michoacan/

Presidencia de la República. 2006. "Anuncio sobre la Operación Conjunta Michoacán", *Página Oficial de Presidencia de la República*, 11 de diciembre. http://calderon.presidencia.gob.mx/2006/12/anuncio-sobre-la-operacion-conjunta-michoacan/

## 4. Una guerra improvisada

Aguayo, Sergio. 2014. *Remolino: el México de la sociedad organizada, los poderes fácticos y Enrique Peña Nieto.* Ciudad de México: Ideas y Palabras/Ediciones Proceso.

Brinks, Daniel M., Steven Levitsky y Maria Victoria Murillo. 2019. *Understanding Institutional Weakness.* Nueva York: Cambridge University Press.

Carreño Carlón, José. 2011. "FCH: el fracaso en comunicación", citado en *Sin Embargo*, 6 de septiembre. Ver https://www.sinembargo.mx/06-09-2011/35824

Gobierno Federal. 2010. *Estrategia Todos Somos Juárez: reconstruyamos la ciudad,* 17 de febrero. Ver http://www.conadic.salud.gob.mx/pdfs/todos_somos_juarez_28junio.pdf

Molzahn, Cory, Octavio Rodríguez Ferreira y David Shirk. 2013. *Drug Violence in Mexico: Data and Analysis through 2012.* San Diego: Transborder Institute.

Morris, Stephen D. 1991. *Corruption and Politics in Contemporary Mexico.* Tuscaloosa: The University of Alabama Press.

Parametría. 2018. "Aprobación presidencial y aprobación de Jefe de Gobierno." Ver http://www.parametria.com.mx/carta_parametrica.php?cp=4884.

Payan, Tony. 2016. *The Three U.S.-Mexico Border Wars: Drugs, Immigration and Homeland Security.* Santa Bárbara: Praeger Security International.

Rodríguez, Arturo. 2011. "Compara Calderón a criminales con cucarachas", *Proceso,* 14 de diciembre. Ver https://www.proceso.com.mx/291301/compara-calderon-a-criminales-con-cucarachas

## 5. Los "gringos"

Almomento.mx (redacción). 2014. "Agentes del FBI y DEA vestidos de marinos participan en operativos en México: WSJ", *Almomento.mx,* 21 de noviembre.

https://almomento.mx/agentes-del-fbi-y-dea-vestidos-de-marinos-participan-en-operativos-en-mexico-wsj/

Astorga, Luis. 2003. *Drogas sin fronteras*. Ciudad de México: Grijalbo.

Barrett, Devlin. 2014. "U.S. Marshals Service personnel dressed as Mexican marines pursue cartel bosses", *Wall Street Journal*, 21 de noviembre. https://www.wsj.com/articles/u-s-marshals-service-personnel-dressed-as-mexican-marines-pursue-drug-cartel-bosses-1416595305

Congreso de Estados Unidos. 2007. "H.R.502 — Prosperous and Secure Neighbor Alliance Act of 2007" (introducido en 17 de enero). https://www.congress.gov/bill/110th-congress/house-bill/502.

Flores, Nancy. 2007. "Extradiciones sumisión de Calderón a EEUU", *Red Voltaire*, 26 de febrero. https://www.voltairenet.org/article145519.html.

Horwitz, Sari. 2011. "Operation Fast and Furious: A gun-running sting gone wrong", *Washington Post*, 26 de julio. https://www.washingtonpost.com/investigations/us-anti-gunrunning-effort-turns-fatallywrong/2011/07/14/gIQAH5d6YI_story.html?utm_term=.18c002568d95

Miguel, Pedro. 2012. *México en WikiLeaks. WikiLeaks en La Jornada*. Ciudad de México: La Jornada.

Villalobos, Joaquín. 2011. "De los Zetas al Cártel de la Habana", *Foreign Affairs Latinoamérica* 11, núm. 2, pp. 10-21.

## 6. El legado de Calderón

Payan, Tony. 2015. "La coproducción de la seguridad pública y el crimen organizado", en *Frontera Norte y ciudadanía ante la encrucijada de la inseguridad*, editado por Arzaluz Solano, Socorro y Arturo Zárate Ruiz. Tijuana: El Colegio de la Frontera Norte, pp. 27-55.

Secretariado Ejecutivo del Sistema Nacional de Seguridad Pública (SESNSP). 2020. "Víctimas de delitos del fuero común 2019: instrumento para el registro, clasificación y reporte de delitos y las víctimas CNSP/38/15", *Secretaría de Seguridad y Protección Ciudadana*, 20 de enero. https://drive.google.com/file/d/1KJuYxujjYP4KPYWbuxPRtrpVnu2inzMy/view

Servicio de Investigación del Congreso, 2019. "Mexico: Organized Crime and Drug

Trafficking Organizations", *Servicio de Investigación del Congreso*, 20 de diciembre. https://fas.org/sgp/crs/row/R41576.pdf

**Comentarios finales: lecciones para la Cuarta Transformación**

Aguilar, Rubén y Jorge G. Castañeda. 2009. *El narco: la guerra fallida.* Ciudad de México: Santillana.

Astorga, Luis A. 2015. *¿Qué querían que hiciera?: inseguridad y delincuencia organizada en el gobierno de Felipe Calderón.* Ciudad de México: Grijalbo.

Payan, Tony. 2015. "La coproducción de la seguridad pública y el crimen organizado", en *Frontera norte y ciudadanía ante la encrucijada de la inseguridad,* editado por Arzaluz Solano, Socorro y Arturo Zárate Ruiz. Tijuana, Baja California: El Colegio de la Frontera Norte, pp. 27-55.

Pope, Amy. 2016. "Partnering with Mexico to Combat Crime and Secure our Borders", *Obama White House Archives,* 7 de noviembre. https://obamawhitehouse.archives.gov/blog/2016/11/07/partnering-mexico-combat-crime-and-secure-our-borders

Seelke, Clare Ribando y Kristin Finklea. 2017. "U.S.-Mexican Security Cooperation: The Mérida Initiative and Beyond", Washington, D.C.: Servicio de Investigación del Congreso.

Thompson, Ginger. 2011. "U.S. Widens Role in Battle Against Mexican Drug Cartels", *The New York Times.* 6 de agosto. https://www.nytimes.com/2011/08/07/world/07drugs.html?pagewanted=all

Valdés, Guillermo. 2013. *Historia del narcotráfico en México.* Ciudad de México: Aguilar.

Esta obra se imprimió y encuadernó
en el mes de marzo de 2021,
en los talleres de Impregráfica Digital, S.A. de C.V.,
Av. Coyoacán 100–D, Col. Del Valle Norte,
C.P. 03103, Benito Juárez, Ciudad de México.